Von Helmut Berndt ist bei Bastei-Lübbe außerdem lieferbar:

Band 64 037 Die Nibelungen

Helmut Berndt

UNTERWEGS ZU DEUTSCHEN SAGEN

Ein phantastisches Reise- und Lesebuch

Bastei-Lübbe Taschenbuch Band 60 313

© 1985 by Econ Verlag GmbH, Düsseldorf und Wien
Lizenzausgabe im Gustav Lübbe Verlag GmbH, Bergisch Gladbach
Printed in Germany, März 1992
Umschlaggestaltung: Roland Winkler
Satz: Böhm, Köln
Druck und Bindung: Ebner Ulm
ISBN 3-404-60313-3

Der Preis dieses Bandes versteht sich einschließlich der gesetzlichen Mehrwertsteuer

Inhalt

Vorwort von Rudolf Pörtner
11

Wenn an der Nordsee die Deiche brechen
Der Schimmelreiter
17

»It ga uns wol up unse olen Dage!«
Martje Flohrs
25

Der fünffache Schalksnarr
Till Eulenspiegel
33

»Gottes Freund und aller Welt Feind«
Klaus Störtebeker
43

Der Liebling der Kinder
Herr von Ribbeck
53

Der Herzog war zum Mythos geworden
Heinrich der Löwe
59

In Hildesheim blüht er immer noch
Der tausendjährige Rosenstrauch
71

Hexenhafte Walpurgisnacht
Der Brocken
79

Was geschah am 26. Juni 1284?
Der Rattenfänger von Hameln
91

Die Saurierspuren von Barkhausen
Drachenkämpfe im Hunaland
103

Der Lügenbaron von Bodenwerder
Freiherr von Münchhausen
117

»Ich mache, daß die Lahmen sehen«
Doktor Eisenbart
127

In Kassel ist es jetzt zu finden
Das gestohlene Hildebrandlied
137

In Marburg fließt noch der alte Brunnen
Die heilige Elisabeth
151

Zauberei in Lübbenau
Der Schlangenkönig
163

»Wolfram, du bist ein Laie Schnipfschnapf!«
Der Sängerkrieg auf der Wartburg
171

Der gespenstische Berggeist des Riesengebirges
Rübezahl
181

Wie Heime den Riesen Aspilian bezwang
Kloster Wedinghausen
197

Die Pferde eilten die Treppe hinauf
Die Kölner Richmodis-Sage
209

Der große Magier von Köln
Albertus Magnus
219

Tausend Jahre sind wie ein Tag
Der Mönch von Heisterbach
229

Noch heute zeigt man die Lindwurmhöhle
Der Drachenfels
243

Ich weiß nicht, was soll es bedeuten
Die Loreley
253

»... wollten jn also lebendig fressen«
Der Mäuseturm zu Bingen
263

Der Lumpenhund, der Galgenstrick
Schinderhannes
271

»Willigis, denk, woher du kommen bis!«
Der Erzbischof von Mainz
281

Die »Wilde Jagd« im Odenwald
Der Rodensteiner
289

Er trank täglich fünfzehn Flaschen Wein
Zwerg Perkeo in Heidelberg
297

»... er aber, sag's ihm, er kann mich ...«
Götz von Berlichingen
305

Keuchend tragen die Frauen ihre Männer durch die Straßen
Die Weiber von Weinsberg
315

Der Humpen wird im Museum aufbewahrt
Der Meistertrunk von Rothenburg
323

Barfuß über glühende Pflugscharen
Kaiserin Kunigunde
329

Die mysteriösen Pferdehuf-Abdrucke
Eppelein von Gailingen
339

Das Ungeheuer kostete 380 000 Mark
Drachenkampf in Furth im Wald
347

In der Donau ertränkt
Agnes Bernauer
355

Ein Toter blies das Horn
Der Postmichel von Esslingen
365

Am Eingang zur Unterwelt
Der Mummelsee im Schwarzwald
373

Dort konnten sie dann »Piff-paff« schreien
Das Hornberger Schießen
383

In Staufen brach Mephisto ihm das Genick
Faust
393

»O, wol ist das Eyss so heiß«
Der Ritt über den Bodensee
409

Um elf Uhr am Münchener Marienplatz
Der Schäfflertanz
419

Das Rätsel der versunkenen Stadt
Vineta
427

Über die Grenzen hinaus

Der Paladin Karls des Großen
Roland
437

In Soest stand ihre Burg
Die Niflungen
451

Sein Amboß stand im Siegerland
Wieland der Schmied
465

Der Schwanritter von Kleve
Lohengrin
483

Die Suche nach dem Gral
Burg Wildenberg
493

Zwischen Heldensagen und Legenden
Dietrich von Bern
509

Die »Hohle Gasse« von Küßnacht
Wilhelm Tell
527

Nachwort
543

Literaturverzeichnis
551

Deutschlandkarte
557

Vorwort

Das Wort Sage kommt aus dem Altisländischen. Dort bedeutet es soviel wie Aussage, Bericht, Erzählung. In der Tat sind ja die berühmten nordischen Sagas in der Mehrzahl nichts als Familiengeschichten, die jahrhundertelang in der Erinnerung weiterlebten und mündlich überliefert wurden, ehe man sie aufschrieb. Sie haben dabei manch farbige Zutat aufgenommen, sind aber ihrem Wesen nach trocken, knapp und lakonisch erzählte Berichte geblieben.
Erst die deutschen Romantiker haben dem Wort Sage den heute gebräuchlichen Sinn verschafft. Das Interesse am Außerordentlichen, das sie die faszinierende Wirklichkeit der Unwirklichkeit wiederentdecken ließ – »Traumbilder ohne Zusammenhang, Ensembles wunderbarer Dinge und Begebenheiten«, wie es bei Novalis heißt –, hat sie auch in die poetische Landschaft der Sagen zurückgeführt. Wie sie Volkslieder sammelten, Volksbücher, Volksschwänke, so gingen sie auch vergessenem Sagengut nach. Und da in ihnen die Lust des Theoretisierens und Ordnens genauso stark war wie die Sehnsucht nach alten Zeiten, das Suchen nach Traditionen und die Ehrfurcht vor den Werken der Altvorderen, lieferten sie die zugehörige Strukturanalyse gleich mit.
Sagen, so lehrten sie, sind wie Märchen, Mythen und Legenden ein Produkt der Phantasie und des Wunderglaubens. »Naturwerke wie Pflanzen«, gehören sie nicht dem

Bezirk des Rationalen an. Sie steigen aus den Tiefen der Seele auf, sie sind »geboren in Eichenschatten, erzogen in Bergesklüften«. Produkte einer längst vergangenen, aber beharrlich in uns weiterlebenden Weltsicht, entstanden – wie Joseph Görres in seiner vielzitierten Einleitung zu den »Deutschen Volksbüchern« schreibt – »in den frühesten Zeiten, da, wo die Nationen klare, frische Brunnen der quellenreichen, jungen Erde, eben erst entsprudelt waren«, entstanden als phantasievolle Spiegelungen ferner Zeiten.

Seitdem gilt der Satz, daß Sagen als phantastische Erzählungen mit historischem Hintergrund oder historisch getränktem Inhalt zu klassifizieren sind.

Sagen spielen, anders als Märchen, die sozusagen allgegenwärtig sind, in einer bestimmten Stadt und Landschaft, in einer bestimmten, wenn auch nicht immer exakt festgelegten Zeit, und ihre Akteure sind Gestalten, die eben diese Zeit und eben diese Stadt oder Landschaft beschäftigt, beeinflußt, gelegentlich sogar geprägt haben.

Das heißt: Sagen leben nicht allein in den luftigen Freiräumen der schweifenden, erfindenden, dichtenden Phantasie. Die wunderbaren Ereignisse, die sie zu berichten haben, sind in der Regel genau zu lokalisieren. Sie haften am Ort, man kann ihnen nicht nur nachspüren, sondern nachgehen, man kann sie prospektieren und aufsuchen, man kann sagen: Hier ist es gewesen oder wenigstens: Hier soll es gewesen sein.

Der vorliegende Text-Bild-Band versucht sich an einer solchen Topographie der deutschen Sagenwelt. Der Autor – durch sein Buch über Herkunft und Entstehung des Nibelungenliedes als Kenner der Szene ausgewiesen – hat sich an den Schauplätzen von nahezu fünfzig Sagen und sagenhaften Überlieferungen umgesehen, die lokalen Quellen studiert und die Helden dieser dem Irrationalen ebenso wie der historischen Wirklichkeit verhafteten Geschichten unter die Lupe genommen. Er ist dabei zu erstaunlichen Funden gelangt, aber auch zu der ebenso erstaunlichen Erkenntnis, daß dieser Baum der Volksdichtung selbst im Zeitalter des Mikrochips eine offenbar unverwüstliche Lebenskraft besitzt.

Dem Leser, der sich der hier skizzierten Nord-Süd-Fahrt von der Küste bis zu den Alpen anvertraut, darf also ein geistiges Abenteuer besonderer Art versprochen werden – eine ganze Fülle von Begegnungen mit Gestalten, Städten und Überlieferungen, die im Bewußtsein der Deutschen lebendig geblieben sind, obwohl sie gerade in den letzten Jahrzehnten auch zahlreichen kritischen Forschungen und Überlegungen ausgesetzt waren.

Das Buch durchmißt auf seinem Streifzug durch die deutsche Sagenwelt einen Zeitraum von über tausend Jahren. Die Überlieferung beginnt mit dem Hildebrandlied. Die Wurzeln jedes Epos reichen bis in den Humus der Völkerwanderungszeit zurück. Auch die Nibelungen sind in den nachrömisch-vorkarolingischen Jahrhunderten zu orten. Die Kaiserin Kunigunde, Gemahlin des meist in Bamberg residierenden zweiten Heinrich, war ein Kind des frühen 11. Jahrhunderts, Heinrich der Löwe und die heilige Elisabeth lebten in staufischer Zeit. Auch der Mönch von Heisterbach und der Raubjunker Eppelein von Gailingen sind im hohen Mittelalter zu Hause. Und so geht es weiter – bis hin zum eisenhändigen Ritter Götz von Berlichingen, dem Lügenbaron von Münchhausen und dem »edlen Räuber« Schinderhannes.

Vielen von ihnen kann man sogar leibhaftig begegnen: als eherne oder steinerne Denkmale, in Museen und fröhlichen, bunten Umzügen. Dem Piraten Klaus Störtebeker,

den die erbosten Hamburger 1401 hinrichten ließen, wurde ein halbes Jahrtausend später eine Bronzeskulptur errichtet. Der mächtige Krieger Roland, Karls des Großen Paladin, hält vor dem Bremer Rathaus Wache. Der Magister Albertus Magnus, der große Magier von Köln, steht vor der Andreaskirche und blickt gelassen auf den vorüberflutenden Verkehr der Komödienstraße hinab. Die schöne männerfressende Loreley wurde auf ihrem steilen Schieferfelsen am Rhein und an der Einfahrt zum Hafen von St. Goarshausen gleich zweimal verewigt. Seit 1954 gibt es in Knittlingen in Baden-Württemberg ein Faust-Museum, seit 1967 sogar eine Faust-Gesellschaft.
Und dann die Umzüge, die viele deutsche Städte alljährlich zu Ruhm und Ehren ihrer Sagenhelden veranstalten. Da streicht dann der pfiffige Till Eulenspiegel in seiner Schalksnarrenkappe durch die Straßen von Mölln. Der Rattenfänger von Hameln zieht, auf seiner lockenden Zauberflöte spielend, durch die Straßen der Weserstadt, deren Kinder er entführt. Hannoversch-Münden feiert in einem ausgelassenen Volksstück den unvergessenen Doktor Eisenbart, der nicht nur hier, am Zusammenfluß von Werra und Fulda, wahre Wunderdinge verrichtet haben soll. Der weinselige Zwerg Perkeo fährt zur Fastnacht in einem fröhlichen Karnevalszug durch Heidelberg. In Weinsberg pilgern mittelalterlich gewandete Frauen durch die Stadt, ihren wertvollsten Besitz, ihre Männer, auf dem Buckel. Die Hornberger Bürger wiederholen alljährlich das große Schießen, das ihre Stadt in den Schatz deutscher Redensarten eingehen ließ. In Straubing kann man miterleben, wie die schöne Baderstochter Agnes Bernauer, der Staatsräson wegen, dem Henker übergeben wird. Und auf der Further Waldbühne wird jeweils in der zweiten Augustwoche der Further Drachenstich veranstaltet, der damit

endet, daß ein unerschrockener Ritter ein feuerspeiendes Ungeheuer mit Bravour zur Strecke bringt.
Erinnerungen über Erinnerungen also. Lebendige, zufassende, farbige Kulturgeschichte, selbst dort, wo allzu tüchtige Verkehrsämter das touristische Interesse allzu unbedenklich durchscheinen lassen. Auch Sagen sind ein Schlüssel zur Vergangenheit. »Unterwegs zu deutschen Sagen« zu sein, bedeutet, Geschichte aus erster Hand zu erleben, noch dazu mit einem kräftigen Schuß poetischer Phantasie versetzt.
Es lohnt sich, Deutschland – das merkwürdige Land – einmal in Gesellschaft unserer volkstümlichsten Sagengestalten zu durchstreifen, dem siegerländischen Schmied Wieland seinen Respekt zu erweisen, den Schwanritter Lohengrin nach seiner Herkunft zu befragen, am Meistertrunk von Rothenburg teilzunehmen oder mit den Geistern am Mummelsee geheimnisvolle Zwiesprache zu halten...

Bonn-Bad Godesberg
Rudolf Pörtner

Wenn an der Nordsee die Deiche brechen

Der Schimmelreiter

Und der Sturm setzte nicht mehr aus;
es tönte und donnerte,
als sollte die ganze Welt
in ungeheurem Hall und Schall
zugrundegehen.

Theodor Storm: »Der Schimmelreiter«

Hauke Haien auf seinem Schimmel im Kampf gegen die Sturmflut.

Der Schimmelreiter

Eines der ursprünglichsten Rückzugsgebiete Deutschlands liegt im nordfriesischen Wattenmeer, westlich Husum, nördlich der Halbinsel Eiderstedt. Es ist die Hallig Südfall. Forscher haben hier manche Merkwürdigkeit entdeckt – wandernde Muschelbänke oder Reste einer Stadt im Wattenmeer nördlich der Insel. Die Siedlungsspuren stammen von dem Hafen Rungholt; er ist untergegangen wie das Land ringsum. Detlev von Liliencron schreibt in seinem Gedicht »Trutz, Blanke Hans« über die versunkene Stadt:

> *Heut bin ich über Rungholt gefahren,*
> *Die Stadt ging unter vor sechshundert Jahren.*
> *Noch schlagen die Wellen da wild und empört*
> *Wie damals, als sie die Marschen zerstört.*

Die Insel Südfall mißt heute nur noch 56 Hektar; 1876 war die Hallig mehr als doppelt so groß. In früheren Jahrhunderten aber ist sie Teil der großen Insel Strand gewesen, in Sturmfluten ist sie versunken.

Sturmfluten sind Elementarereignisse. Wenn der Sturm auflandig steht, das Wasser sich in Buchten, Mündungstrichtern der Flüsse und an den Flachküsten aufstaut, wenn der Orkan die Wassermassen aufpeitscht, dann sinken die Schiffe, werden Bäume wie Streichhölzer geknickt, zerbersten die Häuser. Dann brechen die Deiche, das Land wird zerstört. Schlimme Verheerungen gab es in allen Jahrhunderten.

Auch 1756 hat sich solche Sturmflut ereignet. Im nachhinein sagten die Menschen, das Unheil habe sich durch allerhand Zeichen angekündigt. Theodor Storm berichtet darüber in seiner Novelle »Der Schimmelreiter«: »... im Hochsommer fiel, wie ein Schnee, ein groß Geschmeiß vom Himmel, daß man die Augen davor nicht auftun konnte ... Nicht bloß Fliegen und Geschmeiß, auch Blut ist wie Regen vom Himmel gefallen; und da am Sonntagmorgen danach der Pastor sein Waschbecken vorgenommen hat, sind fünf Totenköpfe, wie Erbsen groß, darin gewesen, und alle sind gekommen, um das zu sehen; im Monat Augusti sind grausige rotköpfige Raupenwürmer über das Land gezogen und haben Korn und Mehl und Brot, und was sie fanden, aufgefressen ... Wie schwere Luft lag es auf allen, und heimlich sagte man es sich, ein Unheil, ein schweres, würde über Nordfriesland kommen.«

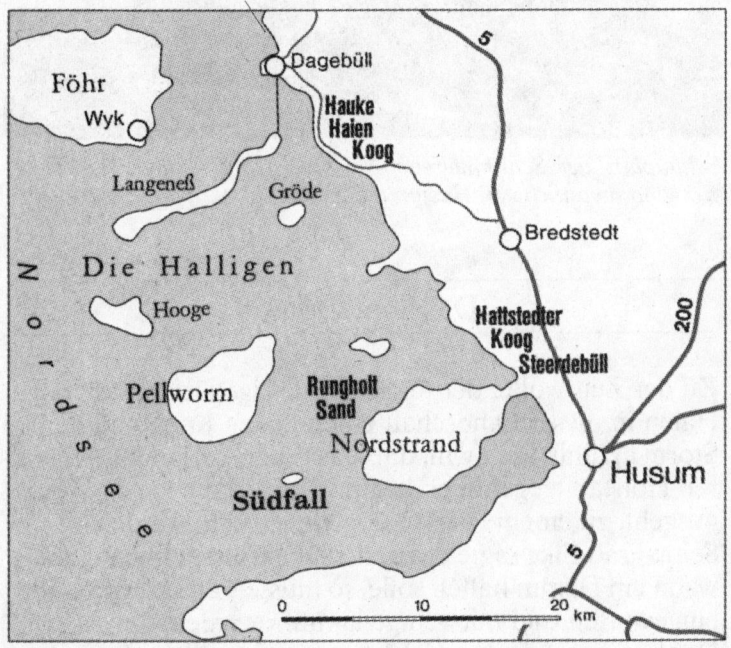

Nördlich von Husum spielt die Novelle Theodor Storms

Schauplatz der Schimmelreiter-Novelle ist der heutige Hattstedter Koog nordwestlich von Husum (Foto: Berndt)

Das Teufelspferd

Zu der Zeit wollte der junge, ehrgeizige Deichgraf Hauke Haien in dieser Landschaft einen neuen Koog bauen, wie Storm erzählt. »Ich will, daß das große Vorland, das unserer Hofstatt gegenüber beginnt und dann nach Westen ausgeht, zu einem festen Koog eingedeicht werde.«
Seine Frau Elke sagte dazu, sie habe früher einmal gehört, wenn ein Damm halten solle, so müsse was »Lebiges« hineingeworfen und mit »eingedämmt« werden.
Der Deichgraf dachte nicht daran, sich solchem Brauch zu fügen. Doch seine Arbeiter waren anderer Meinung. Sie

wollten einen Hund »eindämmen«. Da kam Hauke Haien dazu, rettete den Hund und schenkte ihn seiner Tochter, obwohl einer der Arbeiter ihm zugerufen hatte: »Soll Euer Deich sich halten, so muß was Lebiges hinein.«
Inzwischen war auf der dem Festland gegenüberliegenden Marschinsel Jeverssand Merkwürdiges zu beobachten. Auf der Hallig wohnte niemand. Es lagen dort nur Knochen von Schafen und einem Pferd. Doch ein Knecht wollte gesehen haben, daß auf der Hallig sich etwas bewegt hatte, ein Schimmel. Danach war das Pferd plötzlich verschwunden.
Inzwischen hatte sich der Deichgraf in der Stadt ein Pferd zugelegt, rauhaarig und mager. Doch Hauke Haien fütterte das Tier, einen Schimmel, gut heraus und ritt auf ihm tagein, tagaus und beaufsichtigte die Deicharbeiten. Niemand anders vermochte den Schimmel zu reiten. Es hieß, es sei ein Teufelspferd.
Dann kam die Flut.
»Berge von Wasser sah er vor sich, die dräuend gegen den nächtlichen Himmel stiegen, die in der furchtbaren Dämmerung sich übereinanderzutürmen suchten und übereinander gegen das feste Land schlugen. Mit weißen Kronen kamen sie daher, heulend als sei in ihnen der Schrei der Wildnis.«
Um den alten Deich zu retten, hatten die Arbeiter begonnen, den neuen zu durchstechen. Als der Deichgraf dazukam, verbot er es ihnen zornbebend. Kurz darauf brach der alte Damm. Hauke Haien, seine Frau und Tochter kamen in den Fluten um ...
Der Erzähler in Storms Novelle ist lange Zeit nach diesen Ereignissen in einer Nacht auf dem Damm entlanggeritten, und er hatte eine spukhafte Begegnung. »Jetzt aber kam auf dem Deich etwas gegen mich heran; ich hörte

Am Hauke-Haien-Koog nordwestlich Bredstedt (Fotos: Berndt)

nichts; aber immer deutlicher, wenn der halbe Mond sein karges Licht herabließ, glaubte ich, eine dunkle Gestalt zu erkennen, und bald, da sie näher kam, sah ich es, sie saß auf einem Pferd, einem hochbeinigen hageren Schimmel; ein dunkler Mantel flatterte um ihre Schulter, und im Vorbeifliegen sahen mich zwei brennende Augen aus einem bleichen Antlitz an ... Und jetzt fiel mir bei, ich hatte keinen Hufschlag, kein Keuchen des Pferdes vernommen; und Roß und Reiter waren doch hart an mir vorbeigefahren!«

Der Erzähler fand unten am Deich ein Wirtshaus. Er trat ein und berichtete von seinem nächtlichen Erlebnis. »Ich bemerkte plötzlich, daß alles Gespräch umher verstummt war. ›Der Schimmelreiter!‹ rief einer aus der Gesellschaft, und eine Bewegung des Erschreckens ging durch die übrigen.«

Dichtung wird zur Wirklichkeit

Theodor Storm hat seine Novelle nicht frei erfunden. Er hat Anregungen verschiedener Art ausgewertet, die zum Teil aus ostpreußischen Veröffentlichungen stammten. Doch wesentlich erscheint als Hintergrund die Landschaft zwischen Husum und Bredstedt, in der der Dichter Theodor Storm sich auskannte und in der er ganz zu Hause war. Manches läßt sich identifizieren, nicht zuletzt der Koog, den der junge Deichgraf hatte bauen lassen. Auf

einer Landkarte von 1652 des Husumer Kartographen Mejer, die das Gebiet vor der großen Flut von 1634 darstellt, ist er mit der davorliegenden Hallig als »Nie Koog« verzeichnet. Nach den von Storm gemachten Angaben lassen sich auch der versuchte Durchstich am neuen Deich bestimmen, der Punkt, wo die Arbeiter »was Lebiges« eindämmen wollten, und die Bruchstelle am alten Koog. Das Wirtshaus, in dem der Erzähler seine spukhafte Begegnung mit dem Schimmelreiter erlebte, ist heute allerdings einige Kilometer südlich, bei Sterdebüll, zu suchen.
Inzwischen ist mancherlei Land durch viele Projekte gewonnen worden. So entstand 1959–1962 nordwestlich von Bredstedt umfangreiches Neuland. Es wurde auf »Hauke-Haien-Koog« getauft. Dazu sagt der Sekretär der Theodor-Storm-Gesellschaft, Karl Ernst Laage: »Das ist wohl ein einzigartiges Beispiel dafür, wie Dichtung zu Wirklichkeit werden kann.«

»It ga uns wol up unse olen Dage!«

Martje Flohrs

In Schleswig denken sie heut noch erbost
An die schwedischen Klauen und Klingen
Und denken dankbar an Martjes Toast,
Wenn sie die Becher schwingen.

Detlev von Liliencron

Frauentracht zur Zeit von Martje Flohrs. Skulptur im Museum Eiderstedt (Foto: Berndt)

Von den Friesen gibt es viel zu erzählen. Sie sind von alters her ein eigenwilliger Stamm. Das haben die Römer, Franken und Normannen erfahren, und als ihnen – sie waren damals noch stockheidnisch – Bonifatius das Christentum bringen wollte, erschlugen sie ihn zornerbrannt. In Ostfriesland haben sich lange Zeit kleine Bauernrepubliken gehalten, sogenannte »Terrae«, die erbittert gegen die Fürsten und für ihre bäuerliche Freiheit kämpften. »Lewer dod as Sklav!« (»Lieber tot als Sklave!«) war der Wahlspruch. Er ist noch heute an einem Denkmal bei Rodenkirchen an der Wesermündung abzulesen. Da steht ein Friese mit Schild und Morgenstern (eine an einer Kette schwingende Stahlkugel) und blickt grimmig in die Umwelt.
Alle Eroberer hatten ihre Last mit den Friesen.
Ein dänischer Vogt befahl einmal einem Schiffer, ihn nach der Insel Sylt zu bringen. Der Seemann hatte wegen eines aufziehenden Wetters Bedenken, doch der Vogt bestand auf der Fahrt. Als das Schiff tatsächlich in einen Sturm geriet, wollte der Vogt umkehren. Da schrie der Schiffer in den Sturm: »Befehlt ihr zu Land! Auf meinem Schiff befehle ich! Ich bringe euch nach Sylt oder direkt in die Hölle!«
Auch der Dänenkönig Göttrick lernte die Stiernackigkeit der Friesen kennen. Er hatte ihnen befohlen, ihre Haustüren nach Norden so niedrig zu bauen, daß sie sich beim Verlassen des Hauses nach Dänemark verneigen mußten. Das empörte die Friesen. Aus Trotz bauten sie die Türen besonders hoch und gingen mit steifem Nacken ein und aus.
Auf der Insel Föhr wollte einmal ein neuer Vogt hart durchgreifen. Er glaubte, er würde sich am ehesten durchsetzen, wenn er seine Untergebenen kräftig einschüchtere.

»Lever dod as Slav« — Denkmal bei Rodenkirchen an der Wesermündung. (Foto: Berndt)

Er sagte darum der Bevölkerung: »Das soll ihr wissen! Ihr habt jetzt eine böse Regierung!« Da trat einer aus der Menge vor und rief! »Und das sollt ihr wissen! Ihr habt von heute an böse Untertanen!«

»Schipp up Strand!«

Sehr ursprünglich hat sich das Friesische im Raum Dithmarschen Eiderstedt gehalten. Hier erzählt man die nachfolgende Sage ...
Ein Schiff aus Büsum war in einem Orkan gesunken. Die Besatzung kam in den Himmel und trieb es hier ganz toll. Die Seeleute feierten unentwegt bei gewaltigen Mengen an Klaren und Bier, so daß Petrus gegen die Dithmarscher nicht mehr aufkam.
Als der Pfarrer aus Eiderstedt ebenfalls in den Himmel wollte, war Petrus mißtrauisch und meinte, er habe schon genug Schwierigkeiten mit Matrosen von der Nordsee. Der Pfarrer aber sagte, wenn Petrus ihn einlasse, wolle er dafür sorgen, daß die Seeleute den Himmel sofort verließen. Da öffnete ihm Petrus die Tür. Der Pfarrer trat in den Himmel ein und rief nur die Worte: »Schipp up Strand! Schipp up Strand!« Jetzt konnten die Seeleute den Himmel nicht schnell genug verlassen, um beim Plündern des Schiffes rechtzeitig dabeizusein.
Der Pfarrer Peter soll sogar später heiliggesprochen worden sein. Die Kirche in St. Peter-Ording auf Eiderstedt ist – so endet die Legende – nach ihm benannt worden.

Der Nordische Krieg

Die einprägsamste Sage von Eiderstedt wird von Martje Flohrs erzählt. Sie lebte von 1689 bis 1747 auf Katharinenheerd an der Straße von Tönning nach Garding. Der große Hof, in dem Menschen und Vieh unter einem Dach wohnten und in dem auch die Ernte untergebracht war, hat bis zum Anfang unseres Jahrhunderts bestanden.
Das Anwesen war umfangreich; Martjes Eltern waren wohlhabend wie die meisten, die auf der Halbinsel Eider-

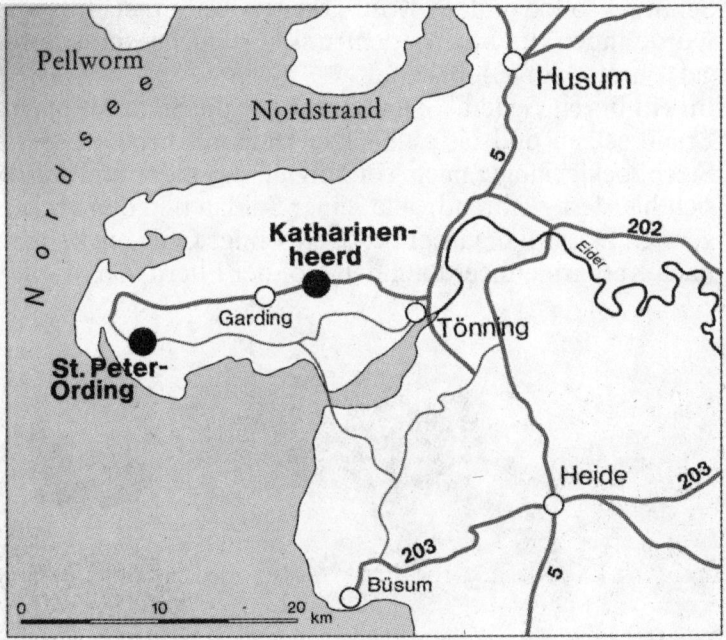

Südwestlich von Husum liegen Katharinenheerd und St. Peter-Ording

stedt wohnten. Nur das wechselvolle politische Schicksal brachte Unheil.

Besonders betroffen war die Halbinsel vom Nordischen Krieg (1700–1721). Da kämpften Schleswiger gegen Dänen und Schweden, sogar die Russen mischten sich ein. Es war eine böse Zeit. Die Truppen nahmen, was sie kriegen konnten.

Einen schlechten Ruf hatten alle Soldaten, besonders die Schweden, denen noch üble Geschichten aus dem Dreißigjährigen Krieg anhingen. Damals hatten sich die Schweden eine schlimme Art der Folter einfallen lassen. Wenn Bauern und Bürger nicht verraten wollten, wo sie Geld, Schmuck oder andere Kostbarkeiten verborgen hielten, wurde ihnen der »Schwedentrunk« – Jauche und sonstiger Unrat – eingeflößt.

Ihr Anführer, General Steenbock, hatte die Stadt Altona in Brand setzen und bis aufs letzte Haus vernichten lassen. Steenbock gelangte nach Tönning an der Eider und setzte sich hier fest, während viele seiner Soldaten in den umliegenden Dörfern Quartier bezogen. Einige Offiziere kamen nach Katharinenheerd auf den Hof der Eltern von Martje

Der Hof der Eltern von Martje Flohrs nach einer Zeichnung aus dem Jahre 1895. Das Gehöft besteht heute nicht mehr.

Martje Flohrs und die schwedischen Offiziere. Holzschnitzerei an einem Pokalschrank im Museum von Eiderstedt zu St. Peter-Ording (Foto: Hans Hoffmann)

Flohrs. Sie holten Schinken, Wurst und Eier aus der Vorratskammer und schlachteten das Vieh. Als sie Vorräte an Wein und Schnaps entdeckten, zechten sie nächtelang. Die sechzehnjährige Martje verfolgte entrüstet das Treiben. Da forderte einer der Offiziere sie auf, sie solle einen Trinkspruch ausbringen. Martje weigerte sich. Als sie erneut gedrängt wurde, ergriff sie einen der auf dem Tisch stehenden Krüge. Was sie eigentlich aussprechen wollte, konnte sie nicht, darum sagte sie hintersinnig:

»It ga uns wol up unse olen Dage!«

Der Spruch ist bis heute nicht vergessen. Denn daß ein so junges Ding in einer derart vertrackten Situation ungebetenen Landsknechten durch die Blume sagt, sie sollten sich zum Teufel scheren, erstaunt doch den Kundigen. Denn von solch »friesischer Diplomatie« hat man sonst kaum gehört.

Die Erinnerung bleibt

Besonders in Katharinenheerd hält man die Erinnerung an Martje wach. An der alten Kirche, die zum Teil bis ins 12. Jahrhundert zurückgeht, erinnern ein Steinrelief und eine Inschrift an die kleine Heldin, die niemand hieroben vergessen möchte.
Es soll auch eine Holzschnitzerei von der Begebenheit zu Katharinenheerd gegeben haben. Es ging dabei um einen Pokalschrank des Prinzen Friedrich zu Schleswig-Holstein-Noer. Dieser Schrank war lange Zeit verschollen. Doch 1974 fand man ihn auf den Boden des Packhauses am Tönninger Hafen. Er war beschädigt, es fehlten einige Figuren. 1975–1976 wurde der Schrank restauriert. Jetzt steht er im »Eiderstedter Museum« in St. Peter-Ording. Da sieht man im unteren Teil die mutige, kleine Martje mit dem Pokal in der Hand inmitten der rauhbeinigen Männerrunde.
Und wenn heute auf der Halbinsel Eiderstedt oder sonstwo in Schleswig die Menschen im Krug zusammenkommen und die Stimmung steigt, dann erinnern sie sich wohl des Trinkspruchs, den Martje Flohrs vor mehr als 250 Jahren ausgebracht hatte: »It ga uns wol up unse olen Dage!«

Der fünffache Schalksnarr

Till Eulenspiegel

Dieses Buch ist am allerbesten zu lesen
wenn sich die Mäuse unter den Bänken beißen,
die Stunden kurz werden und die gebratenen Birnen
wohl schmecken bei dem neuen Wein.

»Volksbuch vom Eulenspiegel«, 1515

Im »Weißen Roß« in Mölln, östlich Hamburg, gibt es seit 1903 den »Eulenspiegel-Stammtisch«. Bürger der Stadt treffen sich hier. Auf der Messingplatte des runden Tisches sind über vierhundert Namen eingeritzt.
In der Stadt Mölln erinnert manches an Till Eulenspiegel. Geht man über die Marktstraße zum Rathaus, kommt man linker Hand an der alten Rathausapotheke vorbei, in der Till im Jahr 1350 gewohnt haben soll. Er war krank in die Stadt gekommen und hatte vom Apotheker ein Abführmittel erhalten. Als er am frühen Morgen einen Abort suchte, fand er die Türen verschlossen. Schließlich gelangte er in die Apotheke, benutzte eine Büchse als Nachttopf und sagte: »Hier kam die Arznei heraus, da muß sie wieder hinein.« Der Apotheker, aufs äußerste empört, ließ Eulenspiegel ins Spital zum »Heiligen Geist« bringen. Da sagte Till: »Ich habe immer danach gestrebt, daß der Heilige Geist in mich käme, nun komme ich statt dessen in den Heiligen Geist.«

Die schwere Erbschaft

Als Till immer kränker wurde, setzte er sein Testament auf. Darin verteilte er sein Gut in drei Teile: Einen sollten seine Freunde erhalten, den zweiten der Rat von Mölln und den dritten Teil die Kirchherren. Vier Wochen nach seinem Tod sollte man eine eisenbeschlagene Kiste öffnen und die Hinterlassenschaft aufteilen. Als die vier Wochen vorüber waren, kamen die Freunde, der Rat und die Kirchherren zusammen und öffneten die Kiste, fanden aber nur Steine darin. Da beschuldigten sie sich gegenseitig des Diebstahls und schieden in Unfrieden.

Auch bei Eulenspiegels Begräbnis ging es wunderlich zu. Als die Leidtragenden auf dem Kirchhof versammelt waren und man den Sarg auf zwei Seile gelegt hatte, um ihn zu senken, riß das Seil am Fußende. Der Sarg schoß ins Grab, so daß Eulenspiegel auf die Füße zu stehen kam. Da sprachen alle: »Laßt ihn stehen! Wunderlich ist er im Leben gewesen, wunderlich will er auch im Tod sein.« Und sie setzten ihm einen Stein aufs Grab. Auf die untere Hälfte hieben sie eine Eule und einen Spiegel, den die Eule in ihren Krallen hält, und schrieben:

> *Diesen Stein soll*
> *niemand erhaben [erheben].*
> *Hie stat Ulenspiegel*
> *begraben.*
> *Anno Domini MCCCL jar.*

Den Grabstein hat es jedoch nie gegeben; wohl einen anderen, der noch heute vorhanden und in einer Nische im Westen der Nikolaikirche eingelassen ist. Auf dem Stein ist Eulenspiegel abgebildet, darunter stehen zehn Zeilen in Niederdeutsch, die in Übersetzung lauten:

> *Im Jahr 1350 ist dieser*
> *Stein aufgestellt, Till Eulenspiegel lehnt*
> *hierunter begraben.*
> *Merket wohl und denkt*
> *daran, was*
> *ich gewesen bin auf Erden,*
> *alle, die hier vorüber*
> *gehen, müssen*
> *mir gleich werden.*

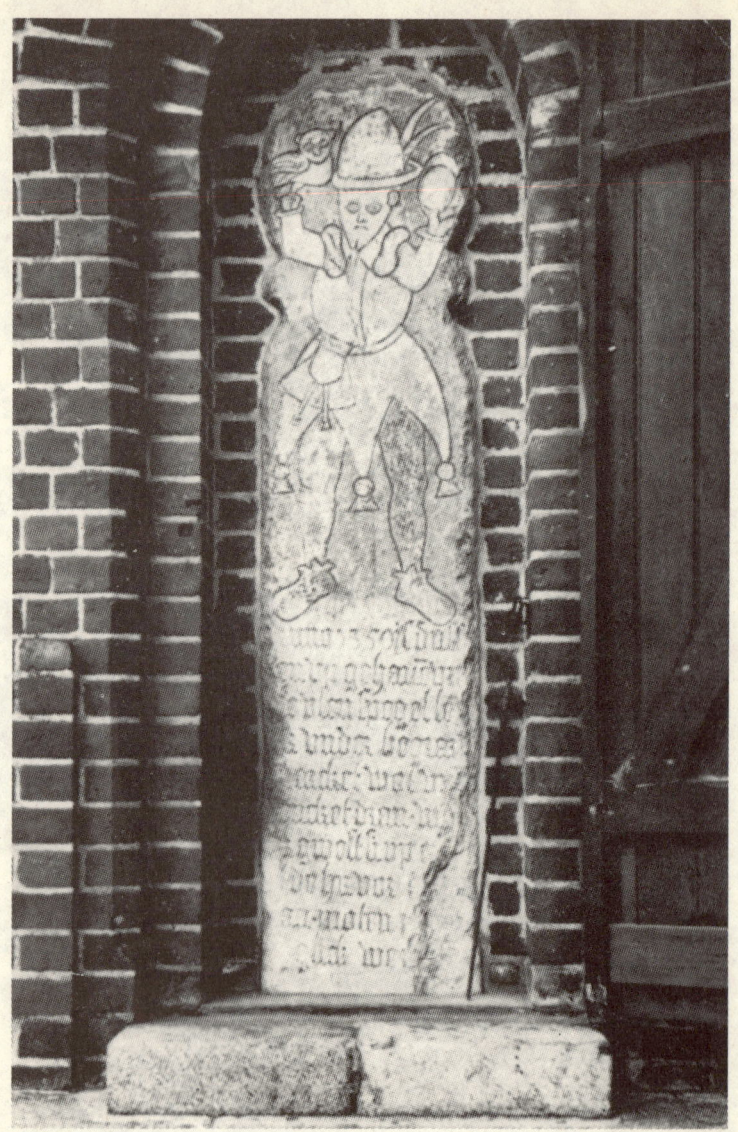

Eulenspiegel-Grabstein in Mölln (Historia-Photo)

Das Jahr 1350 stimmt jedoch nicht. Frühestens ist der Stein 1532 aufgestellt worden. Grund war die Veröffentlichung des Buches »Ein kurtzweilig lesen von Dyl Ulenspiegel us dem Land zu Brunswick«. Dieses Buch, 1515 zu Straßburg herausgegeben, machte Furore. Im 16. Jahrhundert erschienen in Deutschland bereits 35 Ausgaben. Bald wurde es in die meisten Kultursprachen übersetzt.

Titelblatt der ersten Ausgabe des »Eulenspiegels«, 1515 in Straßburg gedruckt

Ein Autor wird gesucht

Das Volksbuch vom Eulenspiegel beginnt mit den Worten: »Als man zalt von Christ Geburt 1500 bin ich, N., durch etlich Personen gebetten worden, daz ich dise Historien und Geschichten ihn zulieb sol zusammenbringen und beschreiben, wie vorzeiten ein behend listiger und durchtribener, eins Buren Sun – waz er betrieben und gethon hat in welschen und tütschen landen...«
Wer war der Autor des Buches, wer war dieser N.?
460 Jahre lang ist es ihm gelungen, sein Pseudonym zu wahren. Aber 1971 entriß der Zürcher Rechtsanwalt Peter Honegger dem Verfasser die Tarnkappe. Honegger hatte geprüft, ob dem Buch vielleicht akrostische Daten zugrunde lägen, ob die Anfangsbuchstaben der Kapitel den Verfasser entschlüsseln konnten. Dabei hat Honegger herausgefunden, daß die Initialen der letzten sechs Kapitel die Buchstaben ERMAN B ergeben, was Hermann Bote bedeutet.
Hermann Bote (1467–1520) ist Braunschweiger Zollschreiber gewesen. Die Anonymität schien ihm geboten, weil in dem Buch die Zünfte, die Bauern, die Geistlichkeit und auch Professoren und Fürsten lächerlich gemacht und überdies Szenen geschildert werden, die »grob, unflätig, scham- und zuchtlos« sind. In seiner Stellung war es für Bote undenkbar, das Buch mit Namen zu zeichnen.

Was Adenauer mit Eulenspiegel zu tun hat

In der ersten Historie des Volksbuches heißt es: »Bei dem Wald, Elm genannt, im Dorf Kneitlingen im Sachsenland,

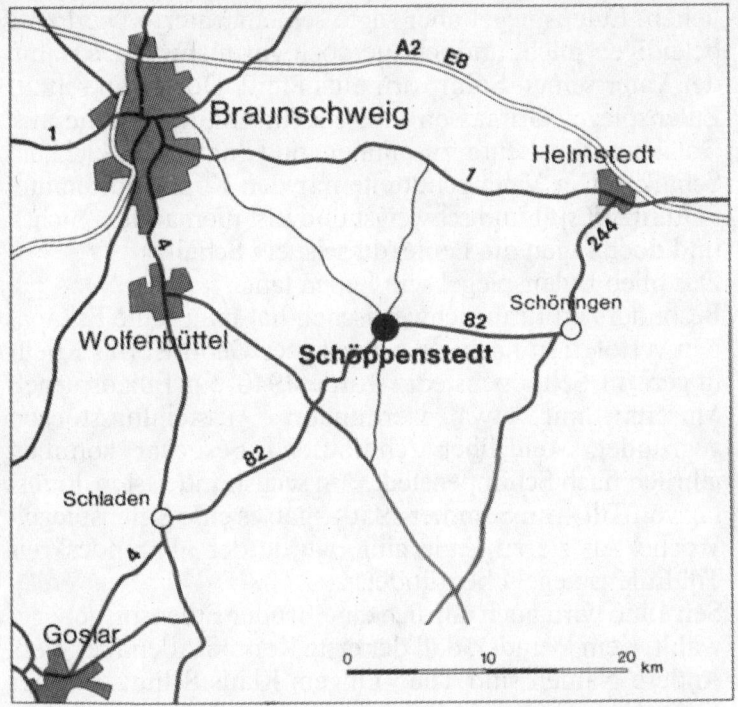

Das »Eulenspiegel-Museum« findet man in Schöppenstedt nahe Braunschweig

wurde Eulenspiegel geboren. Sein Vater hieß Claus Eulenspiegel, seine Mutter Ann Wibcken. Als sie des Kindes genas, schickten sie es in das Dorf Ampleben zur Taufe und ließen es nennen Till Eulenspiegel.«
Schon als Kind war Eulenspiegel ein Tunichtgut. Als sein Vater ihn beim Ausritt hinten aufs Pferd nahm, zeigte er den Leuten den bloßen Hintern, so daß die Nachbarn entrüstet waren und ihrer Empörung drastisch Ausdruck ver-

liehen. Eulenspiegel aber sagte seinem Vater: »Die Leute beleidigen mich, und ich tue doch gar nichts!« Da nahm der Vater seinen Sohn vorn aufs Pferd. Doch nun schnitt Eulenspiegel Grimassen und streckte die Zunge heraus. Da liefen die Leute zusammen und sagten: »Welch ein Schalk!« Der Vater schüttelte nur den Kopf und meinte: »Du sitzest still und schweigst und tust niemandem nichts, und doch sagen die Leute, du seist ein Schalk.«
Das blieb Eulenspiegel sein Leben lang.
Besonders im Braunschweigischen hat man seine Eskapaden verfolgt; in nächster Nähe seines Geburtsortes Kneitlingen, in Schöppenstedt, wurde 1940 ein Eulenspiegel-Museum mit etwa vierhundert Ausstellungsstücken gegründet. Weit über zehntausend Besucher kommen jährlich nach Schöppenstedt. Am sechshundertsten Todestag von Till – im Sommer 1950 – gab es eine Eulenspiegel-Woche. Als sie zu Ende ging, wurde der »Freundeskreis Till Eulenspiegel« begründet.
Seit 1966 wird auch jährlich ein »Bruder Eulenspiegel« gewählt. Kein Wunder, daß der erste Konrad Adenauer hieß. Andere Namen sind Theo Lingen, Klaus Schütz, Werner Fink, Carlo Schmid, Ephraim Kishon, Vico von Bülow (alias Loriot) und Hermann Höcherl.

Der niederländische Freiheitsheld

Und wieso fünffacher Eulenspiegel? Till wandelte sich eben der jeweiligen Zeit entsprechend.
Einmal gibt es den Eulenspiegel des 14. Jahrhunderts, einen fahrenden Schelm, dessen Leben im historischen Dunkel verschwimmt. Dann existiert der Eulenspiegel des

Eulenspiegel-Denkmal in Kneitlingen, wo Till geboren wurde.

Till Eulenspiegel

Volksbuches, ein Jongleur mit Worten, aber auch eine arglistige Figur. Dieses Spiegelbild aus dem 15./16. Jahrhundert entsprach aber nicht den Maßstäben späterer Erzieher. So wurde das Buch für Jugendliche umgeschrieben, wurde aber dadurch blutarm und kraftlos. Eine andere Bearbeitung, jene von Charles de Coster aus dem Jahre 1867, die Till zum niederländischen Freiheitshelden macht, ist dagegen ein Opus von literarischer Bedeutung. Bleibt schließlich noch der Eulenspiegel des Schöppenstedter Freundeskreises, eine geistreiche, scharfzüngige, satirische Kunstfigur.

Allen fünf Auslegungen entspricht das »magische Bild« im Museum von Schöppenstedt. Es ist laut Unterschrift ein »Originalgemälde von Till Eulenspiegels eigener Hand«. Das Bild ist durch einen Vorhang verdeckt. Wird er beiseite gezogen, sieht man – nichts ... denn das Bild erkennt nur, wer noch nie gelogen hat.

»Gottes Freund und aller Welt Feind«

Klaus Störtebeker

Störtebeker und Gödeke Michael
De röveden beide to gliken deel
To water und nicht to lande;
Bet dat it Got im hemmel vordrot,
Des mosten se lieden grot schande.

Altes Störtebeker-Lied

Vermutliches Porträt von Klaus Störtebeker. Kupferstich von Daniel Hopfar 1540.

Klaus Störtebeker

An einem Herbsttag 1401 bewegte sich in Hamburg aus den Toren der Stadt zum »Großen Grasbrook« am Elbufer ein seltsamer Zug. Trommler und Pfeifer führten ihn an, dahinter marschierten 72 Seeräuber mit Klaus Störtebeker an der Spitze. Es folgten der Scharfrichter, die Ratsherren der Stadt und eine unübersehbare Menge Neugieriger.

An der Richtstätte, so geht der Volksmund, bat Störtebeker, man möge ihm einen letzten Wunsch erfüllen: »Wenn der Henker mir den Kopf abgeschlagen hat, laßt mich zu meinen Kameraden und gebt allen, an denen ich noch vorbeikomme, die Freiheit.«

Auf dem sogenannten »Großen Grasbrook« in Hamburg wurde im Jahre 1401 der Seeräuber Klaus Störtebeker hingerichtet. 1981 errichteten ihm die Hamburger an derselben Stelle ein Denkmal (Foto: Berndt)

Die Bitte wurde gewährt.
Dann griff der Henker Rosenfeld zum mächtigen Richtschwert und schlug zu: Störtebekers Kopf rollte in den Sand. Der Piratenhäuptling aber lief, so geht die Sage, an einigen Seeräubern vorbei. Die Zuschauer überlief es eiskalt. Da nahm der Scharfrichter einen Holzblock und warf ihn dem wandelnden Leichnam vor die Füße, so daß dieser stürzte. Doch der Tote war noch an elf Piraten vorbeigekommen; sie erhielten, wie versprochen, die Freiheit. Die übrigen führte man zum Richtblock.
Insgesamt sind hier an die sechshundert Seeräuber hingerichtet worden, auch Gödeke Michael zusammen mit achtzig Piraten. Der Henker, es war wieder Rosenfeld, schlug erbarmungslos zu. Er stand schließlich bis zu den Knöcheln im Blut. Im Störtebeker-Lied heißt es:

> *Hi stund in seinen gesnorten schoen*
> *bet to den enkeln im blode.*

Das Richtschwert von Rosenfeld ist noch lange in Hamburg aufbewahrt worden. Im »Museum für Hamburgische Geschichte« hängt heute noch ein altes Richtschwert mit dem eingravierten Stoßseufzer »Gott stercke mich!«. Auch sind hier zwei Schädel von Piraten ausgestellt, die auf dem »Grasbrook« gefunden wurden. Das Museum besitzt außerdem den Störtebeker-Becher, aus dem – angeblich – der berühmte Pirat getrunken haben soll. Der silberne Becher faßt vier Flaschen und ist mit einer Seeschlacht und einer Inschrift verziert. In einem alten Buch heißt es hierzu: »Wer nach Hamburg kommt und nicht in die Schiffergesellschaft geht« – hier ist der Becher früher aufbewahrt worden –, »damit er aus Störtebekers und Gödeke

Michaels Becher trinkt und seinen Namen in das beim Becher befindliche Buch schreibt, der ist nicht in Hamburg gewesen.« Tatsächlich stammt der Pokal aus dem Jahre 1650.

Störtebeker trank täglich gewaltige Mengen. Er war ein »Becherstürzer«, woraus plattdeutsch »Störtebeker« wurde. In Verden an der Aller, dem Ort, aus dem Störtebeker angeblich stammt, ist sein Wahrzeichen – zwei umgestürzte Becher – in einem der Fenster des Doms zu sehen. Der Piratenhäuptling beurteilte die Menschen unter anderem danach, wieviel Wein sie vertragen konnten. Hatte er Gefangene gemacht, die seinen Becher in einem Zug leeren konnten, nahm er sie als Gesellen an. Sonst wurden sie über Bord geworfen, es sei denn, sie konnten hohe Summen Lösegeld zahlen.

Bild von Klaus Störtebeker an einem Haus in Marienhafe (Foto: Berndt)

Erinnerungen an den Piraten

Störtebeker und Gödeke Michael wurden Vitalienbrüder genannt. Der Name hatte sich daraus ergeben, daß beide anfänglich die von Dänemark belagerte Stadt Stockholm mit Lebensmitteln (Viktualien) beliefert hatten. Als es zum Frieden kam, führten sie auf eigene Faust einen Kaperkrieg, zu dem sich Abenteurer aus allen Ländern zusammenfanden. Die Beute wurde geteilt, darum hießen sie auch »Likedeeler« (»Gleichteiler«). Ihr Motto lautete »Gottes Freund und aller Welt Feind«. Sie waren zahlreich, gut trainiert und verfügten über hervorragende Waffen und schnelle Schiffe. Sie kämpften nicht nur auf See, sondern überfielen auch Städte.
Nachdem die Piraten sich aus der Ostsee hatten zurückziehen müssen, verlagerten sie ihre Raubzüge in die Nordsee. Als Stützpunkt wählten sie Marienhafe nördlich Emden, wo der berühmt-berüchtigte Ken tom Brok ihnen Unterschlupf gewährte. Störtebeker hat später dessen Tochter geheiratet.
Damals war Marienhafe durch das »Störtebeker-Tief« mit der See verbunden. Die Wasserrinne führte bis zum Domhof der Kirche, die im 13. Jahrhundert als mächtige dreischiffige Basilika mit einem sechsgeschossigen Turm erbaut worden war. Die Piraten befestigten die Kirche, zogen starke Mauern und fügten Eisenringe ein, um die Schiffe daran zu vertäuen. Der Kirchturm wurde erhöht, damit die Seeräuber den Seeverkehr besser beobachten konnten. Die Kirche diente auch als Landmarke. Sie war für die Nautik wichtig, weil die Zufahrt durch Sandbänke und Untiefen schwierig war. Um genaue Markierungen zu erhalten, ließen die Piraten den Kirchturm auf der einen

Klaus Störtebeker und seine Kumpane hatten als Stützpunkt die Kirche von Marienhafe, nördlich Emden gelegen. Die Kirche diente ihnen auch bei ihrer Rückkehr von ihren Seeräubereien als Landmarke (Foto Berndt)

Seite mit Kupfer, auf der anderen mit Schiefer decken, mit »Ley«, wie man damals sagte, und »Ley-Bucht« heißt heute noch die vorgelagerte Förde. Steuerten die Seefahrer zu weit nördlich, sahen sie das Kupferdach, fuhren sie zu weit südlich, erblickten sie den Schiefer. Beachteten sie diese Merkmale, erreichten sie genau die Einfahrt zum »Störtebeker-Tief«.

Die Kirche in Marienhafe ist wegen Baufälligkeit 1829 zum Teil abgetragen worden. Seitenschiffe und das Querschiff wurden abgerissen, auch ein Teil des Turmes, der aber noch 35 Meter hoch ist. Im Turm befindet sich die »Störtebeker-Kammer« mit Erinnerungen aus früher Zeit. Auch die Route, die von Emden an der Küste entlangführt und Marienhafe einschließt, erinnert an den Piratenhäuptling; sie trägt den Namen »Störtebeker-Straße«.

Und die Hamburger haben zur Erinnerung an ihren Seepiraten im »Großen Grasbrook« dem Störtebeker ein Denkmal errichtet.

Ein Mast voll Gold

Um die Vitalienbrüder zu fangen, hatten die Hamburger ganze Flotten ausgerüstet. Hauptschiff war die »Bunte Kuh« unter dem Befehl von Simon von Utrecht. 1401 lauerte die Flotte bei Helgoland den Seeräubern auf. In der Nacht, so wird erzählt, soll sich ein Blankeneser Fischer mit einer Jolle heimlich an das größte Piratenschiff herangemacht und geschmolzenes Blei in das Steuerruder gegossen haben, wodurch das Schiff manövrierunfähig wurde. Als es am nächsten Tag zum Kampf kam, fiel das Anführerschiff aus. Da die Männer der »Bunten Kuh«

ihrerseits Wunder an Tapferkeit vollbrachten, war das Schicksal der Freibeuter besiegelt. Viele wurden niedergemacht, Störtebeker, sein Unterbefehlshaber Wichmann und siebzig andere gefangengenommen und ins Gefängnis gesteckt, um bald darauf dem Henker überantwortet zu werden.
Störtebekers Schiff wurde sorgfältig durchsucht. Doch man fand zunächst nur unwichtige Dinge. Als aber der Zimmermann zufällig mit der Axt gegen den Hauptmast schlug, entdeckte er eine Höhlung. Sie war voll geschmolzenen Goldes.
Störtebekers verborgene Schätze haben die Küstenbewohner noch lange beschäftigt. Als in Marienhafe ein altes Haus erneuert wurde, so war zu hören, habe der damalige Besitzer ganze Töpfe mit Gold gefunden. Andere Schätze sollen an der Ostseeküste, auf Rügen und auf Gotland versteckt worden sein, auch auf Borkum, Putlos und Wangerooge. Grund genug, daß heute noch Abenteuerlustige an den Küsten der Nord- und Ostsee auf Schatzsuche gehen.

Die Kirche von Ribbeck. Davor der neugepflanzte Birnbaum. (Foto: Berndt)

Der Liebling der Kinder

Herr von Ribbeck

Von diesem alten Birnbaum
geht eine Sage hier,
die war als Kind zu hören
stets eine Wonne mir.

Hertha von Wiederbach

Ortsschild von Ribbeck (Foto: Berndt)

Herr von Ribbeck

Östlich Rathenow – bis kurz vor Berlin – liegen das Havelländische Luch und Havelland, nach der Havell benannt, dem bedeutendsten rechten Nebenfluß der Elbe. Eine Straße von Ratehnow nach Nauen schneidet beide Landschaften, und acht Kilometer westlich Nauen erreicht man die Gemeinde Ribbeck, einen kleinen, bescheidenen Ort. Kaum jemand würde in dem etwas 500 Einwohner zählenden Dorf halt machen, wenn der Ort nicht verbunden wäre mit einer Ballade, die Theodor Fontane 1889 verfaßt hat, die in allen Lesebüchern zu finden ist und von Herrn von Ribbeck auf Ribbeck berichtet, vom Birnbaum in seinem Garten und von den Birnen, die er den Kindern zu schenken pflegte. Dabei war Fontane nicht der erste, der Verse darüber verfaßt hat. Schon Jahre vorher hatte eine Urenkelin des Ribbeck, Hertha von Wiederbach, ein Gedicht auf ihren Vorfahren gemacht, das folgendermaßen begann:

Zu Ribbeck an der Kirche
ein alter Birnbaum steht,
der mit den üppgen Zweigen
der Kirche Dach umweht ...

Fontane hat dieses Gedicht gekannt und 13 Jahre später nach diesem Muster seine Ballade geschrieben.
Wer heute nach Ribbeck kommt und den sagenhaften Birnbaum sucht, findet ihn nicht mehr. Er wurde bereits 1911, alt und morsch, abgehauen. Doch ein Rest des Stammes existiert noch und wird in einem Haus aufbewahrt, das früher einmal ein Gasthof war und »Restaurant zum Birnbaum« hieß.
Gegenüber dieser ehemaligen Gaststätte gibt es heute ein Restaurant, das nach Theodor Fontane genannt wurde.

Ein großes Bild des Dichters hängt im Vorraum, in der Gaststätte selbst ist ein gerahmtes Bild mit der Dorfkirche und dem Birnbaum, und daneben steht die Ballade des Dichters.

Der Stammsitz der Ribbecks

Ein paar Schritte weiter, in einer Nebenstraße ist das Gutshaus von Ribbeck, ein breit angelegtes, zweistöckiges Herrenhaus mit einer Mansardenetage darüber und einem Vorbau als Eingang. Herr von Ribbeck aus der Ballade, der von 1689 bis 1759 lebte, hat hier allerdings nicht gewohnt, denn das Haus wurde erst nach seiner Zeit gebaut. Doch zuvor hat Ribbecks Wohnhaus an derselben Stelle gestanden. Und dies war wohl der Stammsitz der Ribbecks, ein altes verzweigtes Adelsgeschlecht, das seinen Namen bis ins 13. Jahrhundert zurückführt. Die Ribbecks lebten auch in Berlin, noch steht dort in der Breitestraße 55 das Ribbeckhaus, ein dreigeschossiges Wohnhaus für den damaligen Kurfürstlichen Kammerrat Hans Georg von Ribbeck.

Zurück zum Ort Ribbeck. Ganz in der Nähe des Gutshauses, heute ist es ein Altersheim, steht die Dorfkirche mit einem Vierkantturm, von dem der Putz gefallen ist, sodaß die roten Backsteine kennzeichnend sind. Neben dem Turm wächst wieder ein Birnbaum, der von dem Ribbecker Bürgern gepflanzt wurde. Franz Fabian, der der Ortsgeschichte nachgegangen ist, schreibt in seinem Buch »An der Havel und im märkischen Land«: »Die Früchte des alten Birnbaumes aber sollen sauer gewesen sein. Es waren sogenannte Kodden, wie man diese herben und harten

Gutshaus in Ribbeck (Foto: Berndt)

Birnen der Mark Brandenburg bezeichnet. Doch hat dies die Ribbecker Kinder nicht davon abgehalten, sie zu essen. ‚Wir haben sie immer gegessen', erzählte uns Frau Wilke, ‚wenn sie auch sauer schmeckten'. Seit dieser Baum stand, müssen wohl die Ribbecker Kinder seine Früchte verzehrt haben, denn wie wäre sonst die Legende entstanden, die später in aller Munde war.«

Die Ballade ist nicht vergessen

Heute ist die Ballade keineswegs vergessen, deren Wortlaut folgendermaßen geht:

Herr von Ribbeck

*Herr von Ribbeck auf Ribbeck im Havelland,
ein Birnbaum in seinem Garten stand,
und kam die goldene Herbsteszeit
und die Birnen leuchteten weit und breit,
da stopfte, wenn's Mittag vom Turme scholl,
der von Ribbeck sich beide Taschen voll,
und kam in Pantinen ein Junge daher,
so rief er: »Junge, wiste ne Beer?«
Und kam ein Mädel, so rief er: »Lütt Dirn,
kumm man röwer, ick hebb ne Birn.«*

*So ging es viele Jahre, bis lobesam
der von Ribbeck auf Ribbeck zu sterben kam.
Er fühlte sein Ende, , war Herbsteszeit,
wieder lachten die Birnen weit und breit;
da sagte von Ribbeck: »Ich scheide nun ab,
legt mir eine Birne mit ins Grab.«
Und drei Tage darauf, aus dem Doppeldachhaus,
trugen von Ribbeck sie hinaus,
alle Bauern und Büdner mit Feiergesicht
sangen »Jesus, meine Zuversicht«,
und die Kinder klagten, das Herze schwer: »He is dod nu.
    Wer giwt uns nu ne Beer?«*

*So klagten die Kinder. Das war nicht recht –
ach, sie kannten den alten Ribbeck schlecht;
der neue freilich, der knausert und spart,
hält Park und Birnbaum strenge verwahrt.
Aber der alte, vorahnend schon
und voll Mißtrauen gegen den eigenen Sohn,
der wußte genau, was damals er tat,
als um eine Birne ins Grab er bat,
und im dritten Jahr aus dem stillen Haus
ein Birnbaumschößling sproß heraus.*

*Und die Jahre gehen wohl auf und ab,
längst wölbt sich ein Birnbaum über dem Grab,
und in der goldenen Herbsteszeit
leuchtet's wieder weit und breit.
Und kommt ein Jung übern Kirchhof her,
so flüstert's im Baume: »Wiste ne Beer?«*

*Und kommt ein Mädel, so flüstert's: »Lütt Dirn,
kumm man röwer, ich gew di ne Birn.«*

*So spendet Segen noch immer die Hand
des von Ribbeck auf Ribbeck im Havelland.*

Der Herzog war zum Mythos geworden

Heinrich der Löwe

Heinrich der Löwe, Herzog von Sachsen und Bayern,
vor achthundert Jahren neben seinem Vetter,
Kaiser Friedrich I. Barbarossa,
der bedeutendste Herrscher im Reich.

*Aus einer Werbeschrift
der Stadt Braunschweig*

Heinrich der Löwe

Vom Welfenherzog Heinrich dem Löwen gibt es bis in unsere Tage hinein Aufregendes zu berichten.
Am 6. Dezember 1983 um 11.48 Uhr gelangte das Evangeliar des Welfenfürsten im Londoner Auktionshaus »Sotheby's« zur Versteigerung. Der Kunstschatz wurde im deutschen Auftrag zu einem Rekordpreis von 8,14 Millionen Pfund (32,5 Millionen Mark) erworben. Die Londoner Versteigerung gilt als Jahrhundertereignis in der Geschichte des Kunsthandels, da der Preis der höchste ist, der jemals bei einer Auktion für ein vergleichbares Kunstwerk erzielt worden ist.
Das Werk umfaßt 226 Seiten und enthält 41 ganzseitige Miniaturen, die mit Silber und Gold verziert sind. Die 41. und letzte Ikone zeigt Heinrich den Löwen und seine zweite Frau Mathilde, wie sie von Jesus gekrönt werden. Ihnen zur Seite stehen der Schwiegervater des Welfenfürsten, Heinrich II. von England, und der 1170 ermordete und zwei Jahre später heiliggesprochene englische Bischof Thomas Becket.
Das Evangeliar ist im Benediktinerkloster Helmarshausen bei Karlshafen an der Weser entstanden und wurde von Heinrich dem Braunschweiger Dom St. Blasius gestiftet.

Der reichste und mächtigste Mann im Reich

Braunschweig war die Residenz Heinrichs. Hier baute er die Burg »Dankwarderode«, die von dem sächsischen Geschlecht der Brunonen errichtet worden war, pfalzartig aus. Vor der Burg ließ er als Zeichen der Macht, der Hoheit und der Gerichtsbarkeit auf einem hohen Steinsockel einen ehernen Löwen errichten. Das Tier ist wahrscheinlich

Der Löwe vor der Burg Dankwarderode in Braunschweig (Foto: Berndt)

nach einem lebenden Vorbild entworfen worden. Es war Sinnbild der Aggression seines Burgherrn. Im übrigen hatte schon der Vater des Welfenherzogs, Heinrich der Stolze, den Beinamen der Löwe getragen und den Welpen als Wappentier gewählt.

Der Bronzelöwe ist wahrscheinlich in Braunschweig gegossen worden und stellt die erste deutsche Freiplastik dar. Die Skulptur war etwas Außergewöhnliches und ließ die Betrachter erstaunen. Der König der Tiere als drohender Wächter vor der Burg Dankwarderode! Darüber sprach man nicht nur in Braunschweig. Das war der Ausgangspunkt mancher Erzählungen, die bald sagenhafte Züge annahmen. Im Laufe der Jahrhunderte hat die Skulptur beträchtliche Schäden erlitten, so daß sie vor einiger Zeit restauriert werden mußte. Drei Jahre dauerten die Arbeiten. Als sie im Jahr 1984 abgeschlossen waren, kehrte der Löwe nicht mehr an seinen angestammten Platz zurück, sondern in das Rathaus der Altstadt. Vor der Burg Dankwarderode steht eine Kopie.

Löwen gibt's in Braunschweig auch noch am Fuß eines Denkmals am Hagenmarkt. Vier Tiere halten hier drohend das Maul aufgerissen, während über ihnen ihr Meister thront. Herzog Heinrich, in der Rechten ein Schwert, in der Linken die Modelle vom Dom St. Blasius und der Burg Dankwarderode. Das Denkmal stellt den Herzog »majestätisch« dar, so wie Heinrich auch auf den Gemälden erscheint. Dies sei, so wurde lange Zeit behauptet, seiner wirklichen Figur nicht angemessen. Heinrich sei klein, nicht größer als 1,65 Meter gewesen. Inzwischen hat sich herausgestellt, daß die Annahme falsch gewesen ist. Heinrich hat normale Körpermaße gehabt.

Der Welfe trug seinen Beinamen der Löwe nicht ohne Grund. Er war hart, hochmütig, zupackend und rücksichtslos. Die Zahl seiner Gegner war groß. Er hat viele Kämpfe ausgetragen. Als Herzog von Sachsen und Bayern ist er lange Zeit erfolgreich gewesen. Über Jahrzehnte war er der reichste und mächtigste Mann im Reich, und beinahe hätte er auch die Königskrone getragen. Er entwickelte seine Residenz zu einem wichtigen Zentrum und gründete Lübeck, Schwerin und auch München. Er besiedelte und missionierte den Norden und Osten, erkannte die Bedeutung des Ostseehandels und sicherte ihn durch Verträge mit Schweden, Gotland und Nowgorod.

Löwenkopf am Denkmal Heinrichs des Löwen zu Braunschweig (Foto: Berndt)

Doch er hat seine Macht überschätzt. Als sein Vetter, Kaiser Friedrich I. Barbarossa, ihn flehentlich bat, er möge ihm in Italien militärisch beistehen, versagte ihm Heinrich die Hilfe. Der Kaiser erlitt daraufhin bei Legnano eine empfindliche Niederlage. Heinrich mißachtete auch die Aufforderung, auf Reichstagen zu erscheinen. Es kam zum Zerwürfnis. Auch die Fürsten und Bischöfe waren gegen den Welfenherzog, der schließlich in Acht und Bann geriet und nach England emigrierte. Als er zurückkam, um seine Machtstellung erneut aufzubauen, scheiterte er.

Löwe und Löwenherz

Auf seinem Altenteil in Braunschweig widmete sich Heinrich Chroniken und Sagen. Er ließ Erzählungen, Berichte und Legenden sammeln und abschreiben. Während seines Exils in England war er mit seiner Schwiegermutter, Eleonore von Aquitanien, einer der interessantesten Frauen des Mittelalters zusammengekommen. Sie hielt einen glänzenden Hof und inspirierte Troubadoure und Minnesänger und sicherlich auch ihren Schwiegersohn. Der Welfe hat am englischen Hof wahrscheinlich auch Bertrand de Born kennengelernt, den bedeutendsten Vertreter der kriegerischen Poesie der Troubadoure. Schließlich hat er Kontakt gehabt mit seinem Schwager, Richard I., König von England. Richard nannte sich Löwenherz. Heinrich hatte desgleichen den Löwen als Symbol. Beide waren sich ähnlich. So ist es kein Wunder, daß sich um beide Sagenhaftes rankt.

Die sagenhaften Könige der Tiere

Eine Braunschweiger Sage erzählt: Im Jahre 1195 lief ein Löwe durch die Stadt. Er trottete an der Burg Dankwarderode vorbei zum Dom und versuchte, mit seinen Pfoten das Portal zu öffnen. Es mißlang, da das Tor verschlossen war. Da packte der Löwe mit seinen Krallen kräftig zu und grub tiefe Kratzspuren in den Stein. Er wollte mit Gewalt in den Dom: Sein Herr und Gönner, Welfenherzog Heinrich, war hier beigesetzt worden. Nur unter Schwierigkei-

Die »Kratzspuren des Löwen« am Dom zu Braunschweig (Foto: Berndt)

ten war es möglich, das Tier von seinem Vorhaben abzubringen. Bald nach dem Vorfall ist auch der Löwe gestorben. Zur Erinnerung an das treue Tier, so erzählt die Sage weiter, hat man ein Abbild des Löwen vor der Burg aufgestellt. Und die Kratzspuren am Dom sind noch zu sehen.
Farbiger noch ist eine andere Sage: Bei einer Seefahrt wurden Heinrich und seine Begleiter in unbekannte Zonen verschlagen. Es war kein Land in Sicht. Die Vorräte gingen zu Ende. Hunger quälte die Reisenden. Schließlich kam man überein, daß Lose gezogen werden sollten; wen es traf, der sollte getötet werden und den anderen als Nahrung dienen. Nach einigen Wochen waren nur der Herzog und ein Knecht übriggeblieben. Als dann zum letzten Mal das Los gezogen wurde, traf es den Herzog. Doch der Knecht wollte das Opfer nicht annehmen. Er schlug vor, Heinrich in einen Sack einzunähen und ihm sein Schwert beizugeben. So geschah es.
Bald darauf kam der Vogel Greif, packte den ledernen Sack und trug ihn übers Meer davon in sein Nest. Als er aufs neue auf Beute ausflog, zerschnitt Heinrich den Sack. Da erblickten die jungen Greifen den Eindringling und fielen über ihn her. Heinrich ergriff sein Schwert und erschlug die Jungen.
Er machte sich auf, um eine menschliche Behausung zu finden. Da hörte er einen fürchterlichen Lärm: Ein Lindwurm kämpfte mit einem Löwen, und der Löwe war in Gefahr, zu unterliegen. »Weil aber der Löwe insgemein für ein edles und treues Tier gehalten wird«, so erzählen die Brüder Grimm die Sage, »und der Wurm für ein böses, giftiges, säumte Herzog Heinrich nicht, sondern sprang dem Löwen mit seiner Hilfe bei. Der Lindwurm schrie, daß es durch den Wald erscholl, und wehrte sich lange Zeit. Endlich gelang es dem Helden, ihn mit seinem guten Schwert

Der Teufel hat sein Spiel verloren. Als der Löwe Heinrich erblickt, brüllt er so fürchterlich, daß der Herzog erwacht.

zu töten. Hierauf nahte sich der Löwe und legte sich zu des Herzogs Füßen neben den Schild auf den Boden.«
Heinrich aber baute sich ein Floß und setzte es aufs Meer. Als der Löwe, der zur Jagd gegangen war, zurückkam und seinen Herrn weit draußen auf See erblickte, sprang er in die Wellen, schwamm dem Floß nach, kletterte darauf und setzte sich zu Heinrichs Füßen nieder, als ob nichts geschehen wäre.

Doch wie bei der ersten Seefahrt, so fehlte auch diesmal die Nahrung. Als die Not am größten, erschien der Teufel auf dem Floß und versprach Hilfe. Er erzählte auch, daß in Braunschweig ein großes Fest gefeiert würde. Er, Heinrich, sei jetzt sieben Jahre fort, und dies sei die Frist, die er für seine Abwesenheit gesetzt habe. Da er nicht zurückgekommen wäre, wolle seine Frau sich neu vermählen. Für diesen Abend nun sei die Hochzeit angesetzt. Der Teufel war aber bereit, den Herzog samt Löwen nach Braunschweig zu bringen und beide auf dem Giersberg niederzulegen. Wenn er zurückkomme und den Herzog schlafend finde, sei Heinrich ihm jedoch verfallen.

Der Herzog erklärte sich einverstanden. Der Satan schaffte ihn durch die Lüfte und legte ihn auf dem Giersberg nieder. Er flog zurück, um auch den Löwen zu holen. Indessen war Heinrich vor übergroßer Müdigkeit eingeschlafen. Als sich nun der Teufel mit seiner lebenden Fracht Braunschweig wieder näherte, erblickte der Löwe aus der Luft seinen Herrn und meinte, er sei tot. Er brüllte ganz fürchterlich. Da erwachte der Herzog. Der Teufel aber hatte somit das Spiel verloren.

Heinrich machte sich nun auf den Weg zur Burg, und der Löwe folgte ihm. Als der Herzog Dankwarderode betreten wollte, hielt ihn ein Diener zurück und sagte, drinnen werde eine Hochzeit gefeiert. Heinrich erwiderte, er bäte nur um einen Trunk Wein. Der Wunsch wurde erfüllt. Der Herzog trank den Pokal aus, warf einen Ring hinein und sagte dem Diener, er möge das Glas der Herzogin bringen. Als diese den Ring erblickte, in den Heinrichs Schild und Name geschnitten waren, wußte sie, daß ihr Gemahl zurückgekehrt war. Sie war außer sich vor Freude. Statt der Hochzeit wurde nun die Rückkehr des Welfenherzogs gefeiert, und der Löwe war mit dabei.

Illustration aus dem 19. Jahrhundert zur Sage von Heinrich dem Löwen

Der Welfe wird zum Mythos

Die Gestalt des Welfenherzogs, sein wechselhaftes Leben mit Siegen und Niederlagen, seine Bindung an das Löwensymbol, waren prädestiniert für die Sage. Der Löwe wuchs in die Legende hinein – und die abenteuerliche Seefahrt, von der berichtet wurde, geht vielleicht zurück auf wahre

Begegenheiten. Denn auf der Pilgerreise nach Palästina geriet sein Schiff auf der Donau in gefährliche Strudel und kenterte. Heinrich konnte sich über Wasser halten und wurde von Land aus gerettet. Auf der Weiterfahrt von Konstantinopel übers Mittelmeer kam das Schiff, das die byzantinische Kaiserin dem Welfen zur Verfügung gestellt hatte, in schweres Wetter, und mancher glaubte, man werde die Fahrt nicht überstehen. Dennoch erreichten die Wallfahrer einige Tage darauf die Hafenstadt Accon. Doch die abenteuerliche Fahrt hatte sich allen unauslöschlich eingeprägt.

Der Bericht darüber – mit einigen Geschehnissen aus anderen Sagen – wurde schließlich zur spannenden Legende vom Welfenfürsten, der – trotz all seiner Grausamkeiten – bei der Bevölkerung längst zum Mythos geworden war.

In Hildesheim blüht er immer noch

Der tausendjährige Rosenstrauch

O Rose, du reiner Widerspruch,
niemandes Schlaf zu sein unter so viel Lidern.

Rainer Maria Rilke

Ludwig der Fromme, auf den die Sage vom tausendjährigen Rosenstock zurückgeht

Der tausendjährige Rosenstrauch

Der Dom zu Hildesheim verdient drei Sternchen. Wie eine Festung stemmt sich das dreifach gegliederte Westwerk mit seinen romanischen Durchbrüchen aus dem Boden. Künstlerisch hochrangig sind die schweren, fast 5 Meter hohen Türen des Hauptportals. Bischof Bernward (960–1022) hat sie nach römischen Vorbildern gießen lassen. Mit ihren lebhaften Figuren aus dem Alten und dem Neuen Testament waren sie die »Bilderbibel« fürs Volk. Einprägsam ist auch die eherne »Bernwardssäule«, die – ebenfalls nach römischen Vorbild – auf einem spiralförmig laufendem Muster biblische Szenen darstellt. Das alles sind Meisterleistungen unbekannter mittelalterlicher Künstler.

Und doch ist etwas anderes aus dem Domkomplex weit bekannter: der tausendjährige Rosenstrauch. In vielen verzweigten Armen rankt er sich an der Apsis der Kirche empor. Einen Rosenstock, so alt und von solcher Größe, so von der Legende umwuchert, gibt es nicht noch einmal. Dabei ist dies keine Edelrose, sondern eine »rosa canina«, als »Hundsrose« im Volksmund bekannt.

Rosen haben allerdings in Hildesheim zu allen Zeiten eine Rolle gespielt. Im Mittelalter pflegten die Bürger vor ihren Häusern bunte Rosengärten anzulegen, und manche Straßen waren nach dieser Pflanze benannt.

An jene Namen hat im 15. Jahrhundert Bischof Theodoricus aus Hildesheim auf dem Konzil von Konstanz gedacht. Sie retteten ihn aus großer Verlegenheit. Theodoricus hatte bei weitem nicht das Format des Bischofs Bernward. Auch bereitete ihm die lateinische Sprache Mühe. Dennoch war er ausersehen, in Konstanz eine Messe zu zelebrieren – und das in Anwesenheit hoher kirchlicher Vertreter. Theodoricus bekam Lampenfieber, aber mit Hilfe eines klugen Buches brachte er die Messe hinter sich. Da

Dom zu Hildesheim. Im Innenhof des Klosters der 1000jährige Rosenstrauch. (Foto: Berndt)

trat ein römischer Kardinal an ihn heran; er war so hochgelehrt, daß er nur Latein zu sprechen pflegte. Er redete auf sein Gegenüber ein und stellte schließlich eine Frage. Theodoricus vermeinte, im Boden versinken zu müssen, doch ein Kaplan aus Hildesheim rettete die Situation. Er riet dem Bischof, er möge einfach in deutscher Sprache Namen der Straßen und Plätze in Hildesheim heruntersagen. So geschah es. Theodoricus rezitierte: »Sehr wohl, Euer Gnaden ... Paffenstieg, Domhof, Molkenmarkt, Wollenweberstraße, Andreasplatz, Burgstraße, Kreuzstraße ...« Dann kam er auf die Wege und Straßen, deren Benennung auf Rosen zurückgeht: »Dornenstraße, Vorderer Rosenhagen, Mittlerer Rosenhagen, Hinterer Rosenhagen und noch einmal Vorderer Rosenhagen ...«
Der verwirrte römische Kardinal erwiderte nur, er verstehe leider kein Griechisch, und tauchte in der Menge unter.

Der vergeßliche Kaplan

Die Geschichte vom Rosenstrauch geht angeblich ins 8., 9. Jahrhundert zurück. So kommen tausend Jahre zusammen. Damals begann Karl der Große nach den Sachsenkriegen die Missionierung in Ostfalen und hatte dafür in Elze eine Kirche bauen lassen. Karls Sohn, Ludwig der Fromme, änderte den Plan und verlegte den Missionssitz auf einen Hügel nahe dem Fluß Innerste. Wie dies geschehen sein soll, darüber hat ein sächsischer Schreiber gegen Ende des 11. Jahrhunderts berichtet.
Der Chronist schreibt, Ludwig habe eines Tages, von Elze kommend, an einer Jagd teilgenommen, habe danach die

Schnitt durch einen Rosenstockstamm, dessen Durchmesser etwa 5 Zentimeter beträgt. Der Stamm weist 27 Jahresringe auf (Foto: Ewald Breloer)

Leine überquert und sei zu jener Stelle gelangt, wo heute die Hildesheimer Kirche steht. Dort habe er ein Zelt aufschlagen lassen, um die Messe zu hören. Dafür waren Reliquien der Maria mitgenommen worden. Nach Elze zurückgekehrt, wünschte der Kaiser erneut eine Messe. Doch als der Kaplan die Reliquien auf den Altar stellen wollte, fand er sie nicht. Da erinnerte er sich, daß er sie dort zurückgelassen hatte, wo tags zuvor die Messe begangen worden war. Der Kaplan beeilte sich, an diesen Ort zurückzukehren. Er fand auch die Reliquien, wie er sie verlassen hatte: am Ast eines Baumes, der eine Quelle beschattete. Er wollte die Heiligtümer abnehmen, doch dies gelang ihm trotz aller Anstrengung nicht. Da glaubte der Kaplan an ein Wunder, kehrte nach Elze zurück und berichtete dem Kaiser.
Wörtlich schildert der Chronist den Fortgang der Geschichte: »Ludwig eilte voll Verlangen, das Gehörte selbst zu untersuchen, mit großem Gefolge an die Stelle und ward inne, daß sich die Reliquien von dem Baum, an wel-

chem sie hingen, nicht trennen lassen wollten. Er erkannte hierin einen Fingerzeig Gottes und erbaute ebendaselbst der Gottesmutter schnell eine Kapelle. Diesen Ort nun, der sich als Lieblingsstätte der Gottesmutter so deutlich erwiesen hatte, begann der Kaiser mit großer Vorliebe zu fördern«.

Das bewunderte Symbol

Der Baum, von dem der Chronist berichtet, soll der tausendjährige Rosenstrauch sein. Seit dem 16., 17. Jahrhundert wird mit Bestimmtheit erklärt, es handele sich um eine »uralte Sehenswürdigkeit«. Wahr ist jedenfalls, daß schon die Kelten in ihren Tempeln Rosen gezogen haben und der heutige Domplatz früher ein heidnischer Kultplatz gewesen ist.

Seit langem kommen auch Besucher, um den Rosenstock zu sehen. Ein solch Reisender war der Musiker Carl Friedrich Zelter, der 1823 nach Hildesheim gelangte. Er berichtete Goethe, den er in musikalischen Dingen beriet: »Der alte wilde Rosenstock hat noch heute die schönsten grünen Blätter.«

Zur Zeit der Romantik wurde der Strauch zum bewunderten Symbol. Kein Reisender, der nach Hildesheim kam, versäumte es, die legendären Rosen aufzusuchen. Es schien, als ob es für den Rosenstock kein Alter gebe.

Doch am 22. März 1944 blieben Hildesheim und der Rosenstrauch von den Kriegsereignissen nicht verschont. Im Bombenhagel wurde die alte, malerische Innenstadt fast völlig zerstört. Der Dom stürzte ein. Gespenstisch ragten

Der Hildesheimer Rosenstock nach einem Kupferstich aus dem Jahre 1825

Der tausendjährige Rosenstrauch 78

einige Mauern und die Reste des Westwerks in den glühenden Himmel. Der Rosenstrauch war in halber Höhe abgebrochen und fast völlig verbrannt. Das Ende der Rose, und somit auch der Stadt, schien gekommen.
Doch Hildesheim wurde wiederaufgebaut und der Rosenstrauch aus Schuttbergen ausgegraben. Botaniker stellten fest, daß die Wurzeln trotz des Chaos, das sich ringsum ereignet hatte, gesund geblieben waren. Das Feuer hatte den Wurzelstock nicht erreicht. Neue Schößlinge schlugen aus, überwucherten die romanischen Fenster und kletterten bis unter das Runddach. Und die Rosen blühten wie eh und je.
Aber ist der Rosenstock wirklich tausend Jahre alt? Historisch ist das Alter nicht zu belegen. Wohl aber biologisch. Josef Breloer schreibt, die Wildrose sei imstande, »auch schlimme, äußere Einwirkungen zu überstehen, sich am Leben zu erhalten und den Schaden durch Regeneration von unten wieder auszugleichen ... Vor dem biologischen Hintergrund ist die Sage von der ewigen Jugend des Tausendjährigen Rosenstocks gar keine Sage mehr.«
Und überdies bewahrheitete sich ein Spruch aus alter Zeit, der besagt, Hildesheim könne nicht untergehen, solange die Rose im Domfriedhof blühe.

Hexenhafte Walpurgisnacht

Der Brocken

Die Hexen zu dem Blocksberg ziehn,
Die Stoppel ist gelb, die Saat ist grün.
Dort sammelt sich der große Hauf,
Herr Urian sitzt oben auf.

Johann Wolfgang von Goethe: »Faust I«

Der Brocken

Der Harz hat mit seinen tief eingeschnittenen Tälern, Tannenwäldern und eigenartigen Felsformationen noch heute seinen Reiz. Früher war dieses nördlichste deutsche Mittelgebirge das große Landschaftserlebnis schlechthin.

Sie kamen alle und erstiegen auch die granitene, kahle Bergkuppe des Brocken. Caspar David Friedrich ist hier gewesen, der dänische Märchenerzähler Hans Christian Andersen oder Heinrich Heine, der es von Göttingen, wo er studierte, nicht weit hatte. Die Besucher ließen sich einfangen von der Aussicht des Rundturms des Brockenhauses oder erwarteten hier den Sonnenuntergang.

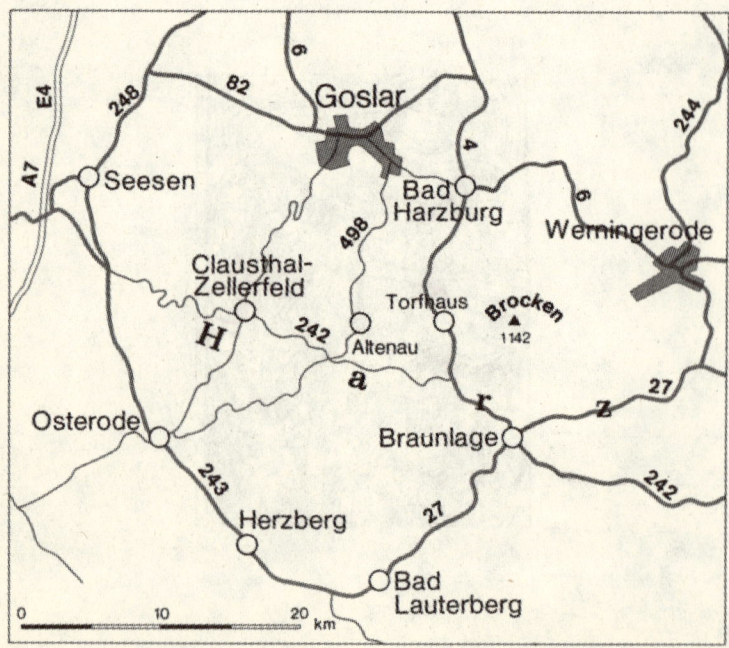

Der Brocken (Foto: Berndt)

Der Brocken

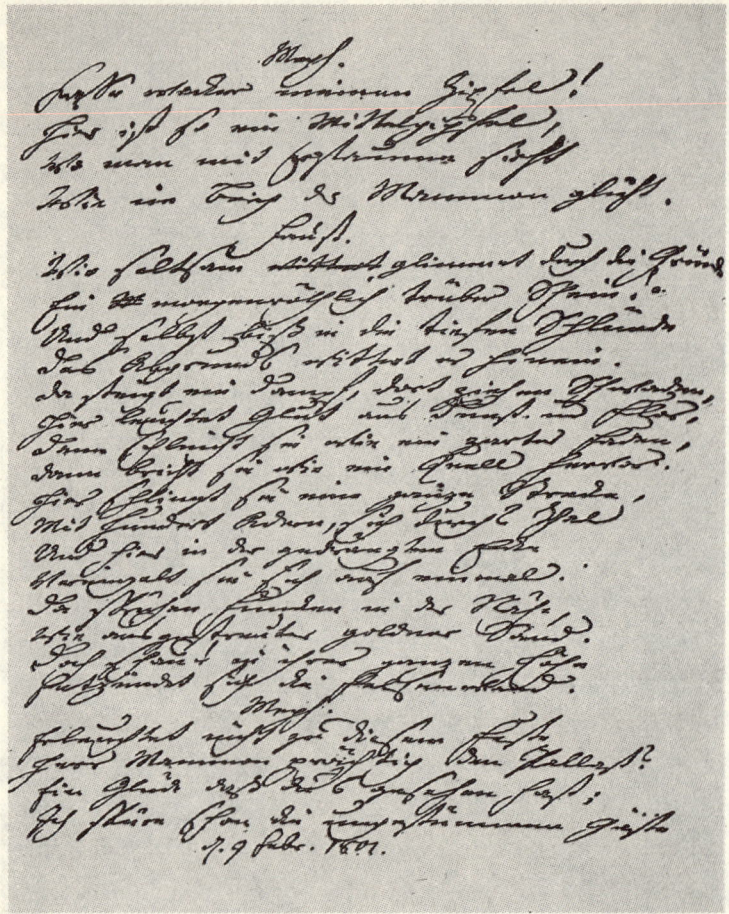

Das Original Goethes zur Brockenszene seines Faust-Dramas (Archiv für Kunst und Geschichte)

Dazu Heine: »Die Luft wurde noch kälter, die Sonne neigte sich tiefer, und die Turmplatte füllte sich mit Studenten, Handwerksburschen und einigen ehrsamen Bürgersleuten samt deren Ehefrauen und Töchtern, die alle den Sonnenuntergang sehen wollten. Es ist ein erhabener Anblick ....« Dann vollzieht Heine den Sprung ins Skurrile: »Während ich so in Andacht versunken stehe, höre ich, daß neben mir jemand ausruft: ›Wie ist die Natur doch im allgemeinen so schön!‹«

Beeindruckt war Goethe. Auf dem Hintergrund der Sagen wurde für ihn diese Berglandschaft zur gespenstischen Kulisse der Walpurgisnacht, die er auf vielen Seiten im Faust beschreibt – mit Mephisto, Hexen, Hexenmeister, mit Ariel, Puck und flackernden Irrlichtern:

> *Verlangt dich nicht nach einem Besenstiele?*
> *Ich wünschte mir den allerbesten Bock.*
> ...
> *In die Traum- und Zaubersphäre*
> *Sind wir, scheint es, eingetreten.*
> ...
> *Und das Echo, wie die Sage*
> *Alter Zeiten, hallet wider.*

Die Nacht zum ersten Mai

Auf dem Brocken ist es nicht geheuer.
Hängt im Osten grauer Nebel, während im Westen die Sonne untergeht, zeigen sich auf der Nebelwand undeutliche Schatten. Daraus wurde das Brockengespenst, eine riesige Frauengestalt, die die Menschen vertreibt. Solche

Der Brocken

Erzählungen sind uralt. Alt sind auch die Hügel und Steine auf dem Brocken, Hexenaltar und Teufelskanzel.

Auf dem Brocken spukt es. Hier ist der Aufenthaltsort dämonischer Wesen, der Versammlungsplatz der Hexen. Vor allem zu gewissen Zeiten tun sich unwirkliche Dinge: zur Fastnacht, zu St. Michael, in der Johannis- oder Neujahrsnacht, besonders aber zu Walpurgis; in der Nacht zum ersten Mai treiben Dämonen und Geister in über 1 000 Meter Höhe ihr Spiel.

In dieser Nacht werden Beschwörungen und Zauberpraktiken angewandt. Durch das Läuten von Kirchenglocken, das Knallen von Peitschen oder das Entzünden von Walpurgisfeuern kann man sich dagegen schützen. Auch das Anbringen von drei Kreuzen oder von Abwehrkräutern an den Stalltüren hilft.

In der Nacht zum ersten Mai bereiten sich die Hexen zur großen Ausfahrt vor. Sie benutzen eine Salbe, ein narkotisches Öl. Damit reiben sie sich ein, auch ihre magischen Stöcke – Besenstiele, Heu- oder Mistgabeln – oder ihre »Reittiere«: Böcke, Ziegen, Kälber, Hunde, wohl auch eine Elster. Dann fahren sie durch den Schornstein – nur durch diesen können sie in die Luft auffahren – in Richtung Blocksberg. Dabei müssen sie einen Zauberspruch aufsagen: »Oben aus, und nirgend an!« Unterwegs ruhen sie auf Dornenhecken und brechen die Spitzen des Weißdorns zur Wegzehrung. Während ihrer Reise zum Blocksberg liegt an ihrer Stelle ein Baumstrunk oder Besen im Bett. Man kann die Hexen auf ihrem Flug beobachten, wenn man einen Kranz von Tausendgüldenkraut aufsetzt, den Leib mit Dost (eine Lippenblütlergattung) und Baldrian (Hexenkraut) umwindet oder sich während der Geisterstunde an einem Kreuzweg auf die Lauer legt. Um den Hexen das Spiel zu verderben, werden Besen oder

Im 16. Jahrhundert erreichte die Hexenverfolgung einen Höhepunkt. Der Holzschnitt zeigt die Verbrennung von Hexen.

Als Mutter alles Bösen wurde die Urhexe angesehen (Historia-Photo)

Heugabeln unter Stroh versteckt und Böcke aus dem Stall genommen und zusammengesperrt.

Der Teufel erwartet die Hexen auf dem Blocksberg und besprengt sie mit Wasser aus dem Teufelsnapf, einem ausgehöhlten Granitstein. Die Hexen müssen ihrer Religion abschwören und sich zu Satan bekennen, der die Blocksberg-Besucher ins »Schwarze Buch« einschreibt. Die Hexen erzählen alsdann dem Teufel ihre Taten, und er gibt ihnen nützliche Ratschläge. Man sitzt dabei auf Grasbänken und verzehrt Fleisch und Obst und trinkt Bier. Es folgt der Hexenreigen, angeführt vom Teufel mit lodernden Flammen in den Händen. Der Tanz führt um einen Bock, dessen Hinterteil alle küssen. Sexuelle Orgien schließen sich an.

Einmal hat ein Knecht aus dem Kreis Schlawe am mitternächtlichen Fest teilgenommen. Wie er berichtet, hat er einige hundert Hexen beobachtet. Eine junge Hexe ist an ihn herangetreten und hat ihm eine Trompete gereicht, damit er die Musikanten begleiten konnte. Der Knecht hat dies getan und kräftig die Trompete geblasen. Plötzlich ertönte ein Signal, das zum Aufbruch mahnte. Die Hexen griffen schnell zu ihren Besen oder Reittieren und waren verschwunden. Als der Knecht seine Trompete betrachtete, sah er mit Entsetzen, daß sich das Blasinstrument in seinen Händen in eine tote Katze verwandelt hatte.

Die Legenden fordern Blut

Der Glaube an Hexen ist uralt. Aber erst im 13. Jahrhundert setzten Verfolgungen ein. Ende des 15. Jahrhunderts wurden sie zu einem sozialpsychologischen Problem, zur

Vom Anfang unseres Jahrhunderts stammt diese Postkarte, die ebenfalls die Walpurgisnacht zum Thema hat. (Bildarchiv Preußischer Kulturbesitz)

Massenhysterie. Dafür gab es Ursachen: Die geistigen, religiösen und politischen Verhältnisse waren im Umbruch; eine allgemeine Unsicherheit breitete sich aus – zusammen mit der Furcht, es bahne sich eine Teufelsherrschaft an. Entscheidend war dabei das 1487 erschienene Buch »Hexenhammer« von den Inquisitoren Heinrich Institoris und Jakob Sprenger. Es schrieb Zauberdelikte hauptsächlich Frauen zu und befürwortete die Anwendung der Folter. Im »Hexenhammer« wurden die Untaten der Hexen im einzelnen aufgeführt: Sie rufen Gewitter und Hagel herbei, rauben den Kühen die Milch, hindern Hühner am Eierlegen, machen das Vieh krank, erregen Besessenheit, lähmen die Glieder durch den »Hexenschuß«, verursachen Fehlgeburten, töten ungetaufte Kinder – kurz, sie sind an allem schuld.
Hexen waren das Böse schlechthin.

Der Brocken

Die Hexenverfolgungen schufen quasi ein »Gewerbe« – mit Richtern, Gefängniswärtern, Folterknechten und Exorzisten. Hexenverbrennungen wurden überdies zu einer einträglichen Sache: Nach einer Rechnung aus dem schlesischen Zuckmantel vom 20. Oktober 1639 brachte die Verbrennung von elf Hexen 425 Taler ein, die auf den Fürstbischof von Breslau, den Vogt, die Schöffen, den Rat, den Stadtschreiber und den Stadtdiener verteilt wurden. Wer seinen Unterhalt mit der Hexenjagd verdiente, kannte nur eines: Jede verdächtige Person mußte bekennen! Dazu diente die Folter. Da die Überführten auch gezwungen wurden, Namen von Mitschuldigen zu nennen, hatte jeder Prozeß unzählige andere zur Folge.

Von dieser Zeitkrankheit, diesem Verfolgungswahn, waren bald alle ergriffen – nicht nur einfache Leute, auch Gelehrte, Katholiken wie Protestanten, Untertanen und Fürsten, sogar manche »Hexen« selbst; denn einige Opfer glaubten nach den unvorstellbaren Qualen schließlich das, was sie gestanden hatten.

Die Hinrichtung von Hexen durch öffentliches Verbrennen dauerte Jahrhunderte. In Straßburg wurden im Oktober 1582 in vier Tagen 134 Hexen verbrannt, in Ellingen 1590 an die 1 500, in Würzburg von 1627 bis 1629 waren es 900. Ähnliche Rasereien brachen 1488 in Osnabrück aus, 1590 in Nördlingen, 1616 in Württemberg. Die letzte Hexe ist 1793 in Posen verbrannt worden. Einige Historiker schätzen die Zahl der Opfer im Verlauf von drei Jahrhunderten auf insgesamt weit über eine Million.

»Hexenarchiv« und »Hexensekte«

Heute glauben noch laut einer Umfrage des Instituts für Demoskopie in Allensbach über eine Million Bürger in der Bundesrepublik an die Existenz von Hexen. Es gibt auch noch Hexenprozesse. Sie werden aus Gründen geführt, die dem Psychohistoriker nicht unbekannt sind. Es geht um Verleumdung von Personen, die als Hexen verdächtigt werden, um Teufelsaustreibungen oder Schädigungen durch Zauberer, Hellseher und Gesundbeter. Johann Kruse stellt in seinem Buch »Hexen unter uns« fest, daß jede Stadt in der Bundesrepublik noch mehrere »Hexen« hat und fast jedes Dorf seine »Teufelsaustreiberin«. In Hamburg gibt es laut »Brockhaus« ein »Hexenarchiv« (Hamburg-Gesellschaft e. V.), und in England – wen wundert's – hat Margaret Murray eine »Hexensekte« gegründet.

Was geschah am 26. Juni 1284?

Der Rattenfänger von Hameln

Ich bin der wohlbekannte Sänger,
Der vielgereiste Rattenfänger,
Der diese altberühmte Stadt
Gewiß besonders nötig hat.

Johann Wolfgang von Goethe

Um 1870 entstand dieser Holzstich vom Rattenfänger. (Bildarchiv Preußischer Kulturbesitz)

Der Rattenfänger von Hameln

Jeden Sonntag, von Mitte Mai bis Mitte September, läuft in Hameln um zwölf Uhr ein eigenartiges Spektakel ab. Auf der Terrasse zwischen dem »Hochzeitshaus« und der Marktkirche tritt der sagenhafte, bunt gekleidete Rattenfänger auf, drei lange Fasanenfedern am Hut, in gelben Schnabelschuhen. Auf seiner Flöte spielt er das verführerische Lied vom Rattenfänger, und an die hundert Hamelner Bürger, ältere und sehr viele Kinder, spielen mit.
Es wird die Sage vom Rattenfänger aufgeführt. Sie ist vor vielen hundert Jahren entstanden.
Die Brüder Grimm erzählen sie in dieser Art: »Im Jahr 1284 ließ sich zu Hameln ein wunderlicher Mann sehen. Er hatte einen Rock von vielfarbigem, bunten Tuch und gab sich für einen Rattenfänger aus, indem er versprach, gegen ein gewisses Geld die Stadt von allen Mäusen und Ratten zu befreien. Die Bürger sagten ihm diesen Lohn zu, und der Rattenfänger zog sein Pfeifchen heraus und pfiff. Da kamen alsbald die Ratten und Mäuse aus allen Häusern herausgekrochen und sammelten sich um ihn herum. Als er nun meinte, es wäre keine zurück, ging er aus der Stadt hinaus in die Weser; der ganze Haufe folgte ihm nach, stürzte ins Wasser und ertrank. Als aber die Bürger sich von ihrer Plage befreit hatten, reute sie der versprochene Lohn, und sie verweigerten ihn dem Mann, so daß dieser erbittert wegging.
Am 26. Juni kehrte er jedoch zurück in Gestalt eines Jägers erschrecklichen Angesichts mit einem roten, wunderlichen Hut und ließ, während alle Welt in der Kirche versammelt war, seine Pfeife abermals in den Gassen ertönen. Alsbald kamen diesmal nicht Ratten und Mäuse, sondern Kinder, Knaben und Mägdlein vom vierten Jahr an, in großer Zahl gelaufen. Diese führte er, immer spielend, zum Ostertore hinaus in einen Berg, wo er mit ihnen verschwand. Nur

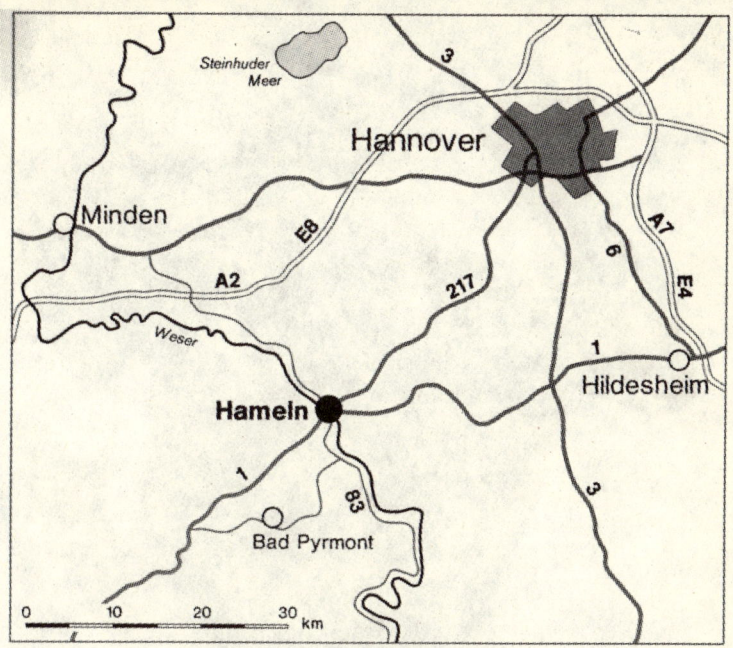

Südwestlich von Hannover liegt die Rattenfängerstadt

zwei Kinder kehrten zurück, weil sie sich verspätet hatten; von ihnen war aber das eine blind, so daß es den Ort nicht zeigen, das andere stumm, so daß es nicht erzählen konnte. Ein Knäblein war umgekehrt, seinen Rock zu holen, und so dem Unglück entgangen. Einige sagten, die Kinder seien in eine Höhle geführt worden und in Siebenbürgen wieder herausgekommen. Es waren im ganzen 130 Kinder verloren.«
Die Erzählung der Brüder Grimm fußte auf alten Überlieferungen. Die früheste Darstellung fand sich in der »Lüneburger Handschrift«, einer Kopie der 1370 verfaßten »Ca-

Der Rattenfänger von Hameln

Der Rattenfänger im Museum zu Hameln.
Plastik von Prof. Hengstenberg (Foto: Berndt)

tena aurea« (»Goldene Kette«). In diesem Dokument wird sogar eine Augenzeugin genannt: »...die Mutter des Herrn Dekan Johann von Lüde sah die Kinder fortziehen.« Einen anderen Hinweis gibt es im Stadtbuch »De Brade«, das Ende des 14. Jahrhunderts angelegt worden ist. 1585 hat der damalige Stadtsekretär Moller das Buch neu geschrieben. Dabei verzeichnete er den Kinderauszug: »Anno 1284 am dage Joannis et Pauli, ist der 26. dach des mantes junii gewesen, sint durch einen piper so mit allerleige varve becledet, einhundert unde drittich kinder in Hameln geboren, uth der Stadt gebracht unde up den koppen by Calvarie buthen dem oisterdore verbracht unde verloren.«

Das sogenannte alte »Rattenfängerhaus« in Hameln an der Weser

Die Inschrift findet sich am sogenannten »Rattenfängerhaus« in der Osterstraße an einem Holzbalken. Durch die schmale Straße an der Westseite des Rattenfängerhauses soll damals der Auszug der Kinder erfolgt sein. Zur Mahnung an das Ereignis durften in dieser Gasse nie wieder Trommeln und Pfeifen ertönen. Sie heißt darum bis heute die »Bungelosenstraße" (Bunge = Trommel, bungelose = ohne Trommel). Eine zweite, ähnliche Inschrift ursprünglich am Hochzeitshaus, ist heute im Museum.

Die Ratten kamen erst später

Anfänglich handelte die Sage nur von einem Kinderauszug. Der Rattenfänger ist erst im 16. Jahrhundert dazugekommen. Nicht von ungefähr. Ratten waren zu allen Zeiten eine gewaltige Plage und sind es in manchen Ländern auch heute noch, etwa in Indien. Hier wird rund ein Drittel der Getreideernte von Ratten vernichtet. Die Belästigung durch Ungeziefer, durch Ratten, Mäuse, Flöhe, Wanzen, Kakerlaken, durch Fliegen und Mücken, bringt die Menschen der Dritten Welt ja gegenwärtig noch zur Verzweiflung. Das galt ehemals auch für Europa. Der Rattenfänger ist darum früher eine bekannte Erscheinung gewesen. Er zog von Haus zu Haus; an einem Stock hingen als Zeichen seiner Zunft tote Ratten. So hat uns zum Beispiel Rembrandt eine Radierung von solch einem Hausierer hinterlassen.
Im 16. Jahrhundert gewann die Sage noch dämonischen Charakter. So erzählt der Theologe Fincellus 1556 davon, wie »der Teuffel am Tage Marie Magdalene inn menschli-

Der Rattenfänger von Hameln

Von 1890 stammt diese Zeichnung von Brendamour nach einem Gemälde von Kaulbach. *(Archiv für Kunst und Geschichte)*

Die Kinder von Hameln folgen den mysteriösen Klängen. Holzschnitt nach einem Gemälde von Spangenberg (Archiv für Kunst und Geschichte)

cher Gestalt sichtiglich auff den Gassen umbgegangen« und durch sein Pfeifen »vil Kinder an sich gelockt und zum Stadtor naus geführt (hat) an ein Berg«.
In der Folgezeit ist die Hamelner Sage in vielen Erzählungen, Balladen und Dramen aufgegriffen worden, in Volksliedern, Opern und Singspielen. Nicht nur in Deutschland. Durch Robert Brownings Dichtung »Der bunte Pfeifer von Hameln« (1845) wurde der Rattenfänger auch in der angelsächsischen Welt bekannt. Heute führt die Spielgruppe aus Hameln die Sage in vielen Ländern auf – von Amerika bis Japan.

Der Deutungen gibt es viele

Doch was ist wirklich am 26. Juni 1284 in Hameln geschehen?
Dazu gibt es fast zwei Dutzend Erklärungen: den Kinderkreuzzug, eine Naturkatastrophe, ein Kindersterben, einen Ritualmord oder einen mittelalterlichen »Veitstanz«, hervorgerufen durch das Flötenspiel eines Fanatikers. Gewisse Beweiskraft erlangte die Theorie, der Kinderauszug sei der tragische Marsch der Hamelner Jugend ins Gefecht von Sedemünster von 1260 gewesen. Doch alle diese und anderen Deutungen vermochten letztlich nicht zu überzeugen.
Anders steht es um die Lösung des früheren Troppauer Stadtarchivars Wolfgang Wann. Er sieht den Auszug als die Abwerbung junger Leute zur Besiedlung von Gebieten im Südosten an. Einen möglichen Hinweis darauf enthält die Grimmsche Fassung der Sage, wonach die Kinder wieder in Siebenbürgen aufgetaucht seien.
Wann glaubt, beweisen zu können, der Werber habe die Jugendlichen ins Sudetenland geführt, und zwar ins Bistum Olmütz. Der Archivar deutet auch darauf hin, daß im 13. Jahrhundert mehr als 200 Dörfer auf diese Weise begründet wurden; sie hätten die »Mährische Pforte« gegen feindliche Durchmärsche geschützt.
Auch der Rattenfänger erhält bei dieser Auslegung seinen Platz.

Der Rattenfänger als Magier

Heinrich Spanuth, der die Sage nach allen möglichen Seiten »abgeklopft« hat, verweist noch auf ein interessantes Phänomen, das bei der Entstehung der Zwischenstufe der Erzählung eine Rolle gespielt haben mag. Ratten hören bekanntlich auf gewisse Pfeiftöne. Wer sie nachzuahmen versteht und wem es gelingt, die menschliche Witterung auszuschalten, dem laufen die Tiere in Scharen nach. In neuester Zeit sei dies, so Spanuth, dem Engländer Heywood in Northamptonshire gelungen. Er habe mit seinen Pfeifgeräten allein aus einem Londoner Dock an die 20 000 Ratten hervorgelockt. Die Zahl ist zweifellos übertrieben. Ein Körnchen Wahrheit steckt aber wohl in dem Bericht.
Die Sage erhält damit noch eine besondere Dimension. Sie wird erklärbar, wohingegen früher Dinge magisch gedeutet wurden.
Der Rattenfänger als Magier?
Wer die Bronzeplastik von Professor Hengstenberg im Museum zu Hameln betrachtet, den Rattenfänger, der mit feingliedrigen Fingern die Flöte beschwörend als Zauberstab hebt, der mag sich solcher »sagenhaften« Auslegung kaum verschließen.

Jeden Sonntag im Sommer wird in Hameln die Sage vom Rattenfänger aufgeführt. Dann zieht der buntgekleidete Rattenfänger mit »Mäusen und Ratten« durch die Stadt. (Foto: Berndt)

Dietrich von Bern befreit Sistram aus dem Maul des geflügelten Drachen. Kapitell im Chorumgang des Baseler Münsters aus dem 12. Jahrhundert (Foto: Berndt)

Die Saurierspuren von Barkhausen

Drachenkämpfe im Hunaland

Noch eine Mär weiß ich; die ist mir wohlbekannt:
Einen Lindwurm erschlug des Helden Hand.
Dann badet' er in dem Blute. So ward dem Recken wert
Die Haut von solcher Härte, daß keine Waffe sie versehrt.

Hagen über Siegfried im »Nibelungenlied«

Im Basler Münster spielen Drachen eine große Rolle. 1975 wurde im Mittelschiff des Vorgängerbaus ein Drachenmedaillon im Fußboden aufgedeckt, das auf 1170 datiert wird. (Foto: Berndt)

Drachenkämpfe im Hunaland

Die »Thidreksaga«, die altnordische Sagensammlung, steckt voll seltsamer Abenteuer, die König Thidrek (Dietrich von Bern) und seine Gefährten im Kampf mit anderen Rittern erlebten, im Ringen mit übermächtigen Riesen oder auch mit wilden Tieren. So hört man in der Saga von »irgendwelchen Verwandlungen, Ungeheuern und Wundern erzählen. Denn bunt ist es in der Welt hergegangen.« Aufkommenden Zweifeln werden die Worte entgegengestellt: »Es ist aber einfältig, etwas, was man nicht gesehen oder gehört hat, Lügen zu nennen, falls man selbst nichts Wahreres darüber weiß.«

Von Sigurd (Siegfried), dem germanischen Sagenheld, wird dessen Kampf mit dem Drachen erzählt, ein Stoff, der im damaligen Europa weithin bekannt war. In der Thidreksaga heißt es folgendermaßen ...

Sigurd war beim Schmied Mime in der Lehre. Eines Tages holte der Schmied eine große Eisenstange und stieß sie ins Feuer. Das glühend gewordene Eisen nahm er aus der Esse, legte es auf den Amboß und hieß Sigurd zuschlagen. Dieser tat es so gewaltig, daß der Amboß in den Boden fuhr.

Da erkannte Mime, daß ihm von Sigurd Unheil drohen könne, und er beschloß, ihn zu beseitigen. Er ging in den Wald, wo ein Drache lag, und sagte diesem, er wolle ihm einen jungen Mann schicken, den er töten möge. Am nächsten Tag schickte Mime Sigurd in den Wald, um Kohlen zu brennen, und Sigurd tat, wie ihm befohlen. Er schlug Bäume und fachte ein Feuer an. Zur Frühstückszeit setzte er sich nieder und verzehrte den mitgebrachten Vorrat, der eigentlich neun Tage reichen sollte, auf einmal. Da kam lärmend der Lindwurm auf ihn zu. Sigurd sprang ans Feuer, nahm den größten Baumstamm, der darin glühte,

Drachenkämpfe im Hunaland

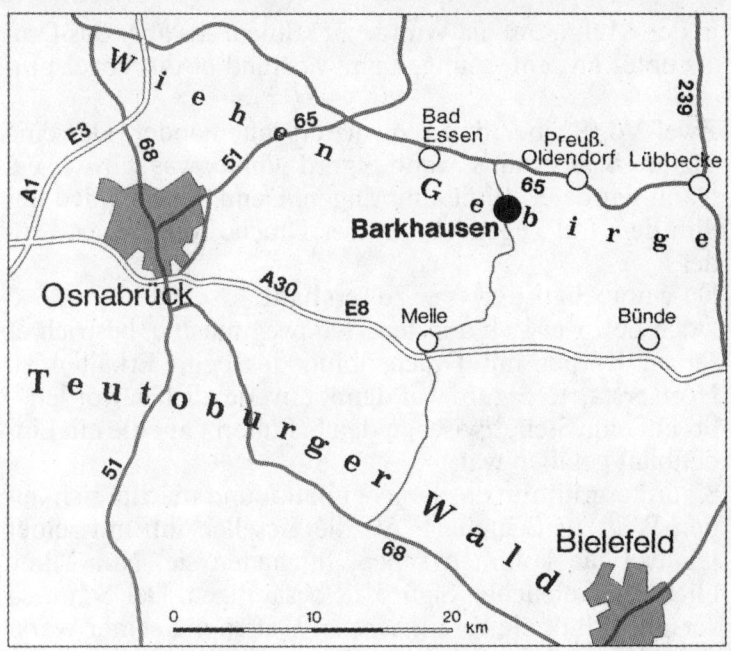

Östlich von Osnabrück sind die Saurierspuren zu finden

lief auf den Wurm zu und schlug ihn aufs Haupt, daß er kein Gift schnauben konnte. Schnell packte er seine Axt und schlug dem Ungeheuer den Kopf ab.
Den erlegten Drachen wollte er sich zum Nachtmahl zubereiten. So nahm er seinen Kessel, füllte ihn mit Wasser und hängte ihn übers Feuer. Dann schlug er Fleischstücke ab und tat sie in den Kessel. Als er glaubte, das Drachenmahl habe lange genug gekocht, tauchte er seine Hand in den Kessel; dabei verbrannte er sich und steckte einen Finger

in den Mund, um die Wunde zu kühlen. Als aber das Drachenblut an seine Zunge kam, verstand er die Vogelsprache.
Zwei Vögel über ihm schwatzten miteinander. Der eine sagte: »Besser wär's, wenn Sigurd wüßte, was wir wissen. Dann würde er Mime umbringen. Denn der Schmied hat ihm den Tod zugedacht. Dieser Drache war Mimes Bruder.«
Da wußte Sigurd, was er zu tun hatte.
Doch bevor er sich auf den Heimweg machte, bestrich er seinen Körper mit Drachenblut, das beim Erkalten zu Horn erstarrte. Sigurd war damit unverletzlich geworden – bis auf eine Stelle zwischen den Schultern, auf die ein Lindenblatt gefallen war.
Sigurd ergriff nun das Drachenhaupt und machte sich auf den Weg zur Schmiede. Als die Gesellen ihn mit seiner Jagdtrophäe kommen sahen, flüchteten sie. Nur Mime blieb und versuchte, Sigurd zu besänftigen. Der Schmied versprach ihm die vorzüglichsten Waffen aus seiner Werkstatt, darunter das Schwert »Gran«.
Doch als Sigurd das Schwert in die Hand bekam, versetzte er Mime den Todesstoß.

Auch Thidrek zeigt Mut

Die Sage erzählt noch ein zweites Abenteuer mit einem Drachen, das dieses Mal jedoch Thidrek besteht...

Der König hatte große Freude an der Jagd. Oft ritt er mit seinem Roß Blanke in die Wälder.

Bei einer Pirsch hörte Thidrek im Wald mächtiges Gepolter und fürchterliches Krachen. Er spornte sein Pferd an, ritt aus dem Wald und erkannte auf dem Boden eine Spur, die ein Lindwurm gezogen hatte. Er ritt der Fährte nach und traf auf den Drachen, der mit einem Löwen kämpfte. Da der König im Wappen einen Löwen führte, wollte er diesem beistehen. Er zog sein Schwert und versetzte dem Drachen einen solchen Schlag, daß das Tier vor Schmerz sich krümmte. Aber das Schwert zerbrach. Der König hatte seine Meisterwaffe in Bern zurückgelassen.
Der Drache packte nun den Löwen mit den Zähnen, den Schwanz ringelte er um Thidrek. Mit seiner Doppelbeute erhob er sich in die Luft und flog zu seiner Höhle. Hier verzehrte er mit seinen Jungen den Löwen.
Thidrek aber kam frei, suchte den Ausgang, fand ein Schwert, sah den Drachen mit seinen Jungen im Schlaf und vernichtete das Ungeheuer mitsamt seiner Brut.

Die Befreiung des Sistram

Es wird noch von einem dritten Kampf berichtet, in dem wiederum Thidrek die Hauptrolle spielt ...

Thidrek und sein Gefährte Fasold ritten durch einen riesigen Wald und begegneten einem Elefanten, den sie erlegten. Als sie aus dem Wald herauskamen, erblickten sie etwas Merkwürdiges: einen Flugdrachen. Er hatte dicke Beine, lange Krallen, breite Flügel, der Kopf war groß und fürchterlich. Er flog dicht über der Erde, und jedesmal, wenn seine Klauen den Boden berührten, war es, als wenn

»Siegfried und Mime.« Illustration von Theodor Pixis aus dem Jahre 1876 zu Richard Wagners »Ring der Nibelungen« (Archiv für Kunst und Geschichte)

ein Pflug darüber gegangen wäre. In seinem Maul trug der Drache einen Menschen. Der Mensch lebte noch. Als er Thidrek und Fasold sah, rief er: »Wackere Gesellen, helft mir. Dieses abscheuliche Untier ergriff mich, während ich schlief.«
Thidrek und Fasold sprangen von den Pferden und stürmten gegen den Drachen vor. Es war ihnen aber nicht möglich, das Untier mit ihren Waffen zu verletzen.
Da rief der Mann: »Nehmt das Schwert im Drachenmaul. Es zerbeißt alles, was unter seine Schneide kommt.«
Fasold sprang zu, zog das Schwert aus den Kinnbacken und hieb auf den Drachen ein. Der Mann rief: »Schlagt zu, so stark ihr könnt. Jetzt kneift mich der teuflische Drache mit seinen Kiefern so fürchterlich, daß mir das Blut aus dem Mund läuft.«
Fasold und Thidrek hieben nun derart auf das Ungeheuer ein, daß es auf der Strecke blieb. Der unbekannte Krieger wurde befreit, und Thidrek fragte ihn: »Wer bist du, Gesell? Wohin wolltest du?«
Der Unbekannte erwiderte: »Ich heiße Sistram. Ich wollte zu meinem Onkel Hildebrand, dem Waffenmeister von Thidrek von Bern. Elf Tage und Nächte war ich unterwegs. Kaum ruhte ich. Als ich mich dennoch einmal zum Schlaf niederlegte, überraschte mich dieses Drachenscheusal.«
Darauf Thidrek: »Sei willkommen, Sistram. Du hast Thidrek von Bern gefunden. Du sollst nun mit mir heimziehen.«

Drachen gab es zu allen Zeiten

Die Erzählung von Sistram oder Sintram (wie er auch genannt wird) hat die Menschen damaliger Zeit stark beschäftigt.
Sistrams Abenteuer hat auch die Künstler angesprochen. Die meisten Darstellungen sind jedoch verlorengegangen. Eine blieb erhalten, im Münster von Basel.
Der Baseler Dom geht auf frühe Zeiten zurück. Aus dem 12. Jahrhundert, einer Zeit, in der die Thidreksaga noch nicht niedergeschrieben war, stammt der Chorumgang mit einem Kapitell, das Sistrams Erlebnis dokumentiert.
Sistram, mehr tot als lebendig, mit einem Panzerhemd bekleidet und einem Helm auf dem Kopf, ragt mit dem Oberkörper aus dem Drachenschlund. Das geschuppte, geflügelte Untier hebt eine Tatze zum Angriff. Thidrek schlägt mit seinem Schwert auf das Ungeheuer ein, während seine Linke nach Sistram greift, um ihn aus der tödlichen Bedrängnis zu befreien.
Der Flugdrachen ist nicht das einzige Fabelwesen des Baseler Münsters. An der Westfassade stürmt der heilige Georg zu Pferd gegen einen geflügelten Drachen und durchbohrt ihn mit seiner Lanze. Die Darstellung wird auf das Jahr 1372 datiert; sie gehört ganz in die christliche Vorstellung. Die Skulptur im Chorumgang hat dagegen ihre Vorlage aus der germanisch-heidnischen Zeit. Auch ein erst 1975 freigelegtes Drachenmedaillon in roter und schwarzer Farbe ist ähnlich zu deuten. Die auf das Jahr 1170 zurückgehende Darstellung findet sich im Fußboden des Mittelschiffs des Vorgängerbaus.
Drachen gab es ja in der Phantasie in fast allen Kulturen und zu allen Zeiten. Kaum ein Volk hat auf den Drachen

oder die mythologische Schlange, was auf dasselbe hinauskommt, verzichtet.
Das Untier lebte schon bei den Babyloniern. Marduk, der Stadtgott von Babylon, tötete das Chaosungeheuer Tjamat. Bei den Ägyptern vernichtete Gott Re die Apophischlange. In Indien gilt Indra seit altersher als Drachentöter, wird doch in den Hymnen des Rigveda der Sieg Indras über die Vritaschlange gefeiert. In den persischen Sagen erschlägt der Held der Urzeit, Feridum, eine dreiköpfige Schlange. China ist ohne den Drachen nicht vorstellbar, wenngleich er hier als Symbol des Guten gilt.
In den griechischen Sagen erschlägt Zeus den Typhon, Herakles die neunköpfige Hydra und Apollon zu Delphi den Drachen Python. In der Bibel taucht der Drache vielfach als Leviathan, als Rahab oder Behemot auf, auch fehlt er in der Apokalypse nicht. Bei den Germanen tötet Thor die Midgardschlange, und der Drache Nidhögg nagt in Niflheim an der Wurzel der Weltesche Yggdrasil.
Der Drache ist eine Verkörperung aus einer anderen Welt. Er wird einbezogen in menschliche Vorstellungen, denen die Erscheinungen dieser Welt nicht genügen. Er versinnbildlicht das Unheimliche, das Dämonische, die Urmacht des Bösen und muß darum vernichtet werden.
Das beim Drachentod verströmende Blut vermittelt überirdische Fähigkeiten, wie es bei Siegfried geschildert wird. Der Drachentöter wird zum Helden. Siegfried, Beowulf oder Dietrich von Bern sind die Beispiele der germanischen Sage.

Hinweise über Hinweise

Wer hätte in der Vergangenheit an der Existenz des Drachens zweifeln wollen?
Er bestand nicht nur in der Phantasie, er war Realität. Vieles belegte sein Vorhandensein. Zum Beispiel Fossilien. Die gewaltigen Knochen, die aus dem Boden freigelegt oder aus Flüssen ans Ufer gezogen wurden, bestätigen sein Dasein.
Es gab noch andere Hinweise, Spuren im Boden, Abdrucke, Fußstapfen von enormer Größe. Es sind die Fährten, von denen die Thidreksaga spricht.
Einige solcher »Drachen-Fährten«, die auf riesenhafte Wesen hindeuten, sind erhalten geblieben; und ausgerechnet in jenem Land, in dem die Thidreksaga hauptsächlich spielt: im Hunaland, in Westfalen.
Damit nicht genug.
Die Spuren der Ungeheuer finden sich ganz in der Nähe von Riemsloh, einem kleinen Ort zwischen Teutoburger Wald und Wiehengebirge. Und im »Rimslowald« soll nach dem Bericht der Sage Sintrams Drachenabenteuer stattgefunden haben, nachdem zuvor Thidrek und sein Gefährte Fasold einen Elefanten erlegt hatten.
Nun zeigten die Fährten von Riemsloh überraschenderweise sowohl »elefantenartige« Trittsiegel als auch Abdrucke von dreizehigen Riesenkrallen eines Ungeheuers, bei dem sich die Bezeichnung »Drache« sogar heutigen Zeitgenossen aufdrängen möchte.
So verknüpfen sich der Bericht der Sage und die Ergebnisse der Paläontologie in seltsamer Weise.

Die Saurierspuren von Barkhausen (Foto: Berndt)

Der überraschte Professor

Um zu den Trittsiegeln zu gelangen, muß man von Riemsloh die Straße nach Norden, nach Barkhausen, wählen. Schon nach wenigen Kilometern stößt der Reisende auf ein ungewöhnliches Schild: »Zu den Saurierspuren«. Von hier ist es nicht mehr weit zu einem Steinbruch, wo die Fußstapfen in eine fast senkrechte Steinwand eingegraben sind. Die Spuren sind 1921 von Professor Küppel aus Gießen entdeckt worden; er übertrug die weiteren Untersuchungen an Professor Ballerstedt aus Bückeburg.
Die Forschung erstreckte sich zunächst auf die elefantenfüßigen Abdrucke, die von einem vierbeinigen Tier stammen mußten. Die Trittsiegel ließen auf große Ausmaße schließen, denn der Durchmesser des Abdruckes der Hinterfüße betrug 27 mal 35 Zentimeter.
Ballerstedt entdeckte bald eine zweite und dann eine dritte Spur. Die letztere war besonders eindrucksvoll. Sie zeigte nicht nur elefantenfüßige Stapfen, sondern außerdem noch dreizehige Trittsiegel mit dem beachtlichen Durchmesser von 63 Zentimetern.
Hier war tatsächlich – und nicht nur in der Phantasie – in der Vorzeit ein Ungeheuer langmarschiert, das einen wahrhaftig das Fürchten hätte lehren können!
Die Wissenschaftler sind sich darüber einig, daß die Trittsiegel Spuren von Dinosauriern sind (griechisch: »deinos« = gewaltig, furchtbar; »sauros« = Echse). Die elefantenfüßigen Spuren werden den »Sauropoden« zugeschrieben. Diese »Echsenfüßler« waren vierbeinig. Das komplette Knochengerüst eines solchen Sauropoden mit einer Länge von 13 Metern ist im »Berliner Naturkundemuseum« ausgestellt.

Drachenkämpfe im Hunaland

»Dietrichs Drachenkämpfe.« Mittelalterliche Miniatur (Historia-Photo)

Der Dreizeher muß dagegen ein Megalosaurier gewesen sein (megalos = groß). Das hat Professor Hermann Schmidt (Göttingen) 1959 festgestellt. Auch von diesem Saurier gibt es Knochengerüste. Danach hat die Großechse mächtige Hinterbeine, die in Krallen enden. Die Vorderbeine sind klein und verkümmert. Die Tiere der Vorzeit hatten im Wiehengebirge ihren »Saurierwechsel«. Die Riesenechsen passierten den seichten Boden auf dem Weg zu ihren Futterplätzen. Im Schlick sanken sie ein und hinterließen tiefe Spuren. Das vorrückende Meer überspülte die Fährten, nachfolgende Formationen überlagerten alles.

Als aber eine geologische Verschiebung einsetzte, wurden die Erdschichten, die lange horizontal gelegen hatten, aufgerichtet und standen senkrecht. Steine und Sand wurden weggespült, lange Zeit Verdecktes trat zutage.

Die Saurierspuren waren wieder freigelegt und erhalten wie am ersten Tag.

Die Menschen, die mit den Erzählungen von Thidrek von Bern lebten, haben die Ereignisse auf ihre Weise gedeutet. Sie haben – unbewußt – die Periode von vor 135 Millionen Jahren, als die Saurier lebten, in ihre Zeit zurückgeholt. Das bedeutete, daß in ihren Augen nicht irgendwann geflügelte Ungeheuer gelebt haben mußten.

Nein, die Drachen waren Zeitgenossen!

Der Lügenbaron von Bodenwerder

Freiherr von Münchhausen

Wie gesagt, meine Herren,
man muß sich in der Welt nur zu helfen wissen.

Münchhausen-Brevier

»*Der Ritt auf der Kanonenkugel.*« *Illustration von 1865 (Bildarchiv Preußischer Kulturbesitz)*

Als wir das Münchhausen-Zimmer im ehemaligen Gutshof derer von Münchhausen in Bodenwerder an der Weser betreten wollen, ist die Tür kaum zu öffnen. Der Raum ist bereits vollgepackt mit Schülern, die auf dem Fußboden hocken und dem Kustos neugierig zuhören, der ein Abenteuer des »Lügenbarons« erzählt.

»Als Münchhausen im Türkenfeldzug dem Feind nachsetzte, drang er zusammen mit dem Gegner in eine Stadt ein. Beim Durchreiten des Stadttores fiel ein Gatter herunter und schlug dem Pferd das Hinterteil ab. In der Hitze des Gefechts merkte Münchhausen nichts, jagte vielmehr den Feind durch die Stadt und zum anderen Tor hinaus. Am Markt wollte er zum Sammeln blasen lassen, doch niemand von der eigenen Truppe war ihm gefolgt. In Erwartung der Soldaten ritt Münchhausen zum Marktplatz, um sein Pferd zu tränken. Nun hatte der Litauer einen barbarischen Durst, der kaum zu löschen war. Als der Baron sich umblickte, stellte er erschrocken fest, das er auf einem halben Pferd saß und das Wasser, das das Tier trank, hinten wieder herauslief. Münchhausen ritt zurück und fand außerhalb der Stadt auf einer Weide die fehlende Hälfte. Ein Schmied heftete beide Teile mit Lorbeersprößlingen wieder zusammen...«

So der Kustos – und er fügt hinzu: »Die Darstellung der Geschichte findet ihr vor dem Gutshof, dem jetzigen Rathaus. Da ist 1963 zur Erinnerung an den größten Fabulierer aller Zeiten ein Brunnen errichtet worden mit halbem Ross und ganzem Reiter.«

Denkmal in der Münchhausen-Stadt Bodenwerder, das an den fabulierfreudigen Freiherrn erinnert (Foto: Berndt)

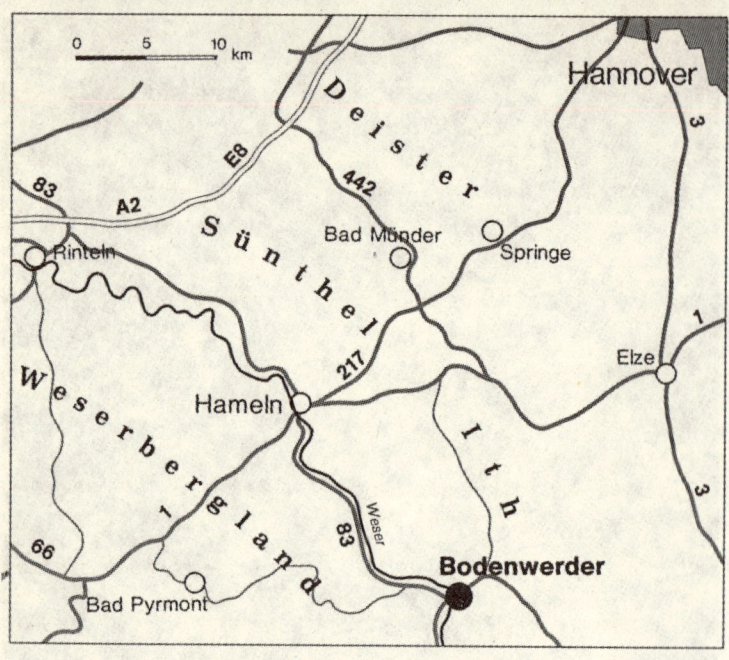

Nur einige Kilometer sind es von der Rattenfängerstadt nach Bodenwerder

Von Pferden, Hunden, Wölfen und Bären

Im Münchhausen-Zimmer sind die deutschen und fremdsprachigen Ausgaben der Erzählungen des Barons ausgestellt, sogar in chinesisch, japanisch und russisch. Die Wände sind mit den Fabeln des Gutsherrn ausgemalt. Eine Zeichnung zeigt ihn als Sechzigjährigen: betontes Kinn, Adlernase, scharfer Blick. Manches aus seiner Zeit ist noch geblieben – ein schwerer Tisch, ein altmodischer Sessel, eine Truhe mit kompliziertem Schloß, Pistolen, Pulverhorn und Schrotbeutel, Meerschaumpfeifen und ein Tabaksbeutel, Kerzenhalter und Dochtabschneider.

Seine Abenteuer pflegte Münchhausen nicht hier zu erzählen, sondern in einem Gartenhaus jenseits des ehemaligen Mühlengrabens. Dort hat er nach dem Abendessen Freunde und Gutsnachbarn empfangen und ihnen berichtet. Ein Teilnehmer der Runde hat dies so geschildert: »Fast nur in dem vertrauten Kreis von Freunden war er zum Erzählen zu bringen, nachdem sein kolossaler Meerschaumkopf mit kurzem Rohr in Rauch gesetzt war und ein dampfendes Glas Punsch neben ihm stand.«

Münchhausen begann seinen Bericht etwa so: »Ich will Ihnen, meine Herren, mit dem Geschwätz von der Verfassung, den Künsten, Wissenschaften und anderen Merkwürdigkeiten jener Gegenden keine Langeweile machen, viel weniger Sie mit den Intrigen und Abenteuern der Gesellschaft unterhalten. Ich halte mich vielmehr an größere und edlere Gegenstände Ihrer Aufmerksamkeit, nämlich an Pferde und Hunde, wovon ich stets ein großer Freund gewesen bin; ferner an Wölfe, Bären und anderes Wildbret; endlich an solche Lustpartieen, Ritterübungen sowie preisliche Taten, welche den Edelmann besser kleiden als muffiges Griechisch oder Latein oder sogar solche Klunker und Kapriolen französischer Schöngeister.«

Der fabulierfreudige Gutsherr berichtete in diesem nächtlichen Kreis von seinen Erlebnissen in Rußland und erzählte zum Beispiel vom Winter in den unendlichen Weiten: »Das Land war tief verschneit. Ich stieg vom Pferd und band es an einem Baumstaken, der aus dem Schnee ragte. Ich legte mich alsdann in den Schnee und fand einen gesunden Schlaf. Als ich aufwachte, sah ich, daß ich auf einem Friedhof lag. Über mir hörte ich mein Pferd wiehern und sah, daß es an der Spitze des Kirchturms angebunden war. Jetzt wußte ich, was sich abgespielt hatte. Das Dorf war zugeschneit gewesen, und plötzlich einsetzendes Tauwetter hatte den Schnee weggetaut. Was ich in der Dunkelheit für einen Baumstaken gehalten und woran ich das Pferd angebunden hatte, war das Kreuz des Kirchturms. Ohne mich zu bedenken, schoß ich mit meiner Pistole nach dem Halfter und kam glücklich wieder in den Besitz meines Pferdes.«

Ein anderes Abenteuer geht folgendermaßen: »Als ich auf einem Schlitten durch einen riesigen Wald in Rußland fuhr, holte mich ein Wolf ein. Es war schlechterdings unmöglich, zu entkommen. Ich legte mich darum flach in den Schlitten. Was ich vermutet, aber kaum zu hoffen gewagt hatte, geschah: Der Wolf sprang über mich hinweg, fiel das

Münchhausen erzählt Freunden von seinen Erlebnissen (Historia-Photo)

Pferd an und verschlang auf einmal das ganze Hinterteil des Pferdes, das nur desto schneller lief. Mit Entsetzen sah ich nun, daß der Wolf sich über und über in das Pferd hineinfraß. Da nahm ich meine Chance wahr und fiel dem Wolf tüchtig mit der Peitsche aufs Fell. Das verursachte ihm keinen geringen Schreck. Der Rest des Pferdes fiel zu Boden, und an seinerstatt steckte mein Wolf im Geschirr. Im vollen Galopp langten wir in St. Petersburg an zum nicht geringen Erstaunen aller Zuschauer.«

Gefährlich war der Ritt auf der Kanonenkugel: »Bei Belagerung einer türkischen Festung war dem Feldmarschall an genauer Kundschaft gelegen, wie die Sachen beim Gegner stünden. Um Kenntnis einzubringen, stellte ich mich neben eine der Kanonen. Als sie abgefeuert wurde, sprang ich auf die Kugel, um mich in die Festung tragen zu lassen. Dann kamen mir Bedenken. Man wird mich in der Festung als Spion erkennen und hängen, dachte ich. So nahm ich die Gelegenheit wahr, als eine andere Kugel aus der Festung an mir vorüberflog. Ich sprang auf diese hinüber, was, wie Sie sich denken können, kein einfaches Unterfangen war. Ich setzte mich auf der glatten Kugel zurecht und kam wieder bei den Unsrigen heil an.«

Noch ein Abenteuer aus dem türkischen Feldzug: »Auf dem Rückzug aus der Türkei gelangten wir in einen Hohlweg. Ich sagte dem Postillon, er möge ein Zeichen geben, damit wir nicht etwa mit einem entgegenkommenden Fuhrwerk festfahren möchten. Der Postillon blies aus Leibeskräften in sein Horn, aber umsonst. Kein Ton kam heraus, welches uns unerklärlich und als rechtes Unglück erschien, da bald eine andere Kutsche auf uns zurollte. Ich stieg aus dem Fahrzeug und spannte die Pferde aus. Dann nahm ich den Wagen und sprang über die Gegenkutsche hinweg, welches eben keine Kleinigkeit war. Danach holte ich die Pferde und ließ anspannen. Glücklich gelangten wir in die Herberge. Der Postillon hängte indessen sein Horn an den Ofen, und ich setzte mich zu ihm. Nun hört, Ihr Herrn, was geschah: Auf einmal ging's Tereng, Terengteng-teng! Wir machten große Ohren und Augen, doch fanden wir schnell die Ursache. Die Töne waren bei der barbarischen Kälte im Horn festgefroren und kamen nun, nachdem sie aufgetaut waren, heraus.«

Hinweisschild zum Münchhausen-Zimmer, wo der »Lügenbaron« gelebt hat (Foto: Berndt)

Die Geschichten gehen in alle Welt

Karl Friedrich Hieronymus Freiherr von Münchhausen wird 1720 im Gutshaus zu Bodenwerder geboren. Mit zwölf ist er Page, mit achtzehn kommt er nach Rußland und nimmt an den türkisch-russischen Kriegen teil. Aus dem livländischen Adel holt er seine Frau Jakobine von Dunten. 1750 wird Münchhausen zum kaiserlich-russi-

Das Haus des Freiherr von Münchhausen in Bodenwerder

schen Rittmeister vorgeschlagen. Als Vorzüge seiner Person werden unter anderem seine Straffreiheit, die Kenntnis des Lesens und Schreibens sowie seine Tapferkeit genannt. Ende 1750 erbittet er den Abschied, um das Gut in Bodenwerder zu übernehmen. Nachdem seine Frau nach 46jähriger Ehe gestorben war, heiratet er die 17jährige Bernhardine von Brunn, die einen liederlichen Lebenswandel führt. Münchhausen gerät in beträchtliche finanzielle Schwierigkeiten. Im Scheidungsprozeß sprechen die gegnerischen Anwälte – in Anlehnung an die Geschichten des Gutsherrn – vom »Lügenbaron«. Das Gut gerät in Schulden. Münchhausen stirbt 1797.

Noch zu Lebzeiten von Münchhausen – im Jahr 1785 – veröffentlicht Rudolph Erich Raspe, der wegen Diebstahls aus Deutschland fliehen mußte, in England die Geschichten des Barons. In drei Jahren erscheinen fünf Ausgaben. Bald darauf kommt das Buch auch in Deutschland als Übersetzung von Gottfried August Bürger heraus. Danach gehen die »Münchhausiaden« in alle Welt.

»Ich mache, daß die Lahmen sehen«

Doktor Eisenbart

Ich bin der Doktor Eisenbart.
Kurier die Leut auf meine Art.
Ich mache, daß die Lahmen sehen
Und daß die Blinden wieder gehen.

Spottlied

»Johann Andreas Eysenbarth.« Kupferstich von M. Bernigeroth (Historia-Photo)

Doktor Eisenbart

Am 11. im 11. 1927 tat sich in Hannoversch Münden etwas Merkwürdiges. In der Langestraße 34 erschien an einem Fenster der ersten Etage ein respektabler Mann, gekleidet in der Tracht des 18. Jahrhunderts, und rief in die Straße, die voller Menschen war: »Hochgeehrte Herrschaften! Ich bin der berühmte Eisenbart!«

Die Zuhörer und Zuschauer brachen in Jubel aus und klatschten Beifall, nachdem sie zuvor die erste Strophe des Eisenbart-Liedes gesungen hatten. Das Auditorium, aus allen Gegenden Deutschlands angereist, verstopfte Straßen

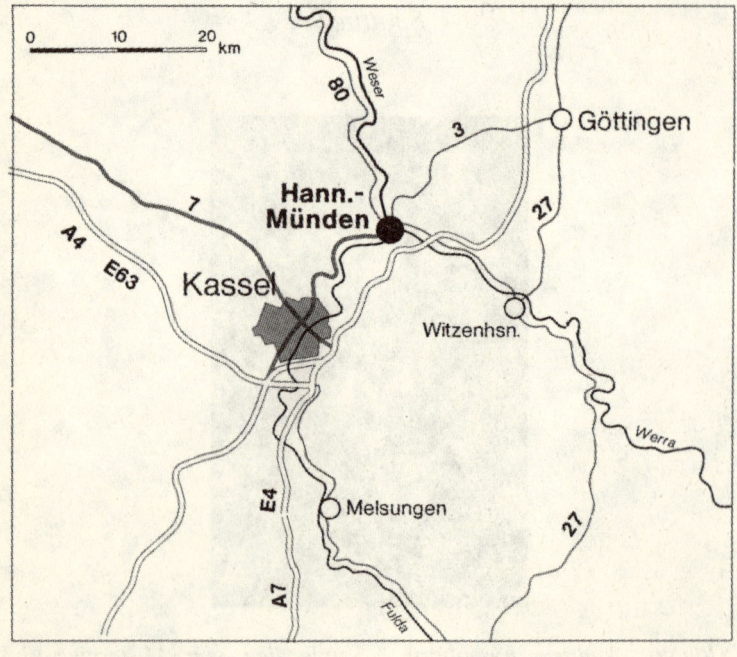

Hann. Münden liegt zwischen Kassel und Göttingen.

und Gassen und wollte teilhaben an der 200-Jahr-Feier zur Erinnerung an jenen Wunderarzt, von dem noch heute die unglaublichsten Geschichten erzählt werden.
Von seinen Künsten sprach auch der »wiederauferstandene Eisenbart« im Fenster der Langestraße und erinnerte daran, daß er – in Wirklichkeit war es der Schuldirektor Dr. Fritz Lederbogen – vor genau zweihundert Jahren in diesem Hause verstorben sei. Dann enthüllte er eine vom Bildhauer Klinger aus Eichenholz geschnitzte und bunt bemalte Statue von Eisenbart mit wallender Perücke, in langem, rotem Samtrock und Kniehosen sowie einer großen Klistierspritze in den Händen. Darunter war zu lesen: »In diesem Haus wirkte und starb Doktor Eisenbarth. Er war anders als sein Ruf.«
Der vielgerühmte Wunderarzt war 1727 auf der Durchreise in den Ort gelangt und hatte im Haus in der Langestraße, in dem der Bäckermeister Schepeler das Gasthaus »Zum Wilden Mann« betrieb, ein Zimmer in der ersten Etage belegt. Bald hatte sich herumgesprochen, wer in Hannoversch Münden angekommen war, und so strömten die Kranken zu ihm, um geheilt zu werden.
An den Abenden erzählte Eisenbart in der Gaststube im kleinen Kreis Anekdoten, so auch die Geschichte von einer jungen Frau in Kulmbach, die sechsmal in seine Sprechstunde gekommen war, ohne ernstlich erkrankt gewesen zu sein. Schließlich gestand sie: »Hoch zu verehrender Herr Doktor – Sie im Frack. Sie riechen aber auch gar zu angenehm.« – Daraufhin meinte der Bäckermeister und Gastwirt Schepeler, der erfreut darüber war, daß Eisenbart bei ihm Quartier genommen hatte: »Eucher Hochwohlgeboren duften nach lauter Durchlaucht!«
Eisenbart war krank in die Weserstadt gekommen, und sein Zustand verschlechterte sich zusehends. Am fünften

Tag starb er. Er wurde auf dem Friedhof bei der Ägidienkirche beigesetzt. Auf seinem Grabstein ist zu lesen: »Allhir ruhet in Gott der weiland Hochedle Hocherfahrene Weltberühmte Herr Joh. Andreas Eisenbart Königl. Großbritannischer u. Churfürstl. Braunschw. Lüneb. Brivilegirte Landarzt wie auch Königl. Preußischer Rath und Hofoculiste von Magdeburg. Geboren Anno 1661 gestorben 1727 d. 11. Novemb. Aetatis 66 Jahr.«

Das Grab von Dr. Eisenbart in Hann. Münden (Foto: Berndt)

»Unser Lieber Getreuer«

Titel waren für Eisenbart unerläßlich. Nur mit Ehrentiteln, Anerkennungen und Auszeichnungen durfte er damit rechnen, seine Tätigkeit in den verschiedenen Landstrichen auszuüben. In der Urkunde des preußischen Königs Friedrich Wilhelm I. hieß es: »Nachdem Uns Unser Lieber Getreuer Johann Andreas Eisenbarth, Privilegierter Land-Arzt über verschiedene Fürstentümer, jetzo wohn- und seßhaft in Unser alten Stadt Magdeburg, so wohl in Unsern Landen, als fast aller Orten in Röm. Reiche an sehr vielen Menschen, Vornehmen wie Gemeinen, so Blind und Gehörlos, auch mit großen Blasen-Steinen, Brüchen und äußerlichen wie innerlich zufällen beladen gewesen, glückliche Curen getan...« Es folgte die Genehmigung für Eisenbart, in Preußen praktizieren zu dürfen.
So ausgerüstet, zog Eisenbart durch die Lande, und zwar mit einem großen Gefolge, das manchmal weit über hundert Personen ausmachte. Dazu kamen viele Wagen und auch exotische Tiere. Es war ein Zirkus, der sich von Ort zu Ort bewegte und gewaltiges Aufsehen hervorrief. Auf einem Schaugerüst wurde Theater gespielt. Es traten Fahnenschwenker auf, Akrobaten, Schlangenbändiger, Feuerschlucker, Zauberkünstler, Possenreißer und Gaukler; Seiltänzer zeigten ihre Künste hoch über der Bühne.

Emaillierte Augen

Zwischendurch unterhielt eine Kapelle die Zuschauer. Hatten sich Hunderte oder Tausende eingefunden, verkündete ein Marktschreier die Kunst seines Herrn. Er sprach von Krankheiten, die er geheilt habe, von Haupt-Schmerzen, Schwindel, Schlagfluß, von Mißgewächsen, Krebs, Hasenscharten und dicken Hälsen. »Er hilft jenen, die blöde Augen haben oder ein schwaches Gedächtnis, Stock- und Starblinden gibt er das Gesicht wieder. Er heilt solche, die gar unsinnig und närrisch sind. Er hilft Schwind- und Lungensüchtigen, auch solchen, die Tag und Nacht husten. Er hat Medizin für Wassersüchtige, Fieberkranke und Frauen, die unfruchtbar sind. Er beseitigt Muttermäler, Runzeln, Finnen, Sommersprossen und Leberflecken. Er setzt emaillierte Augen in den Kopf und neue Zähne in den Mund, daß man darauf essen kann. Er hat Blinde kuriert und Steine aus der Blase geschnitten von einem Gewicht von 8, 12 und 14 Lot ...«

Nach solcher Aufzählung wurden Traktätchen verkauft, heilsame Wasser, Pulver aller Art, Gedächtnis-Spiritus, Tinkturen gegen Gliederschmerzen und sogar Bruchbänder. Als Höhepunkt trat nach Paukenschlag und Trommelwirbel der Vielgerühmte selber auf, der sich immer mit den Worten vorstellte: »Hochgeehrte Herrschaften! Ich bin der berühmte Eisenbart!«

Doktor hat er sich nie genannt. Er hat auch keine Universität besucht. Er hatte seine Ausbildung als Okulist (Augenarzt), Stein- und Bruchschneider bei Alexander Biller zu Bamberg erhalten und nach zehn Jahren sein Gesellenstück abgelegt. Er stand unter den studierten Ärzten, aber über den Kurpfuschern und Winkelärzten.

Die aus Eichenholz geschnitzte und bunt bemalte Statue in Hann. Münden (Foto: Berndt)

Eisenbart hat sich auf waghalsige Operationen eingelassen, die mit nicht unbeträchtlichen Risiken verbunden waren; denn es gab damals keine Narkose, keine Antisepsis, und Mikroben waren nicht bekannt. Chirurgen standen auch in keiner hohen Achtung. Die Chirurgie hat erst im 19. Jahrhundert ihren eigentlichen Aufstieg genommen.
Der Wunderdoktor nahm operative Eingriffe meist auf der Schaubühne vor. Zum Starstechen hatte er eine Nadel erfunden, zum Entfernen von Polypen einen Haken. Herausgenommene Blasensteine stellte er oft zur Schau. Das Zahnbrechen überließ er gern seinem Bader. Den Armen half er meist umsonst, bei den Reichen kassierte er hohe Beträge. Nach Anekdoten, wie sie etwa Josef Winckler im Roman »Dr. Eisenbart« aufzeichnete, hat er häufig Methoden angewandt, die mit ärztlicher Kunst wenig, mit psychologischer Raffinesse aber viel zu tun hatten.
Bei seinem Wanderleben von 1686 bis 1727 hat er Deutschland von Würzburg bis nach Aurich, von Coburg bis nach Stettin und Königsberg bereist. In Magdeburg, das er als Wohnsitz wählte, kaufte er 1703 eines der teuersten Patrizierhäuser, das Wohn- und Brauhaus »Zum Güldenen Apffel« für 3100 Taler.
Eisenbart hat zahllose Bewunderer, aber auch viele Enttäuschte sowie Gegner und Feinde gehabt. Unvergessen ist das Volkslied über ihn, das bis auf den heutigen Tag gesungen wird:

In Potsdam, da kurierte ich
Den Koch des großen Friederich.
Ich schlug ihn mit dem Beil vorn Kopf.
Gestorben ist der arme Tropf.

Es hat einmal ein alter Mann
Im Rachen einen hohlen Zahn.
Ich schoß ihn raus mit der Pistol.
Ach Gott! Wie ist dem Mann so wohl.

In Jena hieb ich einem Weib
Zehn Fuder Stein aus ihrem Leib.
Der letzte war ihr Leichenstein.
Ich glaub, sie wird kurieret sein.

Es hat ein Mann zu Langensalz
Ein'n Zentner schweren Kropf am Hals.
Ich schnürt ihn mit dem Heuseil zu.
Probatum est, er hat jetzt Ruh.

Des Küsters Sohn von Diteldum,
Dem gab ich zehn Pfund Opium.
Er schlief das Jahr und Tag und Nacht
Und ist bis jetzt noch nicht erwacht.

Einst rief mich auch der große Zar.
Er litt schon lang am grauen Star.
Ich stach ihm beide Augen aus.
Jetzt ist der Star wohl auch heraus.

Das ist die Art, wie ich kurier.
Ich bin probat und bürg dafür.
Daß jedes Mittel würken tut,
Schwör ich bei meinem Doktorhut.

Ik gihorta ðat seggen ðat sih urhettun ænon muotin
Hiltibraht enti Haðubrant untar heriun tuem
sunufatarungo iro saro rihtun garutun se iro
guðhamun gurtun sih iro suert ana helidos
ubar hringa do sie to dero hiltiu ritun Hiltibraht
gimahalta heribrantes sunu her uuas heroro
man ferahes frotoro her fragen gistuont fohem
uuortum wer sin fater wari fireo in folche eddo
welihhes cnuosles du sis ibu du mi enan sages ik
mi de o dre uuet chind In chunincriche chud ist
min al irmindeot Hadubraht gimahalta Hiltibrantes
sunu dat sagetun mi usere liuti alte anti
frote dea erhina warun dat Hiltibrant hætti
min fater ih heittu Hadubrant forn her ostar
giweit floh her Otachres nid hina miti Theotrihhe
enti sinero degano filu her furlaet in lante luttila
sitten prut in bure barn unwahsan arbeo laosa
he rait ostar hina des sid Detrihhe darba gi
stuontum fatereres mines dat uuas so friuntlaos
man her uuas Otachre ummet tirri degano
dechisto unti Deotriche darba gistuontun
her uuas eo folches at ente imo uuas eo pehhe ti leop
chud uuas her chon nem mannum ni waniu ih iu lib habbe
...Wettu irmingot quad...

In Kassel ist es jetzt zu finden

Das gestohlene Hildebrandlied

Wahrlich nun, waltender Gott, Wehgeschick wird.

Hildebrandlied

Die Gebrüder Wilhelm (links) und Jacob Grimm. Vor allem Jacob Grimm, der Begründer der Germanistik, machte auf das Hildebrandlied aufmerksam. Die Portraitzeichnung stammt von ihrem Bruder Ludwig Emil (Bildarchiv Preußischer Kulturbesitz)

Das gestohlene Hildebrandlied

Ab nach Kassel!« soll im Herbst 1870 die Aachener Bevölkerung Napoleon III. zugerufen haben, als er nach der Kapitulation im Deutsch-Französischen Krieg durch ihre Stadt kam. Der französische Kaiser war nach der Schlacht von Sedan in preußische Gefangenschaft geraten und hatte als Aufenthaltsort Schloß Wilhelmshöhe in Kassel zugewiesen erhalten.
Wie immer der historische Hintergrund sein mag, »Ab nach Kassel!« ist ein geflügeltes Wort geworden. Und mancher leistet ihm heute Folge, da die Stadt beachtliche Kunstschätze aufzuweisen hat.
Da sind die »Staatlichen Kunstsammlungen« im Schloß Wilhelmshöhe. Hier gibt es allein siebzehn Rembrandts. In der Abteilung der Antike erregt nicht nur unter Experten eine Statue besonderes Interesse, der Apoll, eine römische Marmorkopie der bronzenen Phidias-Skulptur. Und wenn der Besucher aus dem Schloß nach draußen blickt, hat er den größten Bergpark Europas vor sich – mit dem 236 Meter über dem Schloß liegenden »Herkules« und den Wasserspielen, die sich in breiten Kaskaden in über 800 Stufen in die Tiefe ergießen.
Es gibt in Europa kaum noch einmal Kunstsammlungen in solch außergewöhnlicher Umgebung.
150 Hektar groß ist ein anderer Park, die »Karlsaue« an der Fulda mit der Orangerie und dem Marmorbad, in dem der Bruder von Napoleon I., Jerôme, König von Westfalen, in Sekt gebadet haben soll.
Weltruf hat Kassel im Verlauf der letzten Jahrzehnte durch eine kühne Idee erlangt, die »documenta«, eine im Abstand von vier bis fünf Jahren wiederkehrende Ausstellung internationaler Kunst.
Nicht so spektakulär, dennoch bemerkenswert ist die »Landesbibliothek und Murhardsche Bibliothek«, die Teil

der Gesamthochschulbibliothek geworden ist. Der Grundstock, die Landesbibliothek, ist bereits 1580 als fürstliche Bibliothek gegründet worden und nahm bald zahlreiche Bücher von bibliophilem Wert auf. Auch viele Handschriften. Heute sind es an die 4500. Und als wertvollste Handschrift gilt der »Hildebrand-Kodex«, das älteste erhaltene deutsche Heldenlied. Es wird im Tresor der Landesbibliothek und Murhardschen Bibliothek am Brüder-Grimm-Platz aufbewahrt, betreut von Dr. Hartmut Broszinski.

Jacob Grimm als Initiator

Das »Hildebrandlied«, der einzige unmittelbare Zeuge germanischer Heldendichtung auf deutschem Boden, ist zwischen 810 und 820 von zwei Mönchen in Fulda aufgeschrieben worden. »Alle anderen Stoffe der alten Zeit sind für uns in der mündlichen Überlieferung für Jahrhunderte untergetaucht, um erst in Form der ritterlichen Epen des 13. Jahrhunderts wieder sichtbar zu werden« (Ludwig Denecke).
Das eigentliche Motiv des Hildebrandliedes, die Tötung des Sohnes durch den Vater, kommt auch in der irischen, persischen und russischen Literatur sowie in anderen Kulturkreisen vor, aber alle diese Dichtungen sind jüngeren Datums.
Die Schreiber des Hildebrandliedes begannen mit kunstvollen Buchstaben auf dem ersten, unbeschrifteten Blatt einer lateinischen Handschrift. Sie schrieben dann auf dem letzten leeren Blatt der Handschrift weiter. Das Hilde-

Das gestohlene Hildebrandlied 140

Die zweite Seite des Hildebrandliedes (Foto: Presse- und Informationsamt Kassel)

brandlied blieb so durch die lateinischen Texte getrennt. Die Mönche haben dann vermutlich auf einem lose beigefügten Blatt das letzte Drittel des Liedes niedergeschrieben. Dies hat die Forschung jedoch nie zu Gesicht bekommen.
Die Pergamentblätter gelangten 1632 aus dem Benediktinerkloster Fulda nach Kassel.
Ihre eigentliche Bedeutung wurde aber erst viel später erkannt, im 19. Jahrhundert. Es waren die Brüder Grimm, die auf das Lied aufmerksam machten, vor allem Jacob Grimm, der Begründer der Germanistik. Er ist lange Jahre in Kassel als Bibliothekar tätig gewesen.

Unter dem Siegel der Verschwiegenheit

Die spätere Geschichte des Hildebrandliedes gleicht beinahe einem Kriminalroman.
Im Zweiten Weltkrieg wurde das Hildebrandlied zusammen mit anderen Handschriften ausgelagert. Es gelangte, in einer Kiste verpackt, in einen Bunker nach Wildungen.
1945, als die amerikanischen Truppen bei Kriegsende nach Nordhessen gelangten, wurde von ihnen der Bunker erbrochen. Die eingelagerten Kunstschätze verschwanden. Niemand wußte, wo sie geblieben waren.
Doch im September 1954 kehrte eine größere Anzahl alter Handschriften aus den Vereinigten Staaten nach Deutschland zurück, darunter ein Teil des Hildebrandliedes, die zweite Seite.
In Kassel hat man damals die Hoffnung nicht aufgegeben, auch die erste Seite wiederzuerhalten.

Und die Hoffnung trog nicht. Ende 1972 kehrte auch die erste Seite aus den USA zurück. An Bord einer Maschine der Bundesluftwaffe wurde das Pergament aus den Vereinigten Staaten nach Köln geflogen. Ein Polizeiwagen brachte das Blatt nach Kassel. Alles verlief unter dem Siegel der Verschwiegenheit; nur Oberbürgermeister Karl Branner war eingeweiht.

Dr. Dieter Henning, damaliger Direktor der Murhardschen Bibliothek in Kassel, war zuvor in die USA gereist und hatte in einer Bibliothek in Philadelphia die Dokumente übernommen. Bei der öffentlichen Vorstellung in Kassel erinnerte er dann an die Irrfahrten der Pergamente.

Ein Amerikaner erzählt

Die literarische Kriminalgeschichte – soweit sie sich verfolgen läßt – begann an einem Oktobernachmittag 1947. Damals saß Dr. Carl Selmer in einer New Yorker Bibliothek und ging seiner Lieblingsbeschäftigung nach: Er stöberte in alten Handschriften.

Da kam der Bibliothekar und erbat seine Hilfe bei der Überprüfung von Manuskripten, die der Bibliothek angeboten worden waren. Es handelte sich um einen Kodex, eine lateinische Handschrift. Die aus dem 10. Jahrhundert stammenden 76 Manuskriptseiten sollten 10 000 Dollar kosten.

Schwierigkeiten bei der Überprüfung der Pergamente bereitete ein Zusatzblatt, das mit den übrigen Seiten textlich in keinem Zusammenhang stand. Es schien in altertümlichem Deutsch geschrieben zu sein, und der Bibliothekar

wußte nicht, wie es in die übrigen Blätter einzuordnen war. Er bat darum den Bibliotheksbesucher, den er seit längerem kannte und schätzte, um Rat.
Selmer nahm das Pergament und las.
Als Fachmann erkannte er gleich, daß dies ein althochdeutscher Text war, stabreimend gedichtet. Konnte es ein Original sein, eine uralte deutsche Handschrift? Welche? Und wie kam sie nach New York?
Selmer erzählt: »Alte Erinnerungen aus der Zeit meines Münchner Studiums und Freiburger Doktorexamens tauchten plötzlich wieder auf. Ein kalter Schauer überrieselte mich... Klang das nicht wie das Hildebrandlied? Das aber war doch unmöglich, daß man dieses Sanctissimus sanctorum zum Kauf angeboten hatte. Es konnte sich auch um eine Fälschung handeln; eine genauere Untersuchung sprach jedoch dagegen. Konnte es eine Kopie geben? Auch das war unmöglich, denn das Lied war doch nur in einer einzigen Handschrift erhalten. Aber wo war die erste Seite des Liedes mit dem wohlbekannten ›Ik gihorta dat seggen‹? Ich suchte und suchte. Sie fehlte. Und trotzdem mußte es das alte Hildebrandlied sein. Langsam... wurde ich mir darüber klar, daß ich hier die wertvollste aller altdeutschen Handschriften, das jedem Deutschen bekannte Hildebrandlied, vor mir hatte.« In New York ging es zunächst nur um das zweite Blatt. Um dies zu sichern, ist Selmer einen merkwürdigen Weg gegangen.
Da dem Angebot des New Yorker Handschriftenhändlers zweifellos ein Diebstahl zugrunde lag, schlug Selmer dem Bibliothekar vor, den Kodex nicht zu übernehmen. Selmer wollte warten, bis das Hildebrandlied von einer anderen Bibliothek angekauft wurde.
So tauchte das Blatt auf dem schwarzen Markt der USA wieder unter.

Das gestohlene Hildebrandlied

Mittelalterliche Miniatur aus einer Heidelberger Handschrift, die das Gesinde Hildebrands darstellt (Historia-Photo)

Aber Selmer war wachsam. Er beobachtete genau, was sich auf dem Kunstmarkt tat. Er schreibt: »Und nun begann für die nächsten vier Jahre eine angespannte detektivische Tätigkeit: Die Jagd nach dem verlorenen Hildebrandlied. Bibliophile Bücher, Kataloge und Zeitschriften in Hunderten von Exemplaren von Kanada bis Südamerika mußten gelesen und auf die kleinsten Andeutungen hin untersucht werden«.

Erst 1950 entdeckte Selmer eine Anzeige, in der der Kodex angeboten wurde. Dies war »am anderen Ende Amerikas, in einem kleinen kalifornischen Örtchen. Dort stand er zusammen mit 150 Inkunabeln und ungefähr 40 anderen mittelalterlichen Handschriften, von denen einige aus Westfalen stammten, in einer kleinen Privatbibliothek.« Diesmal unterrichtete Selmer sofort die amerikanische Regierung. Washington war auch zu diesem Zeitpunkt bereit einzugreifen. Allerdings ergaben sich rechtliche Schwierigkeiten, um die Handschriften auszulösen. Es dauerte Jahre. So kehrten die Pergamente erst 1954 bzw. 1972 zurück.

Der unheilvolle Kampf

Ik gihorta dat seggen,
dat sih urhettun aenon muotin,
Hiltibrand enti Hadubrand untar heriun
tuem.
sunufatarungo iro saro rihtun,
garutun se iro guadhamun, gurtun sih iro
suert ana...

So beginnt das Hildebrandlied. In hochdeutscher Übersetzung lauten die Zeilen:

Ich hörte sagen,
daß sich Hildebrand und Hadubrand
zwischen den Heeren trafen,
Sohn und Vater sahen nach ihrem Panzer,
schlossen ihr Schirmhemd und gürteten
ihr Schwert...

Das gestohlene Hildebrandlied

Hildebrand und Hadubrand treten der Sitte gemäß als Abgesandte ihrer beiden Heere zum Zweikampf an. Vater und Sohn kennen sich nicht, denn Hildebrand lebte dreißig Jahre lang beim Hunnenkönig Etzel.
Hildebrand gibt sich zu erkennen und will seinem Sohn goldene Spangen schenken. Doch Hadubrand glaubt nicht, daß sein Vater ihm gegenübersteht, und sagt:

> *Mit dem Speer sollte man Gaben*
> *empfangen,*
> *Spitze gegen Spitze.*
> *Du bist, alter Hunne, unmäßig schlau,*
> *lockst mich mit deinen Worten, willst deine*
> *Lanze auf mich werfen.*
>
> *So uralt du bist, so untreu auch.*
> *Das aber sagten mir die, die die See*
> *befahren,*
> *westlich des Wendelmeeres, daß er im*
> *Krieg gefallen:*
> *Tot ist Hildebrand.*

Bis die Schilde schartig wurden

Hildebrand erkennt, daß sein Sohn nicht zu überzeugen, daß der Kampf unvermeidlich ist:

> *Wahrlich nun, waltender Gott, Wehgeschick*
> *wird.*
> *Der Sommer und Winter wallte ich sechzig*
> *außer Lande...*
> *Nun soll mein eigenes Kind mit dem Eisen*
> *mich treffen,*
> *mit dem Schwert mich erschlagen oder ich*
> *ihm zum Mörder werden.*

Es kommt zum Kampf:

> *Bis ihnen die Schilde schartig wurden,*
> *zerkämpft von den Waffen...*

Hier bricht das Lied ab. Der Schluß ging verloren, doch sicher ist das Ende tragisch. Der Vater erschlägt wohl den Sohn, wie es in einem jüngeren Lied der Edda heißt:

> *Dort liegt mir zu Häupten*
> *der liebe Sohn,*
> *der einzige Erbe,*
> *der mein eigen ward;*
> *(ich liebte ihn*
> *von ganzem Herzen);*
> *wider willen ward ich sein Töter.*

Der Bogen spannt sich bis Theoderich

Hildebrand, der in diesem germanischen Lied und in anderen Sagen eine so große Rolle spielt, ist wahrscheinlich

unser mere daz wir ze den hunen chomen
Im hat der kunig etzel so liebes nie vernomen
Ze tdidurch osterreiche der pot balde tut
Den lewten allenthalben ward daz wol gesait
Daz die helde chamen vom wurmsobee rein
des kunges Ingesinde chund es mit laide gesein
Die poten fustenchen mit den meren
daz die nibelunge zu den hunen woren
Du solt sy wol enpfahen kriemhild fraw mein
Die nach grossen eren die vil lieben prueder dein
Kriemhild die fraw in am venster stund
Sy wart nach den frewnden als frewnd noch freunde tund
Von ires vaters lande sach sy manigen man
da der kunig gehörtt der mere lachen er began
Nun wol mich meiner freund sprach kriemhilt
hie prinngent mein magte manigen newen schilt
Und weisse halspperge wer nemen welle golt
Der gedenck meiner laide ich wil im immer wesen holt

In dieser Miniatur aus dem »Hundeshagenschen Kodex« warnt Hildebrand die Burgunder, während an der Mauer Etzel, Kriemhild und Dietrich von Bern warten. (Bildarchiv Preußischer Kulturbesitz)

keine Erfindung der Dichter, sondern eine geschichtliche Persönlichkeit. Vielleicht ist er Ratgeber des ostgotischen Königsgeschlechts gewesen, der anfangs unter seinem wirklichen Namen – Gensimund – in vielen Liedern besungen wurde.

»Sein Ruhm lebt weiter in der Erzählung, und seine Verherrlichung wird dauern, so lange der Namen der Goten besteht.« Das schreibt Cassiodor (487–583), ein römischer Staatsmann und Gelehrter, der wichtige Staatsämter bei den Germanen einnahm und besonders durch seine »zwölfbändige Geschichte der Goten« bekannt geworden ist.

Auch der im Lied genannte Otacher ist geschichtlich. Es ist der germanische Heerführer Odoaker (433–493). Er setzte den letzten weströmischen Kaiser Romulus Augustulus ab und wurde zum König ausgerufen. Vor diesem Odoaker floh – nach dem alten Lied – Waffenmeister Hildebrand. Vor Odoaker floh auch Dietrich von Bern. Im Lied sagt Hadubrand:

> *Hildebrand hieß mein Vater...*
> *Ostwärts fuhr er einst, floh des Odoakers*
> *Grimm*
> *zusammen mit Dietrich und vielen seiner*
> *Helden.*

Und Dietrich von Bern ist erst recht geschichtlich. Er ist Theoderich, der ostgotische König, der von 456 bis 526 gelebt hat. Er war der bedeutendste Fürst aus der Völkerwanderungszeit, dessen Reich sich über Italien, Dalmatien und einen Teil Pannoniens sowie Noricums und Ratiens erstreckte. Er war wie kein anderer ausersehen, zur beherrschenden Figur mittelalterlicher Sagen zu werden.

Die heilige Elisabeth mit dem Modell ihrer Kirche. Skulptur in der Elisabethkirche zu Marburg/Lahn (Foto: Berndt)

In Marburg fließt noch der alte Brunnen

Die heilige Elisabeth

Elisabeth ist gewesen des hochberühmten Königs von Ungarn Tochter. Sie war von Geschlecht gar edel, aber noch viel edler an Glauben und Frömmigkeit, und hat ihr edel Geschlecht mit gutem Beispiel erhöhet, und hat es mit Wundern erleuchtet und geziert mit der Gnade der Heiligkeit.

Jacobus de Voragine in »Legenda aurea«, 1270

Die heilige Elisabeth hilft Armen und Kranken. (Bildarchiv Foto Marburg)

Die heilige Elisabeth 152

Marburg hat sich verändert. Wenngleich im Krieg nicht zerstört, hat sich die Stadt doch völlig gewandelt. Einiges ist geblieben: die Ketzerbach, wo früher die Anwohner einen Studenten im Dachzimmer und eine Ziege im Hinterhaus hatten und der Name an die grausige Inquisitionszeit des Konrad von Marburg erinnert; der Markt mit dem düsteren Rathaus und dem Hahn, der – etwas flügellahm – zu vollen Stunden die Flügel hebt und müde kräht; die engen Gassen und Treppen an der Universitätskirche; das Landgrafenschloß mit seinem Rittersaal; und die Elisabethkirche, die sich in ihrer Einfachheit deutlich abhebt von allen späteren gotischen Domen Deutschlands. Elisabeth, die aus Ungarn kam, Landgräfin auf der Wartburg war und in Marburg starb, hat das Schicksal der Stadt bestimmt. Sie war ein Kind und war es noch, als sie mit 24 Jahren starb. Diese »Poverella von Marburg« war eine Heilige und auch ein Rätsel, eine »Närrin in Christo« und eine höchst zwiespältige Person.

In der Elisabethkirche erinnert manches an die Schutzheilige, etwa der Goldschrein in der Sakristei mit Reliefs, die Elisabeth zeigen, wie sie den Armen hilft, Kranke pflegt und ihnen die Füße wäscht; die farbigen Fenster im Chor mit ganz ähnlichen Motiven oder die Skulpturen von 1470 und 1510. Nicht nur in Marburg entstanden Plastiken und Bilder der Heiligen, auch in den Ortschaften ringsum. Einige spiegeln die Legenden, die sich die Menschen damaliger Zeit überall von Elisabeth erzählten.

Der Blick in die Gestirne

Der Überlieferung nach begann ihr Leben mit einer solchen Legende: Am Hof des Landgrafen von Thüringen und Hessen. Hermann, der auf der Wartburg residierte, war ein mächtiger Zauberer aus Ungarn zu Gast, Klingsor. Eines Abends las er aus den Gestirnen, daß in seiner Heimat ein Ereignis stattgefunden hatte, das Thüringen betraf. Auf der Burg Saros Patek war der ungarischen Königsfamilie eine Tochter mit dem Namen Elisabeth geboren worden, die – wie Klingsor weissagte – einen Sohn des Landgrafen ehelichen werde.
Die Botschaft sollte sich erfüllen. Im Jahr 1211 sandte der Landgraf Boten an den ungarischen König Andreas II., um Elisabeth, die erst vier Jahre alt war, nach Thüringen zu holen. Das Kind, schwarzlockig, mit braunen Augen und dunkler Hautfarbe, wurde prächtig herausgeputzt und »mit silberner Wiege, silberner Badewanne und goldenen Ringen, auch köstlichen Decken aus Purpur und Seide« auf die Reise geschickt.
Elisabeth wurde 1221 mit dem Sohn des Landgrafen, Ludwig, vermählt. Doch die Prinzessin nahm bald darauf einen Weg, den niemand vorhergesehen hatte. Sie folgte jener aufgewühlten Frömmigkeit, für die es im 13. Jahrhundert manche Beispiele gab. Vor allem eiferte sie Franziskus von Assisi nach, der sein Leben in Armut und Nächstenliebe verbrachte. Sie verkaufte ihren Schmuck und gab den Erlös den Armen. Aus der Schatzkammer des Landgrafen verteilte sie 64 000 Goldstücke, und als eine Hungersnot ausbrach, verschenkte sie die Jahresernte aus den landgräflichen Kornkammern.
Die Hungersnot war so groß, daß die Menschen sich von

Die heilige Elisabeth

»Elisabeth verteilt ihr Geld an die Armen.« Holzstich aus dem 19. Jahrhundert (Bildarchiv Preußischer Kulturbesitz)

Kräutern und Baumwurzeln ernähren mußten. Elisabeth ging jeden Tag ins Tal, um die Not zu lindern. Als sie einmal mit großem Korb auf dem Weg zu den Hungernden war, begegnete ihr der Landgraf. Er fragte, was sie da trage, und zog Elisabeths Mantel vom Korb. Doch er erblickte weder Brot noch Fleisch, sondern blühende Rosen. Elisabeth gründete am Fuß der Burg ein Hospital. Sie nahm Aussätzige auf, wusch ihnen Hände und Füße und küßte ihre Wunden. Sie liebte vor allem die Schwachen, Häßlichen und Ungestalteten. Doch als sich die Krüppel und Bettler im Burghof drängten, als Elisabeth sogar Aussätzige in ihren Gemächern unterbrachte, kannte die Empörung des Wartburger Hofes keine Grenzen. Man unterrichtete den Landgrafen, und dieser begab sich entrüstet ins Schlafgemach. Doch er fand – so die Legende– keinen Kranken im Bett, er hatte die Vision eines gekreuzigten Christus.

Als Landgraf Ludwig 1227 auf einem Kreuzzug in Otranto in Italien starb, mußte Elisabeth die Wartburg verlassen. Ihre Verwandten verachteten sie. Elisabeth war ihnen zum ständigen Ärgernis geworden. Als man ihr das Erbe streitig machte, sagte sich Elisabeth in einem Gelübde von allen irdischen Dingen los.

1228 kam sie nach Marburg und gründete hier ebenfalls ein Hospital, das nach Franz von Assisi benannte. Zu diesem Siechenhaus gehörten noch eine Kapelle und kleine Wirtschaftsräume. Das Wasser holte man aus einer nahen Quelle. In einem Brief an Papst Gregor IX., geschrieben von Konrad von Marburg, ihrem Beichtvater, heißt es: »Sie versammelte die Siechen und Kranken. Die, die am elendigsten und abstoßendsten waren, hieß sie an ihrem Tisch sich niedersetzen.«

Peiniger und Opfer

Elisabeth unterlag gänzlich dem Einfluß Konrads von Marburg, einer schillernden, dämonischen Persönlichkeit. Er wurde deutscher Großinquisitor. Bei den Verfahren war jeder als Belastungszeuge zugelassen, auch persönliche Feinde der Angeklagten. Die dunkelsten Instinkte wurden herausgefordert. Nach den Quellen aus jener Zeit ging es furchtbar zu in Deutschland. Die Todesangst der Opfer

Die heilige Elisabeth 156

Auch diese Zeichnung zeigt die heilige Elisabeth (Bildarchiv Preußischer Kulturbesitz)

und das Schreien auf den Flammenstößen reizten Konrad und seine Gehilfen nur noch mehr. Schließlich verzichteten sie ganz auf den Schein eines Gerichtsverfahrens. »Das Volk frug,« heißt es in den Wormser Annalen, »warum geht ihr also vor. Jene aber gaben die entsetzliche Antwort: Hundert Unschuldige wollen wir verbrennen, wenn nur ein Schuldiger darunter ist.« Als Konrad auch die Adligen in die Inquisition einbezog, fiel er 1233 in Beltershausen bei Marburg einem Attentat zum Opfer.

Diesem Sadisten war Elisabeth ausgeliefert. Über die Behandlung seines Beichtkindes heißt es in den Kanonisierungsakten, dem »Libellus«: »Schwester Irmingard ... mußte sich zusammen mit der Heiligen Elisabeth hinstrecken und dem Bruder Gerhard wurde befohlen, daß er sie beide mit einer recht groben langen Gerte züchtigte. Während der Zeit stimmte Magister Konrad ein ›Herr, erbarme

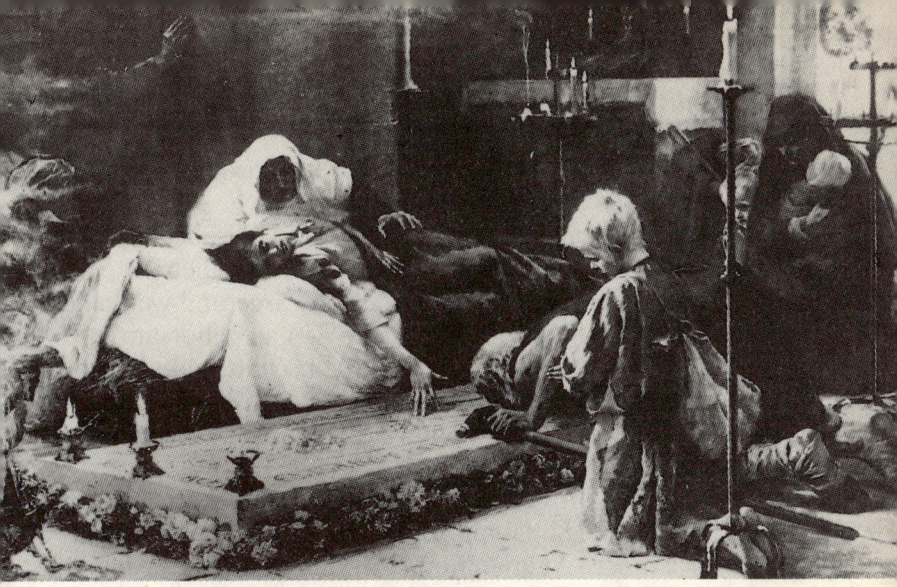

Pilger am Grab der heiligen Elisabeth in Marburg. Das Gemälde von Carl Bantzer befindet sich heute in der Dresdner Gemäldegalerie. (Bildarchiv Foto Marburg)

dich unser‹ an. Und Irmingard sagte aus, daß sie noch nach drei Wochen die Spuren der Schläge an sich gehabt und noch länger die heilige Elisabeth, weil sie noch heftiger als sie gezüchtigt worden war.«

Die Erniedrigungen und Entwürdigungen, die Elisabeth auf sich genommen hat, sind zum Teil erklärbar aus dem religiösen Geist damaliger Zeit; zum anderen sind sie bedingt durch das Abhängigkeitsverhältnis gegenüber dem Beichtvater. »Konrad hatte seine Pflegetochter durch ein Mittel in der Gewalt«, schreibt Elisabeth Busse-Wilson in ihrem Buch über die heilige Elisabeth, »gegen das selbst das Mannesrecht der vaterrechtlich-patriarchalischen Ehe verblaßt: Elisabeth war Konrads Beichtkind. Er kannte also kraft priesterlichen Rechts alle ihre Regungen und Wünsche und ihre geheime Sehnsucht. Und als absoluter

Herrscher über ihr Denken und Fühlen wurde er auch mit ihren ›Gedankensünden‹ bekannt."

Die Beziehungen zwischen Konrad und Elisabeth galten als ungehörig. Es kamen Gerüchte auf. Dietrich von Apolda schreibt 1291: »Als nun etliche arge und weltliche Leute sahen, wie Sankt Elisabeth so gar gehorsam war Meister Konrad und mit ihm Gemeinschaft hielt, begannen sie schändliche Dinge von den zween heiligen Menschen zu reden und ihnen bösen Leumund zu machen.«

Dabei ist es unwahrscheinlich, daß zwischen beiden sexuelle Beziehungen bestanden. Wohl war Elisabeth in eine geistig-religiöse Abhängigkeit unerhörten Ausmaßes geraten. »Die innere Anerkennung ihrer Sklavinnenrolle bleibt denn auch die peinlichste und furchtbarste Seite von Elisabeths Hörigkeit. Sie will am Ende gar nichts anderes sein als eine vor dem Meister zitternde Kreatur« (Busse-Wilson). Aber »im mittelalterlichen Christentum hat dieser Erniedrigungs- und Selbstauflösungstrieb seine geistige Würde gehabt. Der Wille zur Krankheit, ja der Wille zum Tode, ist das Heroische und charakterologisch Großartige an dem kurzen Leben dieser Frau.«

»Groß Wunder von allerley Gebrechen«

Elisabeth starb in der Nacht vom 16. auf den 17. November 1231. Einen Tag später wurde die erste Wunderheilung bekannt, zehn Tage später die zweite. Die Wunder vermehrten sich schnell. 1232 wurden bereits 164 Heilungen gemeldet. Der Chronist Wigand von Gerstenberg berichtet: »Die Blinden wurden sehend, die Tauben wurden hörend,

Die heilige Elisabethkirche zu Marburg/Lahn (Foto: Berndt)

die Stummen wurden sprechend ... die mit der fallenden Sucht wurden erlöst, die Unsinnigen wurden vernünftig, die Aussätzigen wurden gereinigt ... die Besessenen wurden entledigt, die Toten wurden lebendig und geschah groß Wunder von allerley Gebrechen.«
Zu Pfingsten 1235 wurde Elisabeth heiliggesprochen – nicht zuletzt auf Drängen jener, die sie von der Wartburg vertrieben hatten. Kurz darauf begann der Deutsche Orden »in aufwendiger Weise« mit dem Bau einer Kirche über ihrem Grab. 1236 kam Kaiser Friedrich II. zur Erhebung der Gebeine nach Marburg und ließ Elisabeths Schädel in eine Schale fassen und mit einem Goldreif krönen.
Viele Wallfahrer pilgerten nach Marburg. 1245 war der Strom so groß, daß das Grab nur unter Gefahr besucht werden konnte. Die Kranken, die sich von der Nähe der Verstorbenen Heilung versprachen, wurden zur Genesung auf die Schieferplatte des Grabes gelegt. Andere gruben unter dem Stein die Erde hervor. Noch andere schoben ihre Hände in die entstandenen Höhlungen unter der Grabplatte, um die »wunderwirkende Erde« zu berühren. Die Schar der Pilger nahm weiter zu. Marburg wurde ein Zentrum. Unterkünfte für die einströmenden Fremden entstanden, Geschäfte, auch ein Wallfahrer-Friedhof mit Kapelle, dem »Michelchen«. Die Stadt entwickelte sich zum viertgrößten Wallfahrtsort nach Jerusalem, Rom und Santiago de Compostela. Beträchtliche Geldmittel flossen nach Marburg. So konnte die Elisabethkirche bereits 1283 geweiht werden.

Die Legende lebt

Als sich zu Beginn des 16. Jahrhunderts die Reformation durchsetzte, brach der Pilgerstrom ab. Eine neue Zeit begann. Die Ratio sollte gelten. Landgraf Philipp der Großmütige (1504–1567), Gründer der Universität Marburg, hielt von Wallfahrten und Wunderheilungen nichts und ließ die Reliquien entfernen.

Aber die Elisabethkirche gibt es noch heute, und der Elisabethbrunnen fließt – ganz in der Nähe – wie einst. Auch das »Michelchen« steht unversehrt am Berghang. Und die protestantische Kirche, die in Marburg vorherrscht und doch keine Heiligen kennt, pflegt – das ist das neue Wunder Marburgs – die Tradition der Heiligen Elisabeth mit Hingabe.

Und das alte Wunder, das in den Legenden lebt, wird auch immer noch erzählt. Es zeichnet das Bild der landesmütterlichen und sehr frommen Wohltäterin, die wenig zweifelte und kaum geistige Kämpfe auszustehen hatte. Das ist natürlich eine Wunschvorstellung.

Näher dem wirklichen Bild von Elisabeth kommt Frau Busse-Wilson, wenn sie schreibt: »Im Kern ist sie erfüllt gewesen von der Wucht eines Lebensgefühls, das nicht das unsrige ist, und deshalb hat auch ihre Caritas einen besonderen Sinn, zu dessem echten Heiligtum wir vordringen können ... Das Numinose eines im rationalen Sinn zwecklosen, aber im religiösen Sinn pathetischen und heroischen Leidens einer echten Heiligen ist dann wieder zu spüren.«

Zauberei in Lübbenau

Der Schlangenkönig

Wo Wege Wasserarme sind.

Theodor Fontane

Das Emblem des sagenhaften Schlangenkönigs (Foto: Berndt)

Der Schlangenkönig

Eine für Mitteleuropa einmalige Landschaft ist der Spreewald der Niederlausitz, nordwestlich von Cottbus. Das geringe Gefälle der Spree und der Malxe und die Verengung des Tales nördlich von Lübbenau führten zur Erhöhung des Grundwasserspiegels und zu langsam abfließenden Gewässern. Es entwickelte sich eine eigenartige Flußinsellandschaft, 45 Kilometer lang und bis 10 Kilometer breit mit etwa 300 verästelten Wassern, »Fließe« genannt. Sie sind überwölbt vom dichten Laub hochgewachsener Erlen.

Der märkische Schriftsteller Theodor Fontane hat den Spreewald »Bäuerliches Venedig« genannt, weil ein Kanalsystem ähnlich dem der italienischen Lagunenstadt entstanden ist, aber an den Ufern anstelle von Palästen Bauerngehöfte sind. Jeder Hof, im Blockhausstil erbaut, hat einen kleinen Hafen, da der Verkehr über die »Fließe« abgewickelt wird. Dies geschieht mit flachen, meist schwarzen Kähnen, die mit vier Meter langen Staken bewegt werden. Zwischen den Gehöften liegen Wiesen mit zwiebelförmigen Heuschobern und weite Gemüsefelder, auf denen Meerettich, Gurken und Kürbis angebaut werden.

Der größte Teil der Spreewälder sind Nachkommen der im 6. – 8. Jahrhundert eingewanderten Sorben, wie es auch die zweisprachigen Ortsschilder erkennen lassen. Theodor Fontane hat im Jahr 1859 in der Nikolaikirche von Lübbenau noch einen sorbischen Gottesdienst erlebt. Fünf Jahre später durfte nur noch deutsch gepredigt werden.

Irrlichter narrten die Menschen

Die slawischen Sorben sind ein fabulierfreudiges Volk. Von ihnen sind viele Erzählungen, Sagen und Legenden bekannt, die auf die eigentümliche Landschaft des Spreewaldes mit seinen Kanälen und Gräben zurückgehen. Wenn faulende Weidenstümpfe phosphoreszierten oder Glühwürmchen durchs Unterholz flimmerten, lag es nahe, an Irrlichter zu glauben, die die Menschen narrten und sie durch Sumpf und Moor verfolgten. Die Sorben erzählen auch vom Wassermann oder dem Nix. Er lebt in der Art der Menschen, kleidet sich rot oder grün und wohnt mit Frau und Kindern auf dem Grund des Wassers. Manchen ist er gut Freund, hilft ihnen aus der Not, leiht ihnen Getreide oder auch Geld. Er kann aber auch grausam sein. Die meisten Sagen kreisen um Schlangen, die besonders in der Vergangenheit im Spreewald heimisch waren. Feuchtes Gelände, reichliche Nahrung und guter Unterschlupf zogen die Schlangen an. Weder ihrer auffallenden körperlichen und psychischen Eigenschaften waren sie Gegenstand abergläubischer Vorstellungen. Das Kriechen am Boden, ihr giftiger Biß oder der angeblich faszinierende Blick machten sie zu dämonischen Wesen, die Furcht verbreiteten, aber auch Gegenstand der Verehrung waren.

Zauberei mit Schlangenpulver

Wer eine Schlange in den Rauchfang hält, so heißt es mancherorts, der erlangt die Fähigkeit, die Zukunft voraussa-

gen zu können. Mit Schlangenpulver, gewonnen von einer verbrannten Schlange, kann Zauberei betrieben werden. Das Pulver enthüllt verborgene Geheimnisse, schützt gegen Feinde und macht beliebt. Wer Schlangenfleisch ißt, kann sich unsichtbar machen; er erlangt auch die Fähigkeit, die Sprache der Tiere, besonders der Vögel, zu verstehen. Ein in eine Schlange verwandelter Mensch kann unter besonderen Umständen erlöst werden. Meist geht es dabei um verzauberte Jungfrauen, die durch dreifachen Kuß wieder Mensch werden. Doch häufig mißlingt der Versuch, da der dritte Kuß wegen zu großer Abscheu vor dem Maul der Viper unterbleibt. Verletzt man eine Schlange, ohne sie zu töten, so rächt sie sich nach drei, sieben oder fünfzehn Jahren.
Weiterhin galt die Schlange auch als glücksbringend. Darum wurde sie geschont oder auch mit Milch und Speise gefüttert. Sie zeigte sich dafür erkenntlich, brachte Wohlstand und wehrte Krankheiten ab. Häufig wohnte sie unter der Hausschwelle. Meist handelte es sich um ein Schlangenpaar, Gospodar und Gosponza genannt. Beide standen im Spreewald in Verbindung zum Hausvater und zur Hausmutter. Starb einer der beiden, zeigte sich die entsprechende Schlange und starb desgleichen.
Auch Schlangen im freien Feld besaßen geheime Kräfte. Besonders galt dies für einen Schlangenkönig mit seiner blinkenden Krone auf dem Kopf. Oft beobachteten Menschen den Schlangenkönig, manchmal haben sie auch versucht, der Krone habhaft zu werden. Davon berichtet eine Sage aus Lübbenaus.
Wo Lübbenau heute liegt, hat vor langer Zeit ein Schloß gestanden. Die Besitzer waren irgendwann verschollen. Man wußte auch nichts mehr von der Anlage. Doch ein Förster, der auf der Jagd war, entdeckte das Schloß wieder.

Der Schlangenkönig

Am Giebel der alten Spreewaldhäuser zeigen zwei gekreuzte Balken jeweils eine stilisierte gekrönte Schlange. (Foto: Berndt)

Er blieb lange der einzige Besucher. Als er einmal durch die langen Gänge und die großen Räume ging, sah er durchs Fenster, wie sich auf dem sonnigen Rasen Schlangen zusammenfanden, miteinander spielten und sich jagten. Die Größte war offenbar der König. Er hatte, um sich besser am Spiel beteiligen zu können, seine goldene Krone, die er sonst auf dem Kopf trug, auf einem hellen Sandfleck abgelegt.

Der Kronenraub des Försters

Der Förster beobachtete das Spiel der Schlangen, die sich durch nichts stören ließen, längere Zeit. Dann kam ihm ein verwegener Gedanke. Er kam am nächsten Tag erneut zu Stelle, an der die Schlangen zu spielen pflegten. Diesmal hatte er ein weißes Tuch mitgebracht und tat es dorthin, wo am Tag zuvor der König seine Krone abgelegt hatte. Gegen Mittag, als die Sonne niederbrannte, kamen die Schlangen aus ihren Verstecken hervor und begannen ihr Spiel. Der König legte auch seine Krone ab, jetzt auf das weiße Tuch. Nun hatte der Förster aber einen Zipfel mit einem langen Faden verknotet und hielt das Ende in seinen Händen. Er zog vorsichtig an dem Faden, und schon waren Tuch und Krone in seinem Besitz.
Der Förster hatte geahnt, daß die Schlangen den Raub nicht ohne weiteres hinnehmen würden und hatte darum sein Pferd bereitgestellt, schwang sich in den Sattel und jagte davon. Die Schlangen, die den Raub bemerkt hatten, folgten augenblicklich mit bösen Zischlauten. Sie waren überaus schnell und hatten den Reiter fast eingeholt, da

warf dieser seinen Mantel hinter sich. Die Verfolger packten den Mantel und verbissen sich in ihn in sinnloser Wut. Es war die Rettung für den Förster. Den Mantel hat man Tage später zerlöchert und zerfetzt aufgefunden. Die Krone verhalf indessen dem Förster zu großem Reichtum. Von ihm soll das Geschlecht der Lynar abstammen, auf die das heutige Schloß in Lübbenau zurückgeht, ein klassizischter Winkelbau mit Vierkanttürmen.

Spuren vom Schlangenkönig

Die Sage vom Schlangenkönig kennt jeder im Spreewald, sie hat auch noch sichtbare Spuren hinterlassen. In Lehde, heute ein Stadtteil von Lübbenau, finden wir die geringelte Natter mit einer Krone als geschmiedetes Emblem an einer Umzäunung. Und die alten Blockhäuser im Lehder Freilandmuseum enden am Giebel stets mit zwei gekreuzten Balken, die jeweils eine stilisierte, gekrönte Schlange zeigen.

Die Wartburg bei Eisenach (Foto: photo preiss)

»Wolfram, du bist ein Laie Schnipfschnapf!«

Der Sängerkrieg auf der Wartburg

Am Hofe des Landgrafen Hermann von
Thüringen fanden sich sechs edle
und tugendsame Männer zusammen, die
konnten hübsche Lieder dichten.

Ludwig Bechstein

Das Wappen des »Tannhäuser«, dessen Sage in den »Sängerkrieg« hineinspielt (Foto: Berndt)

Der Sängerkrieg auf der Wartburg

Der Sage nach ist die Wartburg in Thüringen 1067 erbaut worden: Damals jagte Graf Ludwig der Springer aus dem Geschlecht der Ludowinger am Inselberg. Er folgte einem Hirsch über den Hörselbach bis nach Nieder-Eisenach und gelangte an den Berg, auf dem heute die Wartburg steht. Während er hoffte, daß das Wild aus dem Wald herauskam, betrachtete er den vor ihm liegenden steilen Fels. Dabei soll er gesagt haben: »Wart Berg, du sollst mir eine Burg werden!«, woraus angeblich der Name Wartburg entstand.

Die Zahl der Sagen in Thüringen ist groß. Da gibt es die Erzählung von einem anderen Landgrafen Ludwig, dem Sohn des Springers, der weich und nachgiebig gewesen sein soll, bis er eines Nachts in Ruhla bei einem Schmied übernachtete, der seinen Gast nicht erkannte. Der Schmied, der noch in der Werkstatt tätig war und sich oft über den zaudernden Herrscher geärgert hatte, schlug heftig auf das glühende Eisen ein und rief: »Landgraf, werde hart!« Ludwig hörte die Worte, und von dieser Stunde an änderte er sich. Widerspenstige Vasallen spannte er vor einen Pflug; andere ließ er hängen oder ertränken. Als »Eiserner Landgraf« ging er dann in die Geschichte ein.

In dieser Landschaft spielt auch die Sage vom Tannhäuser, der von Frau Venus in ihr Zauberreich, den Hörselberg, gelockt wurde. Später suchte er, seine Seele durch eine Wallfahrt nach Rom zu retten. Doch Papst Urban VII. wollte ihm nicht verzeihen. Da kehrte der verzweifelte Tannhäuser in den Hörselberg zurück.

Am bekanntesten ist die Sage vom Sängerkrieg auf der Wartburg. Sie geht zurück auf Landgraf Hermann von Thüringen (1155–1217). Er kam als Kind zusammen mit seinem Bruder Ludwig an den Hof des französischen Königs Ludwig VII., dessen Frau, Eleonore von Aquitanien,

Der Schmied von Ruhla in Thüringen schlägt auf das Eisen und ruft: »Landgraf, werde hart!« Landgraf Ludwig, der unerkannt im Hause des Schmiedes nächtigt und die Worte hört, wurde von Stund an – so erzählt die Sage – »eisenhart«. (Bildarchiv Foto Marburg)

die spätere Königin von England und Frau Heinrichs II., die südfranzösischen Troubadoure förderte und deren Dichtungen in Paris bekannt machte. Später wurde sie als Frau von König Heinrich II. Königin von England. Die beiden Landgrafensöhne waren von diesem kulturellen Leben und der literarischen Betriebsamkeit aufs äußerste gefesselt. Besonders Hermann fühlte sich angesprochen.
Als er nach Thüringen zurückgekommen war und nachdem er die Herrschaft im Land übernommen hatte, eiferte er dem Pariser Vorbild nach und ließ französische Dichtungen ins Deutsche übertragen. Politisch galt er zwar als »Enfant terrible«, als wankelmütig, opportunistisch und treulos, geistig hat er jedoch manches bewegt. Er holte

So sah Moritz von Schwind Walther von der Vogelweide (Historia-Photo)

bekannte Künstler und Literaten an seinen Hof. Es kamen Walter von der Vogelweide, Heinrich von Veldecke, Wolfram von Eschenbach, dessen 6. und 7. Gesang des »Parzival« auf der Wartburg entstanden ist, und manch anderer. Die Wartburg war geistiger Mittelpunkt – wie im Südosten der Hof Leopolds VII. von Österreich. Die Konkurrenz beider Zentren, der Widerstreit zwischen Thüringen und Wien, wurde dann zum Hintergrund des »Sängerkrieges«.

Der Henker war dabei

Und das berichtet die Sage: Im Jahr 1206/1207 trafen sich auf der Wartburg Walther von der Vogelweide, Wolfram von Eschenbach, Heinrich Schreiber, Reinmar von Zweter, Biterolf und Heinrich von Ofterdingen. Sie wollten darüber debattieren, wer bedeutender war – Landgraf Hermann von Thüringen oder Leopold von Österreich. Es war ein literarischer Wettstreit, der allerdings einen makabren Abschluß haben sollte: Der Verlierer, so wurde abgemacht, sollte sein Leben durch den Eisenacher Henker Stempfel verlieren, der dem Sängerkrieg beiwohnte.

Die meisten Sänger lobten Hermann, stellten ihn als strahlende Persönlichkeit dar, als großherzigen Mäzen, als Fürsten, der allen anderen überlegen sei. Heinrich von Ofterdingen schloß sich solcher Würdigung nicht an. Er pries statt dessen Leopold als den großen Herrscher, den Künsten zugetan, der Sonne vergleichbar.

Der Kampf blieb zunächst unentschieden. Doch bald geriet Ofterdingen in Schwierigkeiten. Die Waage neigte sich mehr und mehr zugunsten derer, die den Landgrafen feierten. Als der Streit sich dem Ende näherte, riefen die dem Thüringer zugetanen Sänger schon nach dem Henker. Da flüchtete Ofterdingen zur Landgräfin Sophia, die den Unterlegenen unter ihrem Mantel barg.

Ofterdingen verfiel nicht dem Henker. Ihm wurde vielmehr eine Frist von einem Jahr gewährt. In dieser Zeit sollte er nach Ungarn und Siebenbürgen reisen, um Meister Klingsor als Beistand zu holen, der als der berühmteste Sänger galt und überdies ein großer Zauberer war.

Ofterdingen machte sich auf den Weg und reiste über Österreich nach Siebenbürgen, wo er Klingsor traf, der

Mittelalterliche Miniatur des Minnesängers Walther von der Vogelweide (Bildarchiv Preußischer Kulturbesitz)

versprach, mit ihm nach Thüringen zu kommen. Aber Klingsor ließ sich Zeit. Als die eingeräumte Frist schon fast verstrichen war und Ofterdingen Klingsor eindringlich mahnte, sagte dieser gelassen, er habe starke Pferde und einen leichten Wagen.

In der folgenden Nacht legte Klingsor Ofterdingen auf eine Decke, sich selbst dazu und befahl seinen Geistern, sie beide nach Eisenach in den besten Gasthof zu bringen. So geschah es. Noch in derselben Nacht fanden sich beide im berühmten »Helgrevenhof« wieder. Als der Morgen aufzog, hörte Ofterdingen Kirchenglocken und meinte, ihren Klang zu kennen. Er stand auf und sah, daß er sich im

»Helgrevenhof« befand. Auch erkannte er das St.-Georgen-Tor. Da wußte er, daß er in Eisenach war.
Die beiden begaben sich auf die Wartburg und fanden dort ihre Gegner, die auf sie gewartet hatten.
Im neuen Streit, der nun begann, trat zunächst Klingsor gegen Wolfram von Eschenbach auf. Wolfram war dabei so geschickt, daß Klingsor ihn nicht überwinden konnte. Da schickte der Zauberer einen seiner Geister. Dieser nahm die Gestalt eines jungen Mannes an und sang mit großer Überzeugung von allen Dingen dieser Welt. Wolfram entgegnete ihm und sprach vom ewigen Wort und von der Wandlung von Brot und Wein. Da mußte der Geist schweigen.
Klingsor, der alles mitgehört hatte, glaubte, Wolfram sei vielleicht ein Gelehrter. Um dies zu prüfen, schickte ihm Klingsor in der Nacht einen anderen Geist. Der sang von den Sternen des Himmels und legte Wolfram alsdann schwierige Fragen vor, die dieser nicht beantworten konnte. Da lachte der Teufel und schrieb an die Wand: »Wolfram, du bist ein Laie Schnipfschnapf!« Darauf entfernte sich Beelzebub, aber die Schrift blieb erhalten.
In diesem, dem zweiten Teil des Sängerkriegs, dem »Rätselspiel«, scheiterte doch letzten Endes alle Zauberei am Glauben Wolframs.

Ein Gemälde erzählt ...

Der »Sängerkrieg auf der Wartburg« hat in einem mittelhochdeutschen Gedicht in der zweiten Hälfte des 13. Jahrhunderts seine erste Gestaltung erfahren. Später ist der

Frühe Darstellung der Wartburg (Historia-Photo)

Stoff mehrfach aufgegriffen worden, besonders im 19. Jahrhundert. Richard Wagner übernahm das Thema, nachdem er 1842 die Wartburg besucht und zahlreiche Quellenstudien unternommen hatte. Wichtig waren für ihn u. a. die Sagen der Gebrüder Grimm, die Erzählungen von Ludwig Tieck, E. T. A. Hoffmann und nicht zuletzt die Sagen von Ludwig Bechstein, die nicht nur die Wartburg, sondern auch den Hörselberg einbezogen. Wagner nahm jedenfalls die Sage vom Tannhäuser und dem Hörselberg hinzu und nannte seine Oper »Tannhäuser und der Sängerkrieg auf der Wartburg«. Die Uraufführung in der Dresdner Oper wurde jedoch kein Erfolg. Die meisten Besucher waren verwirrt. Bald darauf jedoch hieß es, daß mit dieser Schöpfung eine neue Epoche der Oper begonnen habe.

Im 19. Jahrhundert wurde auch die Wartburg wiederaufgebaut. Allerdings waren die Arbeiten nicht glücklich. Es kamen sentimentale gründerzeitliche und romantisie-

rende Elemente hinzu. Romantisch gefärbt ist auch das Wandgemälde von Moritz von Schwind, das dieser in den Jahren 1854–56 auf der Wartburg schuf.
Das großformatige Bild nimmt einen wesentlichen Teil im »Sängersaal« der Burg ein. In der Mitte des Gemäldes sieht man auf einem Thron das Landgrafenpaar. Gräfin Sophia hebt ihren Mantel zwischen dem vor dem Thron knienden Heinrich von Ofterdingen und dem Henker, der

Genauso verklärt wie Walther von der Vogelweide stellte Schwind auch Wolfram von Eschenbach dar. (Historia-Photo)

bereits nach dem unterlegenen Sänger greift. Rechts neben dem Thron: Wolfram von Eschenbach, der überrascht auf Klingsor blickt, der überhöht über allen Anwesenden dargestellt wird – als Zeichen dafür, daß er von Siebenbürgen durch die Lüfte nach Eisenach gekommen und ein Zauberer ist.

Moritz von Schwind, der Spätromantiker, war kein Meister großformatiger Gemälde; ihm lagen die kleinen Bilder. So hat er sich bei dieser Arbeit schwergetan. Den heutigen Betrachter spricht auch die künstlerische Darstellung wenig an. Aber der Sängerstreit auf der Wartburg, der sich nach der Bildunterschrift in diesem Saal im Jahr 1207 zugetragen haben soll, gewinnt auf diesem Gemälde Lebendigkeit...

Der gespenstische Berggeist des Riesengebirges

Rübezahl

„Ich sah mich nicht um nach Berggeistern oder nach Rübezahl. Es war aber trotzdem nicht zu verhindern, sie guckten mir durch die Fenster ins Haus hinein."

Gerhard Hauptmann

Eines der bekanntesten Bilder vom gespenstischen Berggeist Rübezahl aus dem Riesengebirge. Dieses Gemälde von Moritz von Schwind ist im Wallraff-Richartz-Museum in Köln zu sehen. (Bildarchiv Preußischer Kulturbesitz)

Rübezahl

Hirschberg war früher das Tor zum Riesengebirge. Typisch für diese gegen Ende des 13. Jahrhunderts gegründete niederschlesische Kreisstadt waren die Laubenhäuser am Ring mit großzügig angelegten Arkaden, unter denen der Einkauf erledigt, flaniert oder Schutz vor schlechtem Wetter gesucht wurde. Die Laubenhäuser gibt es noch heute; die Stadt insgesamt hat den Zweiten Weltkrieg heil überstanden. Die damals ansässigen Deutschen mußten allerdings Hirschberg sowie alle anderen Siedlungen in Schlesien und den Sudeten verlassen; Millionen von Menschen wurden vertrieben oder umgesiedelt.
Wir haben vor dieser Zeit eine Wanderung im Riesengebirge unternommen, dem etwa fünfunddreißig Kilometer langen und rund siebenundzwanzig Kilometer breiten Gebirgszug der Sudeten, über deren Kamm damals die deutsch-tschechische Grenze ging und heute die polnisch-tschechische Grenze verläuft. Wir hatten Hirschberg in Richtung Warmbrunn verlassen und waren nach Agnetendorf gekommen, in dem damals der Dichter und Nobelpreisträger Gerhart Hauptmann wohnte. An der Burgruine Kynast ging's vorbei, während der Wind über Felder und Berge pfiff. Je höher wir kamen, um so heftiger prasselte der Regen nieder. Der Wind wurde zum Sturm. Nebel kam auf. Bald verlor sich das Gebirge in undurchsichtigem Grau oder in gespenstischen Wolkenfetzen.

Drei Viertel des Jahres herrscht Winter

Solche Wanderung war nicht ungefährlich, denn in der Nähe lagen die Große und Kleine Schneegrube mit steilen,

zerrissenen Abstürzen. Mit Mühe überschritten wir den baumlosen Kamm. Als der Sturm übertönt wurde von donnerähnlichen Geräuschen, ahnten wir, daß der Elbfall in nächster Nähe sein mußte, mit dem sich der junge Fluß an die achtzig Meter in den Elbgrund stürzt. Total durchnäßt erreichten wir Spindlermühle.
Solch Wetter war und ist im Riesengebirge nicht ungewöhnlich. Die meteorologische Station auf dem höchsten Berg, der 1603 Meter hohen Schneekoppe, verzeichnet im Durchschnitt 107 Sturmtage im Jahr, an 193 Tagen regnet es, und an 263 Tagen herrscht Nebel. Ein Sprichwort sagt: »Im Riesengebirge ist es dreiviertel Jahr Winter und einviertel Jahr kalt.« Darum wurden (und werden) die Kachelöfen in den Schutzhütten, früher Bauden genannt, das ganze Jahr hindurch geheizt.
In alten Zeiten hatte die Witterung für die Menschen noch weit größere Bedeutung. Nebelkappen auf den Bergspitzen, bizarre Wolken, die von Stürmen gejagt wurden, sintflutartige Regenfälle, Blitz und Donner, Irrlichter und Elmsfeuer waren rätselhafte Vorgänge. Es gab das »Brockengespenst«, das sich bei niedrigen Sonnenstand bildete. Ein Wanderer erblickte dann auf einer gegenüberliegenden Wolkenwand sein eigenes, stark vergrößertes Schattenbild, das von Strahlenbüscheln in Regenbogenfarben umgeben war. Hinzu kam die Unzugänglichkeit des Gebirges, das weglos und in urwaldähnlichem Zustand war. Das Riesengebirge trotzte lange jeder Erschließung. Die schlesische Bevölkerung hat sich erst Anfang des 14. Jahrhunderts bis an den Fuß des Gebirges herangewagt. 1726 ist der letzte Bär erlegt worden. Die Unnahbarkeit dieser Landschaft war Grund für die Bildung von unheimlichen Sagen. Die abweisende Natur führte zur Vorstellung von »Naturdämonen«, wie der Philosoph und Psychologe Wil-

Rübezahl

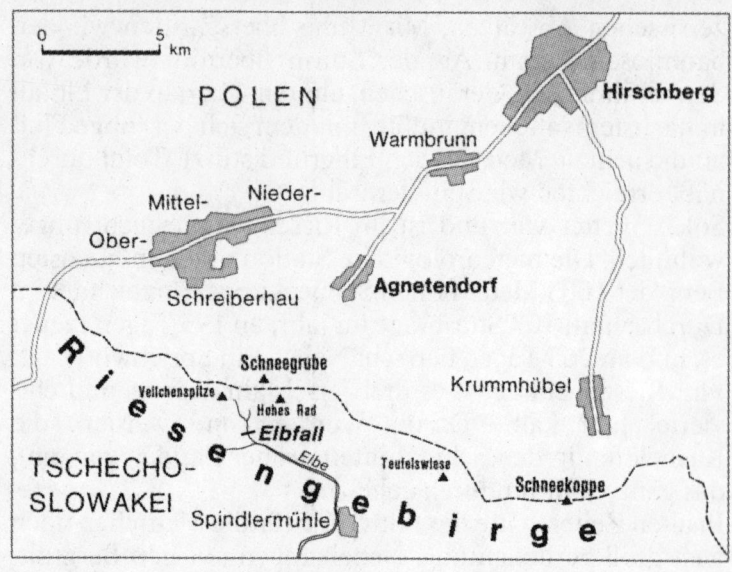

Der Berggeist Rübezahl war im Riesengebirge zu Hause, jener Berglandschaft, die heute Grenzgebiet zwischen Polen und der Tschechoslowakei ist

helm Wundt diese Erklärungsversuche bezeichnet hat. Ein solcher Dämon im Riesengebirge war der Berggeist Rübezahl.

Zwischen den Klüften haust Rübezahl

Von ihm berichtet die Sage: »Zwischen den Klüften des Riesengebirges haust Rübezahl. Dieser Fürst der Gnomen

ist launisch, ungestüm, sonderbar, bengelhaft, roh, unbescheiden, stolz, eitel, wankelmütig, heute der wärmste Freund, morgen fremd und kalt; zuzeiten gutmütig, edel und empfindsam; aber mit sich selbst im steten Widerspruch, albern und weise, oft weich und hart; schalkhaft und bieder, störrisch und beugsam. – Rübezahl tost im wilden Gebirge, hetzt Bären und Auerochsen aneinander, daß sie zusammen kämpfen, oder scheucht mit grausendem Getöse das scheue Wild vor sich her und stürzt es von den steilen Felsklippen hinab.«
Rübezahl erscheint in vielfacher Gestalt: Als Pferd, als große Kröte oder als »Puhuy«, was immer das sein mag, als Wilder Jäger, als Bergmännlein oder Poltergeist, als Wanderer, der andere begleitet. Ein gewisser Grosius schreibt 1597: »Wenn er sie dann auf Irrwege geführt, daß sie nicht wissen, wo sie zu wollen, so springt er alsbald auf einen Baum und hebt dermaßen mit heller Stimme an zu lachen, daß es im ganzen weiten Wald erschallt.« Ein Pastor Rausch will ihn um das Jahr 1600 in einer großen Kalesche durch Schmiedeberg haben fahren sehen.

Die Prinzessin im unterirdischen Reich

Eines Tages beobachtet Rübezahl ein Mädchen, die Tochter des schlesischen Königs, der damals im Riesengebirge herrscht. Das Mädchen kommt oft zu einer Felsquelle und badet hier. Doch Rübezahl verändert den Ort. Die Felsen sind jetzt mit Alabaster verkleidet; das Wasser rauscht,, von Abstufungen unterbrochen, in ein weites Marmorbekken; zu beiden Seiten der Kaskade öffnet sich ein Doppel-

eingang zu einer Grotte von märchenhafter Pracht. Emma, so heißt das Mädchen, will wie zuvor ein Bad nehmen. Doch kaum ist sie im Becken eingetaucht, als sie schon in die Tiefe gezogen wird. Sie gelangt in Rübezahls unterirdisches Reich. Hier ist alles unglaublich großartig. Doch die Prinzessin fühlt sich bald einsam und verlassen und beklagt sich darüber bei Rübezahl. Da geht dieser auf einen Acker, zieht ein Dutzend Rüben heraus und bringt sie dem Mädchen zusammen mit einem Zauberstab. Er sagt ihr, sie brauche die Rüben nur mit dem Stab zu berühren, und schon erschienen alle Personen, die sie zu sehen wünsche. Emma zaubert sich verschiedene Menschen herbei und hat schnell ihren Hofstaat um sich versammelt. Doch bald muß die Prinzessin mit Erschrecken feststellen, daß ihre Gespielinnen erkranken, verfallen und sich kaum noch bewegen können. Empört stellt sie Rübezahl zur Rede. Dieser sagt: »Die Kräfte der Natur gehorchen mir, doch vermag ich nichts gegen unwandelbare Gesetze zu tun. Solange die treibenden Kräfte in den Rüben waren, konnte der magische Stab das Pflanzenleben nach Gefallen verändern. Aber die Säfte sind nun vertrocknet...«
Damit Emma sich künftig jeden Wunsch erfüllen kann, legt Rübezahl ein großes Feld von Rüben an. Doch die Prinzessin sinnt auf Flucht, da der Berggeist ihr zuwider ist. Sie sagt dem Dämon, er möge die Rüben, die auf dem Acker heranwüchsen, einmal zählen. Rübezahl macht sich an die Arbeit. Da das Feld aber außerordentlich groß ist, verzählt der Berggeist sich ständig.
Indessen hat das Mädchen eine frische Rübe genommen, verwandelt sie in ein Pferd mit Sattel und Zaumzeug und flüchtet. Der Dämon hat inzwischen die richtige Rübenzahl ermittelt und macht sich auf den Weg in sein unterirdisches Reich. Aber er findet die Prinzessin nicht mehr. Er

sieht nur noch, wie sie mit ihrem Pferd über die Grenzen seiner Berge setzt. Wütend ergreift er ein paar vorüberziehende Wolken und schleudert der Geflüchteten einen Blitz nach. Er zersplittert eine tausendjährige Grenzeiche, kann aber der Königstochter nichts mehr anhaben.

Rübezahl: Ein Spottname

Die Bergbewohner haben dem Dämon den Spottnamen Rübenzähler oder Rübezahl zugelegt. Darüber war der Berggeist empört. Manche Sage berichtet davon, wie er sich an jenen rächte, die ihn Rübezahl riefen. Als ein junger Bursche durchs Riesengebirge wanderte und unentwegt rief: »Rübezahl, komm herab! Rübezahl, Mädchendieb!«, raste der Berggeist durch den Fichtenwald und wollte den Übeltäter erdrosseln. Doch er besann sich eines anderen: Er bestahl einen Reisenden, klagte aber den jungen Mann an, er habe die Tat begangen. Der Bursche kam ins Gefängnis von Hirschberg, wurde schuldig gesprochen und sollte gehenkt werden. Da kamen Rübezahl Bedenken. Er ging ins Gefängnis und ließ den eingekerkerten entkommen. Statt seiner schritt Rübezahl zur Richtstätte. Als er am Galgen hing, vollführte er tolle Kapriolen, schnitt Grimassen und trieb es so arg, daß es selbst dem Henker zuviel wurde. Als sich einige Ratsherren anderntags zur Richtstätte begaben, fanden sie am Galgen nur einen mit Lumpen bedeckten Strohwisch.

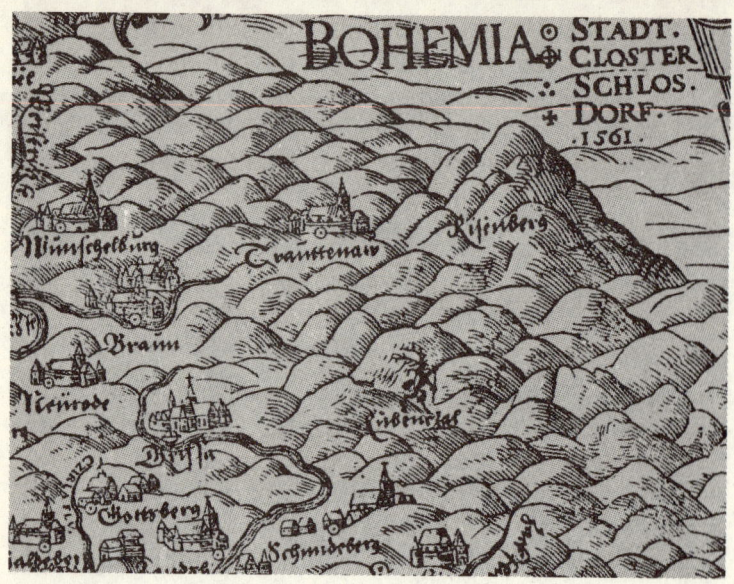

Die erste Ansicht des Riesengebirges, gezeichnet vom Breslauer Rektor Martin Helwig im Jahre 1561. Zwischen Risenberg und Schmideberg erscheint »Rübezahl« als Fabelwesen.

In Rübezahls Garten gab es Zauberpflanzen

Im Riesengebirge gab es Gärten, die mit Rüben besetzt und nach Rübezahl benannt waren. Im Aupatal existierte über einer Geröllhalde ein schwer zugänglicher Rasenfleck; er wurde »Teufelsgärtchen« genannt. Diese Bezeichnung ist schon früh mit Rübezahl in Verbindung gebracht worden; in manchen Gegenden gehörten Teufel und Rübenacker zusammen. Es ging auch die Sage, in Rübezahls Gärten gebe es Pflanzen von besonderer Wirkung und magischer Kraft; zu diesen Pflanzen gehörte die Weißwurzel. Mancher wünschte sich solch Wundergewächs, so auch die Frau eines Obersten in Liegnitz; sie versprach einem Heilpflanzensucher eine hohe Belohnung, wenn er ihr eine Weißwurzel brächte.

Da ging der Mann in Rübezahls Garten und grub eine Weißwurzel aus; er wurde aber vom Berggeist überrascht, konnte aber die Pflanze mitnehmen und gab sie der Obristin. Diese bezahlte den Mann gut und forderte ihn auf, noch einmal ins Gebirge zu gehen; der Wurzelmann tat es. Zum Schluß war der Dämon so erbost, daß er den Eindringling in Stücke riß.

Die Heilpflanzensucher, auch Kräuterer genannt, durchstreiften unermüdlich das Gebirge und sammelten Schafgarbe, Drachenwurz, Wegebreit, Eisenkraut, Tausendguldenkraut, Doste und Wacholderbeeren. Besonders geschätzt war Lungenmoos, das auf dem Gebirgskamm wuchs, auf dem Koppenplan, und angeblich vor allen bösen Krankheiten schützte. Die Kräuterer brachten ihre Ausbeute den Apothekern ins Tal, den sogenannten Laboranten, die aus den Pflanzen Tränke und Pülverchen bereiteten. Sie wurden auf Märkten verkauft und fanden überall reißenden Absatz. An den Ständen der Quacksalber war meist ein Bild von Rübezahl angebracht, das ihn von riesigem Wuchs zeigte, mit einem wilden Bart, dazu mit einem wehenden Mantel. Dazu sagten die Laboranten, wenn sie ihre Ware anpriesen, die Kräuter habe Rübezahl selbst ausgegraben und außerdem mit besonderer Heilkraft ausgestattet.

Der schatzhütende Geist

Dann gab es im Gebirge noch Walen, Edelmetall- und Edelsteinsucher. Mit allerhand Geräten ausgerüstet, spürten sie verborgene Schätze auf. Dabei benutzten sie »Zauberspiegel« aus der venezianischen Glasindustrie. Nach dem Herstellungsort wurden die Walen auch »Venediger« genannt. Berühmt waren ihre »Walenbüchlein«, in denen Erfahrungen, Instruktionen und Ortshinweise verzeichnet standen. Wie Joseph Klapper 1925 in seiner Broschüre »Rübezahl und sein Reich« schreibt, kam einmal ein Pfarrer im Riesengebirge in den Besitz eines solchen Walenbüchleins, das in italienischer Sprache geschrieben war und »abenteuerliche Nachrichten« enthielt. Der Pfarrer berichtete schließlich seiner Gemeinde von mehreren Einzelheiten, warnte aber eindringlich vor diesen Büchern und verbrannte das ihm vorliegende Exemplar.

Bei der Schatzsuche wurden auch Wünschelruten verwandt. Sie mußten nach vorgeschriebenem Ritual geschnitten werden. Der Rutengänger suchte einen passenden Strauch, zog ein Messer und sagte: »Ich habe dich gesucht, ich habe dich gefunden. Ich gebiete dir bei Gottes Kraft, daß du mir die ganze lautere Wahrheit zeigst in allen Dingen, die ich von dir begehre und erfrage.« Der Rutengänger machte an dem Zweig eine Kerbe und fuhr fort: »Ich gebiete dir, daß du mich an die rechte Stelle führst, wo die verborgenen Schätze sind, Silber und Gold.« Dann schnitt der Schatzsucher an der anderen Seite eine zweite Kerbe und brach den Zweig.

Für die Walen war Rübezahl der schatzhütende Geist. Er hatte auch eine persönliche Schatzkammer, die am Pantschefall gelegen haben soll. Er habe auch Schätze nahe der

Rübezahl

Rübezahl fährt in einem von einem Wildschwein gezogenen Schlitten über den Großen Teich im Riesengebirge. Die Zeichnung wurde 1736 von einem unbekannten Künstler aus Hirschberg geschaffen.

Abendburg gehabt, hieß es. Im »Trautenauer Walenbüchlein« aus dem Jahre 1446 ist angemerkt, nahe der Abendburg sei eine Mauer, und »allda ist der Geist, welche die gemeinen Leute Rübezahl nennen«. Die vielfach vorhandenen unterirdischen Schätze, so ist in dem Buch außerdem zu lesen, seien schwer zu gewinnen, wegen der Verzauberung der Region und der Macht des Berggeistes. Schatzsuche spielte darum eine nicht unbeträchtliche Rolle, weil die Menschen in größter Armut lebten und hofften, durch einen Gold- oder Silberfund reich zu werden. So durchzog mancher Schatzsucher das Riesengebirge. Rübezahl trieb oft seinen Spott mit ihnen. Er ließ um Mitternacht da und dort ein blaues Flämmchen aufleuchten, und wenn die Schatzsucher kamen und ihre Mützen darauf warfen, ließ er sie einen schweren Topf ausgraben und nach Hause tragen. Wenn sie aber nach einer Weile nachschauten, fanden sie nur Unrat...

Eines Tages sieht Rübezahl eine Frau mit einem Korb voll Laub daherkommen. Sie hat vier Kinder bei sich. Eines von ihnen, ein eigensinniger Junge, schreit immerfort und läßt sich nicht beruhigen. Darauf die Mutter: »Rübezahl, komm und friß mir den Schreier!« Augenblicklich steht der Geist vor ihr und ruft: »Hier bin ich. Was willst du?« Die Frau, zu Tode erschrocken, will sich herausreden, doch der Geist sagt: »Man ruft mich nicht ungestraft. Dein Sohn gehört jetzt mit!« Damit greift er nach dem Kind. Da wird die Frau, sie heißt Ilse, ganz wild, zerrt Rübezahl am Bart und reißt ihren Sohn an sich. »Den gebe ich nicht her, um nichts in der Welt!« ruft sie zornig. Rübezahl hat indessen Gefallen an der Frau gefunden und befragt sie, wo sie herkomme, was sie treibe und was ihr Mann tue. Da beklagt sich Ilse über ihren Mann. Er verprügelt sie oft und dies ohne Grund. Rübezahl hilft der Frau den Korb auf und wünscht ihr und den Kindern einen guten Heimweg. Doch bald spürt die Frau, daß ihre Last schwer und schwerer wird.

Als sie zu Hause in Kirsfeld ankommt, wo sie wohnt, hat sich das Laub in Gold verwandelt.

Inzwischen ist Ilses Mann, Steffen, auf dem Weg von Böhmen nach Kirsfeld. Er ist Glashändler und hat eine Korbladung Gläser erstanden und will sie auf dem Markt von Schmiedeberg verkaufen. Als er eine Pause einlegt und dabei seinen Korb auf einem Baumstumpf absetzt, kommt

Rübezahl als Windstoß vorbei. Er stürzt den Korb um, und die Gläser zerspringen in tausend Stücke. Zugleich hört der Glashändler lautes Gelächter und weiß nun, wer ihm den Schabernack zugefügt hat.
Als er nach Hause kommt, berichtet seine Frau von dem Laub, das sich in Gold verwandelt hat. Nun kaufen beide sich ein großes Bauerngut. Der kleine Junge aber, der Schreihals, entwickelt sich prächtig und wird Soldat in Wallensteins Heer.

Bergmännischer Ursprung

Zum ersten Mal taucht der Name Rübezahl 1230 als »Rubezagel« in Würzburg auf sowie in Fuldaer Urkunden. Als »Rubeezale« erscheint er Anfang des 15. Jahrhunderts in Meißen. Dann gibt es im 16. Jahrhundert in Schlesien verschiedene Nennungen. Hier lautet der Name Rubenezal, Rubezal, Rübenzagel oder ähnlich. 1561 ist der Berggeist auf einer Landkarte des Rektors Martin Helwig zu sehen, und zwar als Fabelwesen mitten zwischen Bergen und Dörfern. 1619 erscheint »Rubezagel« in einer Tiroler Urkunde. Jahrzehnte später hat der Leipziger Magister Praetorius 241 Sagen gesammelt und gibt sie unter dem Titel »Daemonologia Rubincalii Silesii« heraus (1662-72). 1783 veröffentlicht der Weimarer Gymnasialprofessor J. K. A. Musäus fünf längere Legenden von Rübezahl. Aus diesem Buch wie auch aus früheren Urkunden geht hervor, daß Rübezahls Reich ursprünglich unterirdisch gewesen sein muß. Bei Musäus heißt es: »Wenige Lachter [früheres Längenmaß, etwas zwei Meter] unter der urbaren Erde hebt seine Alleinherrschaft an und erstreckt sich auf achthundertsechzig Meilen in die Tiefe bis zum Mittelpunkt der Erde. Zuweilen gefällt es dem unterirdischen Starosten [königlicher Statthalter], seine weitgehenden Provinzen in dem Abgrund zu durchkreuzen, die unerschöpflichen Schatzkammern edler Fäller und Flötze zu beschauen, die Knappschaft der Gnomen zu mustern und in Arbeit zu setzen.«

Die Schlußfolgerung hieraus: Die Rübezahl-Legende war ursprünglich bergmännischen Ursprungs. Aus einigen Chroniken ergibt sich außerdem, daß die Sage von Bergleuten aus dem Harz im 15. Jahrhundert nach Schlesien gebracht und hier örtlichen Gegebenheiten angepaßt worden ist. Man sprach vom »Vircunculus montanus«, vom Bergmännlein, vom einsiedlerischen Bergschrat unter Tage oder auch vom Bergmönch. Als Wohnort wurde der Schwarzenberg bei Johannisbad sowie die Nähe der Schneekoppe angegeben. Die Mythenbildung wurde außerdem von Bergleuten geformt, die von 1530 ab aus Schwaz in Tirol gerufen wurden, wo schon in vorgeschichtlicher Zeit Bergbau üblich gewesen ist. Es wurde in späteren Zeiten von den Familien Fugger und Paumgartner erheblich ausgebaut. Mit den Bergleuten aus Schwaz kamen auch Holzfäller, die für den Bergbau unerläßlich waren; diese Tiroler Holzknechte beförderten die gefällten Baumstämme über lange Rutschen zu Tal; sie wurden »Riesen« genannt, und nach diesen Holzrinnen ist die ganze Region »Riesengebirge« genannt worden.

Wie alle großen Sagengestalten, die sich im Verlauf von Jahrhunderten entwickelt haben, setzt sich auch Rübezahl aus verschiedenen Erzählungen, Legenden und Märchen zusammen, aus vermeintlichen Erscheinungen im Gebirge, aus Sinnestäuschungen, Ängsten, phantastischen

Vorstellungen und nicht zuletzt der Lust am Fabulieren. All das wurde schließlich auf eine einzige beherrschende Sagengestalt konzentriert.

Rübezahl ist ausgewandert

Wer heute das Riesengebirge durchwandert, eine von Europas reizvollen Landschaften, findet wenig Hinweise auf Rübezahl. Der Berggeist war ja aus der Phantasie der Deutschen entstanden, die an die achthundert Jahre hier gelebt und eine beachtenswerte Kultur geschaffen hatten. Seit die Deutschen dieses Land aufgeben mußten, hat auch der Berggeist das Riesengebirge verlassen. Der schlesische Schriftsteller und Dozent in Breslau, der spätere Professor an der Göttinger Universität, Will Erich Peukkert, schrieb dazu: »Als wir die Sage mitnahmen, nahmen wir das Beste mit, was wir hatten.«

Wie Heime den Riesen Aspilian bezwang

Kloster Wedinghausen

Da ritt König Thidrek mit seinen Mannen zu dem
Kloster und kam eines
Abends dorthin. Das Kloster hieß Wadincusan.

»Thidreksaga«

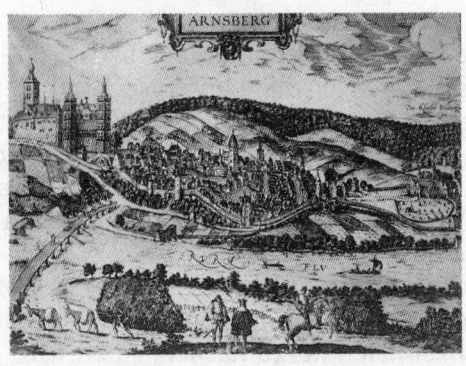

Ein Gemälde von 1622 zeigt links Arnsberg und rechts das damals außerhalb der Stadt liegende Kloster Wedinghausen. Im Mittelgrund die Ruhr (Foto: Berndt)

Kloster Wedinghausen

Wo sind die Sagen vom Kampf und vom Untergang der Niflungen zuerst verzeichnet worden, bevor sie in der »Thidreksaga« um 1250 ihren Niederschlag fanden? In Soest, wo sich alles abgespielt haben soll? Oder in der Umgebung der Stadt?

Falls letzteres zutreffen sollte, dürfte das Kloster Wedinghausen hierbei eine Rolle gespielt haben, das in der Thidreksaga »Wadincusan« heißt. Zwischen Soest und dem Kloster hat es enge Beziehungen gegeben. Die Abtei lag nur 23 Kilometer von Soest entfernt. Viele Soester Patriziersöhne sind ins Kloster Wedinghausen eingetreten.

Daraus zieht die Germanistin Roswitha Wisniewski den Schluß: »Damit ist eine enge Verknüpfung von Soest und Wedinghausen gegeben, so daß ein Wedinghausener Mönch sehr wohl als Verfasser einer Chronik in Frage kommt, die den Niflungenuntergang in Soest lokalisiert.«

Wer in unserer Zeit Wedinghausen sucht, findet das Kloster nicht mehr. Die Abtei, Ende des 12. Jahrhunderts begründet, wurde 1803 aufgelöst. Das Kloster, vor den Toren der Stadt Arnsberg in Westfalen gelegen, ist auf einem Stich von Merian um 1600, wie auch auf einem Gemälde von 1622, deutlich zu erkennen. Es lag südlich der Stadt, dicht an der Ruhr. Im Keller des Arnsberger Museums ist die Abtei in Modellen, die den alten Zustand wiedergeben, in allen Einzelheiten auszumachen. Auch wird die Topographie deutlich – das Kloster lag auf einem Berg innerhalb der großen Ruhrschleife.

Es gibt noch Reste aus der alten Zeit. Sie gehören zum Komplex der gotischen Propsteikirche im heutigen Stadtgebiet von Arnsberg. Ursprünglich war die Kirche im Jahre 1170 im romanischen Stil erbaut worden. Aus dieser Zeit sind verschiedene interessante Reste geblieben.

Kloster Wedinghausen

Wedinghausen birgt viele Fragen

Der streitbare Mönch

In diesem Kloster spielt ein Kapitel der Thidreksaga, die Geschichte von Heime, dem Sohn des Schwaben Studas. Heime war – wie die Sage berichtet – der erste Gefolgsmann Thidreks von Bern. Nachdem Heime lange Zeit am Hof des Berners gelebt und mit dem König gemeinsam viele Abenteuer bestanden hatte, erkennt er das Unrecht seines bisherigen Lebens. Er will büßen. Er geht nach Wadincusan, ins Kloster Wedinghausen, und meldet sich beim Abt.
Er nennt sich nicht Heime, sondern Ludwig von Ömlungenland. Heime übergibt Schwert und Rüstung dem Kloster und trennt sich auch von seinem Pferd Rispe. Er wird einfacher Mönch und befolgte genau die vorgeschriebenen Regeln der Abtei.
Nun lebte in der Nähe des Klosters ein Riese mit Namen Aspilian. Er bedrängt die Mönche und eignet sich widerrechtlich einen großen, reichen Hof der Abtei an. Es kommt zum Streit, den Aspilian durch einen Zweikampf entschieden sehen will.
Die Mönche sind zutiefst erschrocken.
Kämpfen ist nicht ihre Sache. So schicken sie Boten durchs Land, um einen Mann zu finden, der bereit ist, mit dem Riesen zu kämpfen. Aber es meldet sich niemand.
Da springt der Mönch Ludwig ein. Er sagt, er sei zum Zweikampf bereit, und verlangt vom Abt seine Waffen zurück. Doch der Abt macht Ausflüchte. Da schüttelt Ludwig ihn »so derb, daß vier Zähne herausspringen, drei rollen auf den Boden und einer in den Hals«. Die Mönche ahnen jetzt, daß Ludwig ein berühmter Kämpfer sein muß. Als sie den Namen seines Schwertes erfahren, wissen sie, daß ihr

Eine der beiden Mönchsdarstellungen im Kloster Wedinghausen. Handelt es sich um einen der Ordensstifter? Oder ist es sogar der »scriptor Ludwig«, der vielleicht die Unterlagen zur Thidrek-Saga verfaßt hat? (Foto: Berndt)

Klosterbruder der bekannte Heime ist. Jetzt erhält er seine Waffen zurück; nur sein Pferd Rispe ist nicht aufzutreiben. So werden Heime andere Pferde zur Auswahl vorgeführt. Eines stößt er in die Seite, daß es umfällt. Einem anderen stemmt er die Faust in den Rücken, daß das Rückgrat bricht. Dann wird ihm ein alter, magerer Gaul vorgeführt. Heime erkennt ihn als Rispe. Er greift in die Mähne, das Pferd rührt sich nicht. Er zieht am Schwanz, aber Rispe steht wie ein Block. Heime läßt Rispe herausfüttern, und das Roß wird wieder rund und glatt wie in früheren Zeiten.
Der Zweikampf wird auf einer Insel verabredet.
Die Mönche rudern den gerüsteten Heime samt Pferd übers Wasser des Flusses. Auf der Insel hat sich inzwischen auch Aspilian eingefunden. Es kommt zum Kampf. »Die Mönche«, so heißt es in der Thidreksaga, »hören ein so großes Getöse, daß das Land erbebt.« Als die Mönche bewundernd erkennen, daß Heime Aspilian bezwingt, stimmen sie ein Kyrie eleison an.
Heime bleibt nach bestandenem Kampf weiter als Mönch im Kloster.
Doch König Thidrek hat von der Tat gehört und glaubt, sie könne nur von seinem ehemaligen Gefährten Heime vollbracht worden sein. Da er erfahren hat, ein Mönch habe den Riesen bezwungen, sucht er verschiedene Klöster auf und gelangt auch nach Wedinghausen. Er fragt den Abt, ob er einen Mönch habe mit Namen Heime. Der Abt verneint. Da erscheint ein stämmiger Klosterbruder, und Thidrek vermutet in ihm seinen ehemaligen Gefährten.
Doch der Mönch, von Thidrek befragt, antwortet, er habe nichts mit einem König aus Bern zu tun gehabt. Da erinnert Thidrek Heime an gemeinsame Erlebnisse. Aber Heime besteht darauf, den König nicht zu kennen.

Die ehemalige Klosterkirche Wedinghausen, die heutige Propsteikirche in Arnsberg (Foto: Berndt)

Der erhalten gebliebene Teil des Kreuzganges der Klosterkirche Wedinghausen. Nach Restaurierungsarbeiten in den sechziger Jahren wurden alte Fresken an der Decke und an den Wänden freigelegt. (Foto: Berndt)

Schließlich sagt Thidrek: »Bruder, seit damals fiel mancher Schnee. Nun mußt du dich erinnern, wie wir nach Romaburg (Rom) zu König Ermanrik kamen, wie unsere Rosse wieherten ... Da hatten wir Haar, licht wie Gold und schön gelockt. Nun ist es taubengrau, deins und meins ... Besinne dich nur dessen ... woran ich dich erinnere, und laß mich nicht länger vor dir stehen.« Da lacht Heime und sagt: »Guter Herr, König Thidrek, nun besinne ich mich auf alles, woran du mich erinnerst, und nun will ich mit dir ziehen«.

Der Fragen gibt es einige

Gibt es in Wedinghausen Erinnerungen an diese Sage? Bringen die Modelle der Abtei im Keller des Arnsberger Museums einen Hinweis? Die Nachbildungen zeigen im Fluß verschiedene Inseln; auf jener, die dem Kloster vorgelagert war, dürfte – im Sinne der Sage – der Kampf mit dem Riesen Aspilian stattgefunden haben.
Der Kreuzgang des Klosters birgt eine Überraschung. Als hier in den sechziger Jahren Restaurationsarbeiten durchgeführt wurden, kamen Wandmalereien aus dem 13. Jahrhundert zum Vorschein. Eine Rötelzeichnung zeigt den Kirchenpatron St. Laurentius; ferner sind Kirchenväter abgebildet, Propheten und Heilige.
Verblüffend sind die Zeichnungen zweier Mönche in einem romanischen Doppelportal. Nachdem sie jahrhundertelang vom Putz überdeckt gewesen sind, treten sie jetzt an den Wänden in ihrer Prämonstratenserkutte klar hervor.

Propsteikirche

Nach der Stiftung der Prämonstratenser-Abtei
"Wedinghausen" durch Graf Heinrich I.
von Arnsberg wurde um 1170 eine Klosterkirche
im romanischen Stil errichtet.
Kirche und Kloster fielen 1210 einem Brand
zum Opfer. Vom Neubau waren
1254 der Chorraum im frühgotischen
und um 1350 das Hauptschiff im
spätgotischen Stil vollendet.
Während der Truchseß'schen Wirren 1583
erlitt die Kirche schwere Schäden,
ihre Kunstwerke wurden zerschlagen.
Der Westturm erhielt 1662 seine heutige Form.
Die Kirche dient seit der Aufhebung
der Abtei 1803 als Pfarrkirche.
1859 wurde sie zur Propsteikirche erhoben.

Mönche aus dem Mittelalter sehen uns an. Vielleicht ist einer der beiden sogar der Verfasser der Chronik, vielleicht ist er der Ludwig, der in diesem Kloster gelebt hat und in Urkunden von 1210 und 1229 erwähnt wird. 1222 wird er sogar als »Scriptor« (Schreiber, Schriftsteller) bezeichnet. Ist vielleicht der »Scriptor« Ludwig nicht nur der Verfasser der Chronik, die in die Thidreksaga eingegangen ist? Hat er möglicherweise sogar seinen eigenen Namen in die Sage eingeschmuggelt, als er Heime den Mönchsnamen Ludwig gab?

Linke Seite, oben: Arnsberg nach einem Gemälde von 1622. Das Kloster Wedinghausen lag damals außerhalb der Stadt, auf dem Bild ganz rechts. Im Mittelgrund die Ruhr, die um Arnsberg eine große Schleife zieht. (Foto: Berndt)

Unten: Die Geschichte der alten Klosterkirche von Wedinghausen, der jetzigen Propsteikirche von Arnsberg, schildert diese Inschrift. (Foto: Berndt)

Die Pferdeköpfe in der Richmodisstraße zu Köln erinnern an die Sage. (Foto: Berndt)

Die Pferde eilten die Treppe hinauf

Die Kölner Richmodis-Sage

Als man zallt MCCCLVII Jahr,
Allhier zu Collen ein gros sterben war.
Umb vier uhren im nachmittag.
Ein wunder ding das da geschah ...

Alter Kölner Bilderbogen

Pestarzt in einer Schutzkleidung. Kupferstich aus dem 17. Jahrhundert

Die Kölner Richmodis-Sage

Im Jahre 1357 hat sich zu Köln etwas Merkwürdiges, etwas Spukhaftes zugetragen. Eine Frau names Richmodis von Aducht, wohnhaft in der Papageienstraße, stirbt plötzlich. Als sie begraben werden soll, läßt der Mann ihr den kostbaren Ehering am Finger. Der Totengräber, der dies beobachtet hat, gräbt am späten Abend, zusammen mit seinem Knecht, den Sarg aus, um in den Besitz des Ringes zu gelangen. Der Knecht bricht den Sargdeckel auf, doch:

Alsbald sich da die Fraw auffricht
Vor schrecken die beide da lauffen gehn,
Und laessen der Frawen die Lucern (Lampe) da stehen,
Mit welcher sie heim geht und die Schell thut trecken,
Damit sie den Man und das gsind thut wecken.

In einem anderen rheinischen Bericht, der das Kölner Ereignis in das Jahr 1400 verlegt, verläuft die gruselige Geschichte dann weiter ...

Das Gesinde sprang auf und fragte, wer da draußen vor der Tür stehe. Die Frau antwortete, sie wäre die Hausherrin, die Mägde sollten ihr öffen und sie einlassen. Das Gesinde fürchtete sich bei diesen Worten gewaltig, traute sich nicht an die Tür und ging wieder zu Bett. Die Frau pochte indessen unentwegt an das Tor, so daß der Hausherr das Gesinde schalt. Doch die Mägde antworteten: »Wir erhielten als Anwort, es sei unsere Herrin. Da waren wir entsetzt, weil die Hausherrin doch tot und begraben ist.« Jetzt schellte die Frau wieder und klopfte heftig an die Tür. »der man vraegede wat dae schelde. Die vrauwe antworde ind sprach. Och lieue huysswirt erbarmstu dich niet, dat ich aus lange hain gestanden ind byn beslossen vur dat huyss, dat doch vnser beyder is ... Der man hoirte ind erkante

Die Kölner Richmodis-Sage

Nicht weit vom Kölner Opernhaus ist das Richmodis-Haus zu finden.

synre huysfrauwen mynschliche stymme ind slouyss die portze up...«

Nach diesem Bericht ist die Frau bald gesund geworden und gebar noch drei Kinder. Als sie wirklich starb, wurde sie bei der Apostelkirche in Köln neben der vorderen Kirchtür beigesetzt. In der Vorhalle der Kirche soll noch lange eine Erinnerungstafel an diese Geschichte gehangen haben. Sie wurde Ende des 16. Jahrhunderts erstmalig erwähnt, wurde 1604 erneuert und 1785 beim Abbruch der Vorhalle vernichtet.

Auf die Tafel hat 1582 der Bremer Arzt Johann Ewich hingewiesen, um damit vor einer zu schnellen Bestattung der

Pestleichen zu warnen. In seiner »Pestilenzenordnunge« schreibt Ewich: »Ein gleiches Exempel weis man, welches auf die gemahlte und auffgehangene Taffel in der Apostel Kirche bezeuget, von einem Weibe zu Cölln, welche ob sie wol in den Sarck verschlossen und mit der Erden all begraben gewesen, so ist sie doch wunderbarer weis errettet worden, zu jrem Manne wider gekeret und noch lange Zeit mit ihm im Ehestande gelebt; denn da der Todtengräber gesehen, das sie einen köstlichen Ring an eim Finger

In ganz Europa wütete in der zweiten Hälfte des 14. Jahrhunderts die Pest, und viele Künstler wählten den Schwarzen Tod als Thema. Das Bild zeigt ein Fresko, betitelt »Der Triumph des Todes«, eines italienischen Malers. (Um 1350)

stecken gehabt, eröffnet er in der Nacht das Grab, im willen, ihr den Ring abzuziehen. Indem er aber an dem Finger also rüttelt und den Cörper erschüttelt, kompt das Weib wider zu ihr selber und lebt noch lange Zeit.« Es gibt auch Bilddarstellungen der »Richmodis-Sage«. So hat Augustin Braun 1592 die Szene dramatisch dargestellt: Frau Richmodis steigt aus dem Grab, die Totengräber fliehen – im Hintergrund der Tod und die Kölner Apostelkirche. Ausführlich wird die gespenstische Geschichte auf einem Kölner Bilderbogen aus dem Jahre 1604 von Johann Bussenmacher dargestellt.

Der Schwarze Tod

Das Unheimliche der Richmodis-Sage, das Erwachen einer Scheintoten, die Rückkehr in die diesseitige Welt, das hat die Menschen ungeheuer schockiert. Dies um so mehr, als es im Gefolge der Pest verschiedentlich Scheintote gab. An der Pestilenz, dem Schwarzen Tod, war auch Frau Richmodis erkrankt.
Die furchtbare Seuche ist Mitte des 14. Jahrhunderts aus Asien eingeschleppt worden. Die Ärzte waren hilflos, da man die Ursachen der Krankheit nicht kannte. Überträger waren Ratten und Flöhe – doch das wußte man nicht. Die Unsicherheit über den Krankheitsgrund steigerte die Furcht. Es gab zwar Erklärungsversuche; sie sprachen von vergifteter Luft oder von einer unheilvollen Konstellation der Gestirne. Für die Masse der Bevölkerung gab es jedoch nur einen einzigen Grund: Die Menschheit war so sündig

Die Kölner Richmodis-Sage

geworden, daß Gott ein grausames Strafgericht beschlossen hatte oder sogar willens war, die Menschheit auszurotten. Viele glaubten, das Ende der Welt sei gekommen.
Besonders hart traf es die ärmeren Schichten, weil ihre Unterkünfte Niststätten für Ratten und Flöhe waren.
Die Reichen flohen auf Landsitze, wo sie einigermaßen geschützt waren. Der italienische Dichter Boccaccio (1313 bis 1375) berichtet in seinem »Decameron« von jungen Patriziern, die ihren Heimatort Florenz verließen, um sich der Seuche zu entziehen, die in Florenz vier Fünftel der Bevölkerung auslöschte.
Der Schwarze Tod hat in Europa etwa vierzig Millionen Menschenleben gefordert. Eine genaue Zahl ist nicht bekannt. In Köln und Mainz sind täglich an die hundert Opfer gezählt worden, in Wien fünfhundert, in Paris achthundert, während in Venedig die Hälfte der Einwohnerschaft starb.
Alle erwarteten den Tod. Leichenwagen fuhren pausenlos durch die Straßen. Die Totenglocken läuteten unaufhörlich. Kein Priester kam, um die Beichte zu hören oder die letzte Ölung zu verabreichen. Die Krankheit wütete besonders im Mittelalter, aber auch noch später, im 16., 17. und 18. Jahrhundert. In Malta gab es sogar noch 1936 eine Pestinfektion.
Zur Abwehr entstanden Pestblätter, auf denen Gebete verzeichnet und Heilige gemalt waren, die gegen die Seuche schützen sollten. Es gab Pestaltäre, Pestsäulen, Pestkapellen und -kreuze. Prozessionen wurden veranstaltet, um die Epidemie abzuwehren. Barbara Tuchmann beschreibt sie folgendermaßen:
»Barfuß, mit Sacktuch bekleidet, die Häupter mit Asche bestreut, weinend, betend und mit zerrauften Haaren, Kerzen und Reliquien tragend, manchmal den Henkerstrick

Die scheintote Frau Richmodis steigt aus dem Grab, während die Totengräber das Weite suchen. Kupferstich aus dem 17. Jahrhundert

um den Hals gelegt oder sich ohne Unterlaß geißelnd, so zogen die Büßer in endlosen Prozessionen durch die Straßen. Sie erflehten die Gnade der Jungfrau und die Fürsprache der Heiligen«. Geholfen haben die Prozessionen nicht. Im Gegenteil, sie verschlimmerten die Seuche. Die Ansteckung war so groß, daß die Umzüge von Papst Klemens VI. verboten werden mußten.
Die Furcht vor der Krankheit und vor einer möglichen Ansteckung hatte panikartige Folgen. Manchmal wurden Kranke auf die Straße oder auf Leichensammelstellen geworfen, obwohl sie noch lebten. Viele fürchteten, ein

ähnliches Schicksal zu erleiden. Es ging die Angst vor dem Scheintod um. So haben Geschichten von Scheintoten ein ungeheures Echo gefunden.

Vieles kam hinzu

Die Richmodis-Sage ist von Jahrzehnt zu Jahrzehnt weitererzählt worden. Dabei änderte sie sich. Sie erhielt eine Variante. Diese schließt an die Aussage der Mägde gegenüber ihrem Hausherrn an, seine Frau stehe vor der Tür und begehre Einlaß. Der Hausherr, der in späteren Berichten Mengis von Aducht heißt, zeigt sich entsetzt und ist ungläubig zugleich. Er meint, eher kletterten seine Pferde aus dem Stall auf die Bodenkammer des Hauses, als daß seine Frau aus dem Grabe auferstehe. Kaum hat er dies gesagt, da ist ein fürchterliches Gepolter und Getrappel auf der Stiege zu hören. Die beiden Schimmel des Herrn von Aduchts sind aus dem Stall ausgebrochen, hasten auf den Söller und stecken die Köpfe zum Fenster hinaus.
Lutz Röhrig, der sich ausführlich mit der Richmodis-Legende befaßt hat, schreibt über die Kölner Sage: »Der Ursprung der Erzählung mochte sich durchaus auf ein wirkliches Ereignis stützen, das die mündliche Tradition dann weiter ausschmückte. Der einfache Sagenbericht wurde dabei durch immer neue Motive überwuchert: die Ausgestaltung der Rückkehr der Scheintoten, die Schilderung ihres weiteren Lebens, daß sie noch sieben Jahre gelebt und dabei noch drei Söhnen das Leben geschenkt habe, daß die Söhne Priester geworden seien, daß die zurückgekehrte Totgeglaubte ein selbstgewebtes Tuch gestiftet habe

Darstellung des spätmittelalterlichen Köln (Bildarchiv Preußischer Kulturbesitz)

kehrte Totgeglaubte ein selbstgewebtes Tuch gestiftet habe usw. In Köln zeigt die Sage damit eine doppelte Entwicklungstendenz: einmal die Neigung zu immer stärkerer Historisierung (Angaben von Örtlichkeit, Datum und Personennamen, Nachweis von Realien), andererseits die Neigung zu einer mehr und mehr um sich greifenden Betonung des Wunderbaren (Pferde in der Bodenkammer). Beide Tendenzen – die zur Historisierung wie die zum Wunderbaren – schließen sich nur scheinbar aus: Wir finden sie als charakteristische Entwicklung bei vielen Sagen.«

Die Richmodis-Erzählung war ein eindrucksvoller Zeitspiegel. Er gab die großen Ängste wieder, unter denen die Menschen lebten, die Furcht vor dem nahen Tod. Darum wurde das Schicksal der Frau Richmodis von Aduch immer wieder erzählt. Nicht nur in Köln. Der Gruselbericht wurde zur »Wandersage«, die nach Aachen gelangte, nach Lübeck und Hamburg, nach Dresden und Danzig, nach

Die Kölner Richmodis-Sage 218

Nürnberg und Schweinfurt, um nur einige Orte zu nennen. Auch in Belgien, der Schweiz, England und Frankreich, Italien und Siebenbürgen ist sie bekannt, sogar in Amerika.

In Köln ließ man es beim bloßen Erzählen nicht bewenden. Eine Straße am Neumarkt wurde nach Frau Richmodis benannt. Und aus einem Haus dieser Straße sahen zwei aus Holz geschnitzte Pferdeköpfe, die an den Ausspruch des Herrn Mengis von Aducht erinnerten und Besuchern der Stadt gerne vorgeführt wurden. Von einem Fremdenführer aus dem vorigen Jahrhundert wird berichtet, er habe einmal französischen Besuchern die Geschichte von der Frau Richmodis erzählt, dann auf die Pferdeköpfe gezeigt und gesagt: »Et voilà Mesdames, Messieurs, les deux Päädsköpp vum Nünmaat!«

Die Pferdeköpfe sind im 17. Jahrhundert erstmals erwähnt worden. Im letzten Krieg wurde das Haus vernichtet, später jedoch wiederaufgebaut. 1958 entstanden die Pferdeköpfe neu. Von einem Steinturm blicken sie heute neugierig auf das Verkehrsgewühl am Neumarkt herab.

Der große Magier von Köln

Albertus Magnus

Um solcher abenteuerlicher Kurzweil halben hat
Wilhelm den Albertus Magnus und seinen
Konvent mit etlichen Gütern reichlich begabt ...

Albertus Magnus. Aus der Predella – der obersten Altarstufe – der großen Passion von Fra Angelico (Foto: Berndt)

Albertus Magnus

Nicht weit vom Kölner Dom liegt die Andreaskirche. Davor steht eine Skulptur von Albert Magnus, von Albert dem Großen. Er wurde 1193 in Lauingen an der Donau geboren und nannte sich selbst, nach seinem Geburtsort, Albert von Lauingen. Er starb 1280 im Kölner Dominikanerkloster in der Stolkgasse. Seine Gebeine ruhen in der Krypta der Andreaskirche.

Albertus, einer der bedeutendsten Gelehrten des 13. Jahrhunderts, ist in seinem Leben weit gereist und hat an vielen Orten gelehrt, so auch an der berühmtesten Universität, in Paris. Vor allem ist er in Köln tätig gewesen. Man hat ihn auch darum Albert von Köln genannt. Unter diesem Namen erscheint er in Dantes »Göttlicher Komödie«. Da sagt Thomas von Aquin: »Er, der zur Rechten mir am nächsten steht, war Bruder mir und Meister, es ist Albert von Köln.«

In Köln, wohin ihn die Dominikaner als Leiter ihrer neugegründeten Ordenshochschule (Studium generale) berufen hatten, nahm er das Ordensgewand. Die Stadt wurde ihm im Laufe der Zeit so vertraut, daß er in seinen Schriften über Pflanzen und Tiere gelegentlich Kölner Mundart hat einfließen lassen. Mit der Tätigkeit von Albertus in Köln wurde die Stadt bald das wissenschaftliche Zentrum Deutschlands. Darum steht auch heute noch zu Recht vor der Universität eine Skulptur von Albertus, die Gerhardt Marcks geschaffen hat.

Unter den Gelehrten seiner Zeit war Albertus der vielseitigste. Sein Hauptarbeitsgebiet war nicht die Theologie, eher die Philosophie. Besonders hat er sich als Naturforscher hervorgetan. Er hat das Wissen seiner Zeit und der Vorzeit in solcher Ausführlichkeit zusammengefaßt, wie es damals nicht bekannt gewesen ist. Das Gesamtwerk umfaßt vierzig Bände. Er ist der einzige Gelehrte, dem die

Römischer Sarkophag mit den Gebeinen von Albert Magnus in der Kirche St. Andreas zu Köln (Foto: Berndt)

Geschichte den Beinamen »der Große« verliehen hat. Albertus Magnus, der eher klein von Gestalt war – als er vor dem Papst stand, forderte dieser ihn auf, sich von den Knien zu erheben –, wurde 1931 heiliggesprochen und 1941 von Papst Pius XII. zum Patron der Naturforscher erklärt.

Zwei Jahrzehnte lang widmete sich Albertus den Schriften von Aristoteles. Er bewunderte den griechischen Philosophen und versuchte, dessen Schriften gegen den Wiederstand konservativer klerikaler Kreise in christlicher Denkart auszulegen. Dabei ging er mit großer Umsicht vor, um

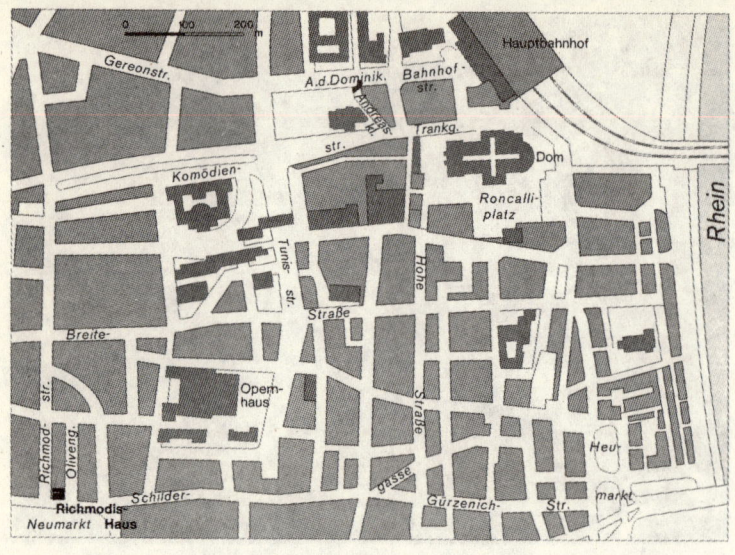

Praktisch im Schatten des Kölner Doms liegt St. Andreas.

nicht der Ketzerei angeklagt zu werden. Er widmete sich auch intensiv arabischen und jüdischen Wissenschaften. Albertus übernahm nicht unbedingt Überlieferungen aus früheren Zeiten. Vornehmlich in der Naturwissenschaft hat er vieles überprüft. Er führte eigene Untersuchungen durch – nach dem Motto: »Nur das Experiment gibt Gewißheit.« So kam er zu manchen Korrekturen landläufiger Meinungen. Die Auffassung, der Strauß fresse Eisen und verdaue es, lehnte er zum Beispiel ab, nachdem er eigene Beobachtungen angestellt hatte. Der Strauß fresse Steine, sagte er, aber kein Eisen. Albertus warnte auch eindringlich vor Täuschungen und Taschenspielerei. Für seine Zeit war er kritisch.

Die Sache mit dem Smaragd

Dennoch sind ihm Fehler unterlaufen. Nach heutigen Begriffen arbeitete er verschiedentlich oberflächlich. Er konnte sich auch nicht freimachen von magischen Auffassungen, die vor allem mit den arabischen Schriften ins Abendland gelangt und hier mit zeitgenössischen Vorstellungen vermengt worden waren. Sein Schüler Ulrich von Straßburg hat ausdrücklich die Vertrautheit seines Lehrers mit magischen Dingen hervorgehoben. Er hielt die Magie für eine Ergänzung der Naturwissenschaft.
Von Pflanzen und Steinen nahm er an, sie verfügten über wunderbare Kräfte. Vom Eisenkraut sagte er, es werde als Liebeszaubermittel angewandt. Der Petunie schrieb er die Kraft des Wahrsagens zu. Er glaubte, auch Edelsteine könnten Wunder wirken: Der Amethyst wird gegen die Trunksucht eingenommen und macht klug. Der Beryll ist ein Mittel gegen die Faulheit und das Rülpsen, auch dient er dem Hausfrieden. Mit dem Smaragd kann man die Keuschheit eines Mädchens feststellen. Man muß nur einen Trank mit Smaragdsplittern herstellen. Behält das Mädchen den Trank bei sich, ist es keusch; übergibt es sich, ist dies nicht der Fall. Ein Smaragd verhilft auch dazu, vor Gericht die passenden Worte zu finden. Albertus beschrieb ferner Talismane, magische Bilder und Zeichen. Er folgte damit Aristoteles, nach dessen Auffassung das irdische Geschehen von den Gestirnen maßgeblich beeinflußt wird.
Ausgiebig hat sich Albertus mit der Fauna und der Alchimie befaßt. Letztere hielt er für eine schwierige, aber echte Kunst. Er hat zahlreiche alchimistische Versuche unternommen und sie genau beschrieben. So war er der Mei-

Denkmal von Albertus Magnus vor der Kirche St. Andreas (Foto: Berndt)

nung, man könne Gold in der Retorte herstellen. Er war auch von dämonischen Einflüssen überzeugt. In gewisser Weise ist er ein Vorläufer deutscher Mystik gewesen, auch ein Urbild von Faust.

Der Legende nach hat er, um die Geheimnisse der Natur zu ergründen, mit Alexander dem Großen die ganze Welt durchzogen. Sein Erkenntnisdrang habe vor nichts haltgemacht, hieß es.

Angeblich sei er sogar bereit gewesen, ins Fegefeuer zu steigen, um die Hölle zu erforschen. Des weiteren wurde berichtet, er habe ein Zauberglas, mit dem er den Menschen ins Innere sehen könne; er sei in der Lage, an drei Orten zur gleichen Zeit eine Messe zu lesen; er habe Vögel ausgesandt, die seine Post zustellten; in der Peterskirche zu Rom habe er Schlangen beschworen und in Hildesheim die Fliegen aus dem Refektorium verbannt. Verschiedene Male sei er übers Wasser gegangen. Auch habe er das Gewehr und das Schießpulver erfunden und den Stein der Weisen besessen.

Von ihm wird auch erzählt, er sei der Baumeister des Kölner Doms gewesen: Die Mutter Gottes sei ihm in der Zelle erschienen und habe ihm den Plan der Kirche, die das größte Gotteshaus der Welt werden sollte, an die Wand gezeichnet. Als Erzbischof Konrad von Hochstaden am 15. August 1248 den Baubeginn einsegnete, war Albertus tatsächlich in Köln. Er hat sogar einen Ablaß für alle ausgeschrieben, die sich am Dombau beteiligten, und hat außerdem in seinen Schriften von den archäologischen Funden berichtet, die bei den Ausschachtungsarbeiten freigelegt worden waren, Reste eines römischen Tempels und Spuren einer frühchristlichen Kirche aus dem 6. Jahrhundert. Mit den Dombauarbeiten hat er allerdings nichts zu tun gehabt.

Der sprechende Stein

Eine Sage berichtet davon, wie Albertus in dreißigjähriger Arbeit eine Skulptur geschaffen habe, die zu sprechen vermochte. Damals sei Thomas von Aquin bei ihm gewesen. Thomas, tatsächlich ein Schüler von Albertus, war schon seit langem neugierig gewesen auf das, was der Meister in seiner Zelle trieb, zu der niemand Zugang hatte. Als Albertus eines Tages das Kloster verlassen hatte und Thomas in den Besitz des Schlüssels gelangt war, öffnete er die Werkstatt. Er war fasziniert von den geheimnisvollen Dingen und seltsamen Gerätschaften ringsum. In einer Ecke erblickte er einen Vorhang; als er ihn beiseitezog, kam eine menschliche Figur zum Vorschein und rief: »Salve, salve, salve!« Thomas glaubte, er habe es mit dem Teufel zu tun, und griff nach einem in der Nähe liegenden Hammer. Laut schrie er: »Apage, satanas!« (»Hebe dich hinweg, Satan!«) und zertrümmerte die Figur, die mit einem stöhnenden Klirren zusammenfiel.

Als Thomas aus der Werkstatt flüchten wollte, trat ihm der Meister entgegen und herrschte ihn an: »Was hast du getan! Du hast ein Kunstwerk zerstört, an dem ich jahrzehntelang gearbeitet habe.«

Albertus ist auch mit Zauberbüchern in Verbindung gebracht worden, die zu verschiedenen Zeiten die Menschen stark beeinflußt haben. Die Bücher enthielten Sammlungen von Beschwörungen, Zaubersprüchen und Anleitungen zur Herstellung von Talismanen. Angedichtet hat man ihm das Zauberbuch, das unter dem Titel »Albertus Magnus' egyptische Geheimnisse« Aufsehen erregt hat.

Vom »Zauberer« Albertus berichtet eine Sage, die den Besuch Wilhelms von Holland schildert. Albertus hatte ihn

Thomas von Aquin, ein Schüler von Albertus Magnus, verteidigt 1256 vor Papst Alexander IV. und einer Versammlung von Gelehrten die Bettelorden gegen Angriffe der Universität Paris. Gemälde von Benozzi di Gozzoli für den Dom zu Pisa, jetzt im Pariser Louvre (Historia-Photo)

und sein Gefolge am 6. Januar 1248 in den Garten des Predigerklosters zu Köln geladen. Es war kalt, es lag tiefer Schnee. Darum hatten die Begleiter ihr Befremden über die Einladung an diesen Ort ausgesprochen. Dennoch erschien Wilhelm. Als er sich zur Tafel setzte und die Speisen aufgetragen wurden, schlug das Wetter um. Der Sommer zog ein.

»Laub und Gras, desgleichen allerhand schöne Blumen sind aus dem Boden hervorgebrochen. Die Bäume haben angefangen zu blühen, und gleich nach der Blüte trugen sie Früchte. Darauf ist allerhand Gevögel niedergefallen und hat den Ort mit lieblichem Gesang erfüllt. Die Hitze hat derart überhand genommen, daß fast männiglich sich der winterlichen Kleider hat entblößen müssen. Es hat aber niemand gesehen, wo die Speisen gekocht und zubereitet worden. Auch hat niemand die willfährigen Diener gekannt oder Wissenschaft gehabt, wer sie seien. Als die Zeit des Mahls herum gewesen, sind erstlich die Diener, bald darauf die lieblichen Vögel samt Laub und Gras verschwunden. Alles ist wieder mit Schnee und Kälte dem Winter ähnlich worden: also daß man die abgelegten Kleider wieder angelegt und die strenge Kälte dermaßen empfunden, daß männiglich davon zum Feuer und warmen Stube geeilt ist.

Um solcher abenteuerlichen Kurzweil halben hat Wilhelm den Albertus Magnus und seinen Konvent mit etlichen Gütern reichlich begabt und denselben wegen seiner großen Geschicklichkeit in großem Ansehen und Wert gehalten.«

Tausend Jahre sind wie ein Tag

Der Mönch von Heisterbach

Man erfährt, daß man in einem Bruch mit der
Vergangenheit lebt
und daß man unter einer merkwürdigen unheimlichen
Macht steht,
der Macht der alles verändernden Zeit.

Thomas Nipperdey

Das Wappen von Heisterbach: Unter dem Krummstab und der Mitra des Abtes befinden sich eine Heister (Buche) und ein Bach, woraus Heisterbach geworden ist (Foto: Berndt)

Wer von Niederdollendorf – der kleinen Stadt am Rhein, in der Nähe von Bonn – der Straße ins Siebengebirge folgt, gelangt bald an den Fuß des ehemals vulkanischen »Weilberges«. Noch heute zeichnen sich hier im früheren Krater Tuffe, Gesteinsschmelzen und Basaltsäulen ab. Die Geologie ist aufgeblättert als steinernes Buch.

Gegenüber, auf der anderen Straßenseite, hat die Geschichte mit den Resten eines Klosters Spuren gezeichnet. Am Eingang über der um 1750 erneuerten Torburg prangt das Wappen der Abtei: unter dem Stab und der Mitra des Abtes eine Buche, eine Heister (wie sie früher hieß), und ein Bach, woraus Heisterbach wurde.

Etwa 100 Meter entfernt – man durchschreitet die Anlagen des heutigen Klosters der Cellitinnen – trifft der Besucher auf die noch erhaltenen grauen Quader, auf die Rund- und Spitzbögen und feingegliederten Säulen des Chors des alten Zisterzienserklosters, das Anfang des 13. Jahrhunderts erbaut wurde. Der noch eindrucksvolle Rest ist rings umstanden und fast eingekesselt von Kastanien, Linden und Buchen.

Eine Wanderung über drei Jahrhunderte

Im Kloster Heisterbach lebte vor Jahrhunderten, so geht die Sage, Bruder Maurus. Er war von hoher Intelligenz und lernbegierig. Er hatte die alten Schriften studiert, besonders die Bücher der Kirchenväter und war in der Theologie bewandert wie wenige. Darum wandte sich auch der Abt bei der Auslegung schwieriger Texte an Maurus.

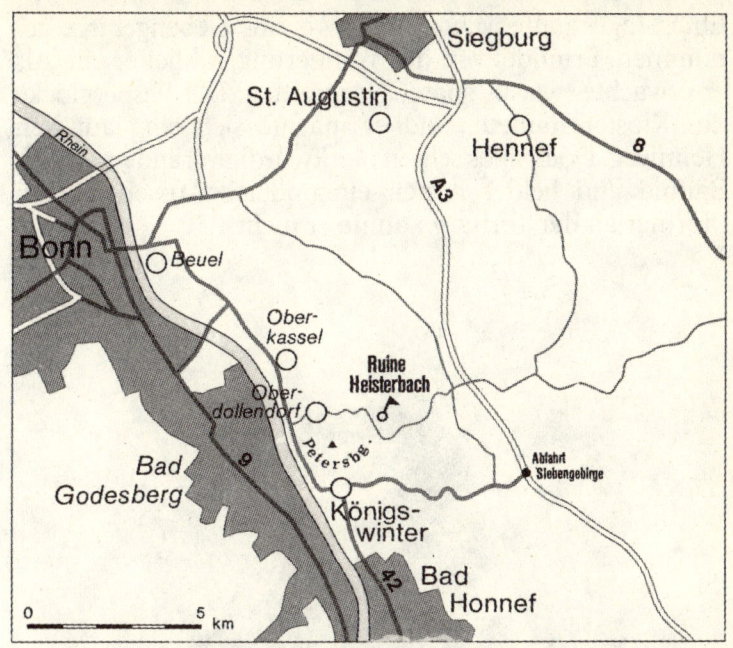

Gegenüber vom linksrheinischen Bad Godesberg liegt die Ruine Heisterbach.

Im Gegensatz zu seinen Mitbrüdern stimmte Maurus manches nachdenklich, und je mehr er sich in alte Pergamentrollen und Bücher vertiefte, um so mehr Zweifel kamen ihm. Er wurde zum religiösen Skeptiker.

Einmal rätselte er über den Satz des Apostels Petrus, der da heißt: »Tausend Jahre sind vor dem Herrn wie ein Tag und ein Tag wie tausend Jahre.« Die Worte blieben ihm unklar, er bezweifelte sie. Er war mit der Kirche, ohne sich dessen ganz bewußt zu sein, im Widerspruch.

Der Mönch von Heisterbach

Eines Tages hatte Maurus den Weg ins Siebengebirge genommen. Ermüdet von der Wanderung, schlief er ein. Als er erwachte, war es später Nachmittag. Die Vesperglocke des Klosters läutete, und er machte sich eilig auf den Heimweg. Doch alles schien merkwürdig verändert: Wege, Bäume und Felder hatten ein anderes Aussehen. Den Pförtner an der Torburg kannte er nicht.

Der Königswinterer Dichter Wolfgang Müller, der das Gedicht »Der Mönch zu Heisterbach« verfaßte. (Bildarchiv Preußischer Kulturbesitz)

Den weiteren Fortgang schildert der Dichter Wolfgang Müller aus Königswinter (1816–1873) in seinem Gedicht »Der Mönch zu Heisterbach«:

Im Lauf erreichte er den Garten schnell;
Ein Unbekannter öffnet ihm das Tor;
Er stutzt – doch sieh, schon glänzt die Kirche hell,
Und draus ertönt der Brüder heilger Chor.

Nach seinem Stuhle eilend tritt er ein –
Doch wunderbar – ein anderer sitzet dort!
Er überblickt der Mönche lange Reihn,
Nur Unbekannte findet er am Ort.

Der Staunende wird angestaunt ringsum:
Man fragt nach Namen, fragt nach dem Begehr;
Er sagt's. Da murmelt man durchs Heiligtum:
»Dreihundert Jahre hieß so niemand mehr!«

»Der letzte dieses Namens,« tönt es dann,
»Er war ein Zweifler und verschwand im Wald;
Man gab den Namen keinem mehr fortan.«
Er hört das Wort – es überläuft ihn kalt.

Er nennet nun den Abt und nennt das Jahr;
Man nimmt das alte Klosterbuch zur Hand,
Da wird ein großes Gotteswunder klar:
»Er ist's, der drei Jahrhunderte verschwand!«

Maurus erschrickt. Sein Haar ergraut. Er stürzt in der Kirche nieder und stirbt am selben Tag.

Im Kloster Heisterbach aus dem 13. Jahrhundert, heute Ruine, spielt die Sage vom Mönch, der zum Zweifler wurde. (Foto: Berndt)

Ein Esel zeigt den Ort

Die Geschichte der Heisterbacher Mönche beginnt auf dem Petersberg bei Königswinter. Die 331 Meter hohe Basaltkuppe, auf der sich das Gästehaus für ausländische Besucher der Bundesrepublik befindet, hat eine lange Geschichte. Hier hat die älteste Burg des Siebengebirges gestanden, eine Flieh- und Fluchtburg aus keltischer Zeit. Reste dieser Anlage aus dem 1. Jahrhundert v. Chr. sind noch heute sichtbar.

Über tausend Jahre später siedelte sich auf dem Berg, der damals »Stromberg« hieß, eine kleine Klostergemeinde an. Sie ging bald wieder auseinander. Es folgten die Zisterzienser. Die Mönche bauten auf Geheiß von Erzbischof Philipp von Köln 1189 auf dem Gipfel eine Kapelle und nannten sie »Sankt Peter«; nach ihr wurde auch der Berg benannt. Die Reste der kleinen Kirche wurden 1933 entdeckt, aber man hatte den Fund bald wieder vergessen. Erst 1980 kamen die Mauern bei Grabungen des »Rheinischen Landesmuseums« in Bonn erneut ans Tageslicht.

Die Zisterzienser blieben nicht lange auf dem Petersberg, was immer die Gründe gewesen sein mögen. Sie verließen die Höhe und zogen ins Tal. Lebendig schildert die Sage das Weitere: Die Mönche wußten nicht, wohin sie sich begeben sollten, und überließen ihr Schicksal »dem Himmel«. Sie beluden einen Esel mit ihren Reliquien und machten sich auf den Weg. Sie hatten ausgemacht, dort zu bleiben, wo der Esel rasten und die Reliquien abwerfen würde. Der Esel trabte munter bergab und gelangte bald in ein breites Tal, das von Wäldern umgeben und von einem Bach durchflossen war. Hier hielt der Esel an einer großen Heister, einer Buche, trank aus dem Bach und warf dabei die Reliquien ab. Dies war das Zeichen für die Mönche, hier ein neues Kloster zu bauen. Es war die Abtei östlich von Dollendorf.

Im heutigen Garten des Klosters steht das Denkmal einer farbigen Persönlichkeit der alten Abtei, des Cäsarius von Heisterbach. Er war Mönch im Kloster, dann Novizenmeister, später Prior. Er hat zahlreiche Schriften verfaßt, theologische, historische und erzählende. Sie waren geschätzt und wurden weit verbreitet.

Cäsarius legte seinen Berichten häufig eine mystische Bedeutung zugrunde. So lautet auch der Titel seines Hauptwerks (in Kurzform): »Dialogus miraculorum« (»Wunderbarer Dialog«). In dieser Schrift geht es um das Gespräch zwischen Lehrer und Schüler, zwischen Mönch und Novize. Dabei griff er auch zurück auf Fragen voller Zweifel, wie sie ihm angehende Mönche gestellt haben mögen, als er noch Novizenmeister gewesen war.

Cäsarius hat es gut verstanden, seine Darlegungen populär zu gestalten. In Predigten und Schriften hat er Erlebnisse, Wünsche und Vorstellungen damaliger Zeit einbezogen. Er berichtet von Fabeln, Sagen, Wundern und Visionen. Schauplätze sind Heisterbach, die umliegenden Gemeinden, Köln und andere Orte des Rheinlandes. Mit seiner »feuilletonistischen Art« schuf Cäsarius einen Stil, der begeisterte Nachahmer fand – wie etwa Abraham a Santa Clara, den wortgewaltigen Prediger des 17. Jahrhunderts.

Cäsarius hat den Baubeginn der steinernen Klosterkirche in Heisterbach (1202) und die Vollendung der Abtei (1237) miterlebt. Die Kirche entstand als dreischiffige Pfeilerbasilika in der Grundform eines lateinischen Kreuzes mit einer Länge von 87 Metern und zwei Querschiffen. Sie wurde im Übergangsstil erbaut, teils romanisch, teils gotisch, was noch am Chor erkennbar ist. Die Basilika erhielt

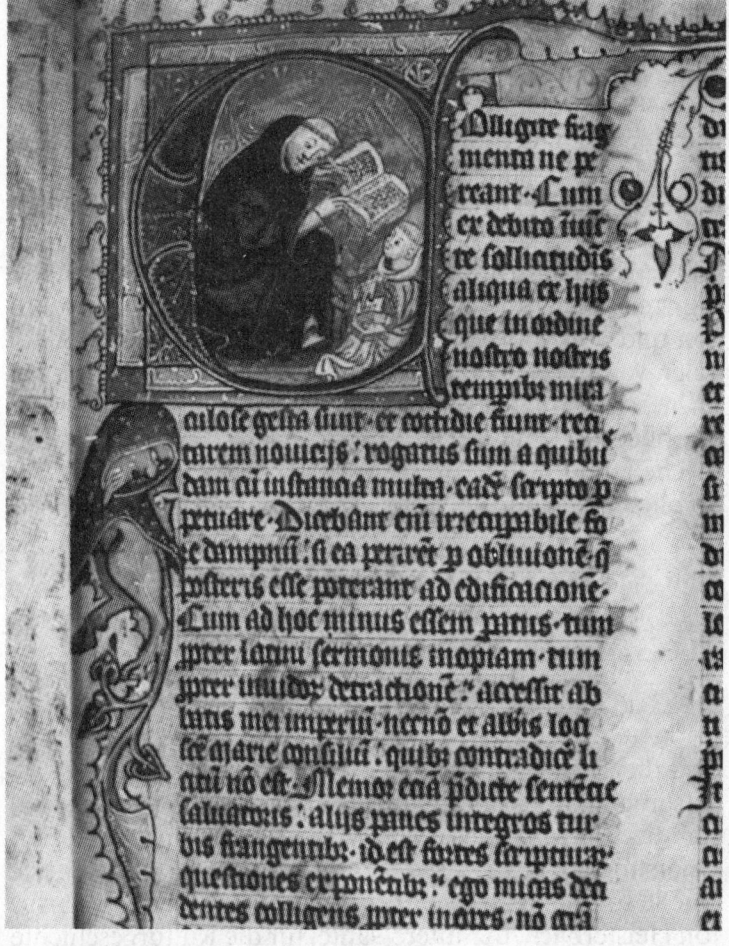

»Cäsarius von Heisterbach.« Miniatur aus einer Altenberger Handschrift

keinen Turm, so daß ein hölzerner Dachreiter die Glocken trug. In der Folgezeit ist das Kloster reich geworden. Die Abtei erwarb große Ländereien oder erhielt sie als Schenkung. Es wurde Landwirtschaft betrieben, die Mönche gingen der Fischzucht nach und bauten Wein an. Der Besitz erstreckte sich schließlich von Speyer bis zur Maas und war auf mehr als vierzig Städte verteilt. Dieser Reichtum hatte manchmal starke Kritik hervorgerufen.

1803 wurde das Kloster im Verlauf der Auswirkungen der Französischen Revolution und Säkularisierung aufgehoben und auf Abbruch verkauft, 1809 die Kirche für 3 870 Taler veräußert. Die restlichen Gebäude erwarben zwei Kölner 1811 für 15 000 Franken. Daß die Chorruine erhalten blieb, ist Zufall. Die Sprengungen, die den Rest der Kirche zum Einsturz bringen sollten, zündeten nicht.
So blieb die Ruine als historischer Zeuge.

Die poetische Ruine

Und die Sage vom Mönch von Heisterbach – wann ist sie entstanden; ist es überhaupt eine heimische Sage, oder liegen die Wurzeln anderswo? Man könnte annehmen, daß sie erstmals von Cäsarius erzählt worden ist. »Die älteste Quelle für die heimischen Sagen ist ohne Zweifel Cäsarius von Heisterbach, der interessante, für die Kulturgeschichte seiner Zeit hochbedeutsame Zisterziensermönch im Thale des heiligen Petrus«, schreibt Otto Schell 1897 in seinem Buch »Bergische Sagen«. Man hat auch versucht, in den Schriften von Cäsarius die Sage zu entdecken. Winfried

Zisterzienser bei der Feldarbeit (Historia-Photo)

Biesing hat 1980 in dem Buch »Zisterzienser und Heisterbach« auf einige Zeilen von Cäsarius aus dem »Dialogus miraculorum« verwiesen. Sie lauten:

> *Dem Menschen ist sein Leben wie ein Tag,*
> *dem Einen kürzer, dem Andern länger,*
> *dem Einen leichter, dem Andern dunkler...*

Das sind Anklänge an die Heisterbacher Sage. Aber trotz eifrigen Forschens findet sich die Legende in den Schriften von Cäsarius nicht.

Wohl ist die Legende nicht weit von Heisterbach, in Siegburg, in etwas abgewandelter Form bekannt. Hier bezieht man die Sage auf Erpho, den ersten Abt des Klosters, das 1064 auf dem Bergkegel nahe des Ortes als Benediktiner-

abtei gegründet wurde. In dem Kloster entstand auch gegen Ende des 11. Jahrhunderts das »Annolied«, ein Gedicht, das das Leben des Erzbischofs Anno von Köln schildert: es ist das erste zeitgeschichtliche Werk in deutscher Sprache.
Die Sage von Erpho verläuft ähnlich wie jene vom Mönch von Heisterbach. Der Schluß lautet: »Schon läutet man im Kloster zur Vesper. Aber Staunen befiel Erpho, als er alles verändert fand. Das Kloster schien ihm doppelt so groß, auch die Stadt war anders. Als er den Klosterberg erstiegen hatte, läuteten alle Glocken. Die Mönche mit ihrem Abt veranstalteten einen feierlichen Umzug. Niemand schien ihn zu kennen. Nun wandte er sich an den Pförtner, der ihm gleichfalls unbekannt war, und bat um Auskunft über die Veränderungen ... Endlich erinnerte sich ein alter Klosterbruder daran, daß der Abt Erpho vor dreihundert Jahren kurz vor der Vesper aus dem Kloster verschwunden und niemals wiedergekehrt sei. Der Abt ließ in der Chronik des Klosters nachschlagen und fand die Mitteilung bestätigt. Erpho schritt zur Kirche, nahm das Abendmahl und starb.«
Schließlich wird noch vermerkt: »Das geschah am Tage nach Christi Himmelfahrt im Jahr 1367, nachdem Erpho vom selbigen Tage des Jahres 1067, also volle dreihundert Jahre, verschwunden gewesen.«
Die Sage ist auch noch andernorts bekannt – in Glienke bei Neubrandenburg, in Wismar und in Bielefeld. Es handelt sich also um eine klassische »Wandersage«.
Die Erzählung von der Fragwürdigkeit der Zeit, vom beschleunigten Ablauf der Dinge oder vom übernatürlichen Schwund der Zeit ist in vielen Kulturen bekannt. Altindische Dichtungen berichten davon. Jüdische Psalme und auch der Koran kennen die Zeitlosigkeit. Keltische und

französische Schriften versuchen, die Ewigkeit zu veranschaulichen. Auch für Shakespeare war der Begriff der Zeit ein immerwährendes Rätsel und Träume nicht minder. »Wir sind aus gleichem Stoff wie Träume«, heißt es im Hamlet.
Im deutschen Schrifttum taucht die Legende vom Skeptiker am zeitlichen Geschehen auch in den Gedichten »Der Zweifler« und der »Mönch Felix« auf, beide aus dem 13. Jahrhundert.
Daß die Sage so stark mit Heisterbach verbunden ist, dürfte zwei Gründe haben. Einmal ist es das Gedicht von Wolfgang Müller, dem Freund von Karl Simrock und Ferdinand Freiligrath, der oft die Chorruine aufgesucht hat. Seine im vorigen Jahrhundert geschriebenen Verse fanden damals breiten Widerhall und sind auch heute noch bekannt. Zum anderen üben die Baureste, von denen gesagt wird, sie seien die »poetischste Ruine Deutschlands«, zusammen mit der sie umgebenden, harmonischen Landschaft einen eigenartigen Reiz aus.

Am Drachenfels bei Königswinter soll ein Lindwurm gehaust haben, der die Menschen in Schrecken versetzte. (Foto: Berndt)

Noch heute zeigt man die Lindwurmhöhle

Der Drachenfels

Der Name Drachenfels geht auf eine alte Sage zurück.
Man zeigt dort noch die Höhle,
wo vormals ein riesiger Drache hauste.

Alexandre Dumas, 1883

So sah der Zeichner Helmut Georg den »Burggrafen von Drachenfels«

Der Drachenfels

In Pferdekutschen rollen Besucher aus aller Welt von Königswinter aus durchs Nachtigallental bergan, oder sie fahren mit der Zahnradbahn an der Drachenburg vorbei auf die Bergspitze. Kinder reiten auf einem Esel. Fußgänger nehmen den verschlungenen Weg an Buden und Ständen vorbei zum Drachenfels, Europas meistbestiegenem Berg. Er ist 321 Meter hoch, die Aussicht ist einzigartig. Als die Bergspitze und die Burgruine zu zerfallen drohten, wurde der Drachenfels mit einem Beton-Stahl-Skelett durchzogen.

In Vorzeiten diente der Berg als Steinbruch. Die Römer haben mächtige Blöcke abgeschlagen, den Berg hinabgeschafft und über den Rhein abtransportiert. Am sogenannten »Rüdenett« liegen noch behauene Steine aus dieser Zeit. Der Drachenfels ist auch später als Steinbruch genutzt worden. So besteht der Kölner Dom aus Trachyt des Berges, und der größte Teil des Xantener Doms sowie andere Kirchen und Gebäude am Rhein wurden ebenfalls mit Drachenfelser Steinen errichtet, die sich vorzüglich für große Bauten eigneten.

Der Trachyt war wertvoll. Eine alte Geschichte berichtet davon...

Als im Mittelalter in Köln ein prunkvolles Fest begangen wurde, zu dem alles, was Rang und Namen hatte, zusammenströmte, erschien auch der Burggraf vom Drachenfels. Er war einfach gekleidet und trug nur einen schmalen Goldring, der einen unscheinbaren grauen Stein umschloß, während die anderen Gäste teuren Schmuck angelegt hatten. Da bekannt war, daß der Drachenfelser über beträchtliches Besitztum verfügte, kam er ins Gerede. Schließlich wurde er gefragt, was es mit dem Ring auf sich habe. Da meinte der Burggraf: »Eure Steine kosten viel Geld, aber mein Stein bringt mir viel Geld ein. Von den kölnischen Domherren erhalte ich jährlich Hunderte von Gulden.«

Die Burg auf dem Drachenfels ist als kölnische Grenzfestung unter Erzbischof Arnold I. im 12. Jahrhundert entstanden. Die Anlage hatte mehrere Gebäude und starke Mauern, die vom 25 Meter hohen Bergfried, der als Ruine erhalten geblieben ist, überragt wurden. Eine Zeichnung von Merian aus dem 17. Jahrhundert zeigt noch den alten Zustand.
Die Drachenfelser Burg hat vielfach ihren Besitzer gewechselt. Dabei hat es oft erbitterte Auseinandersetzungen gegeben. Ab 1225 gehörten die Burgherren nicht mehr zum Ritterstand, also zum niederen Adel, sondern stiegen zu Burggrafen auf. Letzter Graf war Heinrich, der 1530 kinderlos starb. Sein Grabstein mit dem Wappen der Grafen, einem Drachen, prangt an der Nordwand der Kirche von Rhöndorf. Hier wurde die Grabplatte 1903 eingesetzt. Eine Landschaft wie diese mit Bergen, Wäldern, Ruinen aus alten Zeiten und einem breiten Strom hat die Phantasie herausgefordert. Viele Sagen erzählte man sich. Etwa jene von der Entstehung des Siebengebirges.

Von Riesen und Raben

Ursprünglich, so heißt es, floß der Rhein nicht am Drachenfels vorbei, sondern wurde durch einen Bergriegel zu einem mächtigen See aufgestaut. Die Menschen an den Ufern hätten das Wasser gern abgeleitet, um fruchtbares Land zu gewinnen. Sie waren aber solcher Arbeit nicht gewachsen. Darum schickten sie nach sieben Riesen, die kommen und das Gebirge durchstechen sollten. Die Riesen erledigten den Auftrag in kurzer Zeit. Nach getaner Arbeit klopften sie ihre großen Spaten ab. Aus den heruntergefallenen Erdblöcken entstanden die sieben Berge des Siebengebirges, darunter der Drachenfels.

Andere Erzählungen berichten von einem feurigen Wagen, der durch das Siebengebirge fuhr, besetzt mit einem Mädchen, das das Gespann direkt in die Hölle lenkte. Noch andere Berichte sprechen von einem Eseltreiber, der am Drachenfels, am sogenannten »Guckstein«, ein Hufeisen fand, das aus purem Gold war. Auch soll es am Berg Raben gegeben haben, die eifersüchtig ihren Platz an den Hängen des Felsens hüteten und denen selbst mit Feuerwaffen in keiner Weise beizukommen war.

Wie die Romantik den Drachenfels darstellte: Im Gewitter, von Blitzen umzuckt. Eine Lithographie aus dem Jahre 1837 (Foto: Berndt)

Doch wie steht es um den Drachen, von dem der Berg seinen Namen haben soll?
Wenngleich kluge Leute wissen wollen, der Name habe mit dem Fabelwesen gar nichts zu tun und bedeute in der Sprache des 12. Jahrhunderts nichts anderes als »steil abfallender Fels«, gibt es die Drachensage. Am Südhang des Berges wird auch das Loch gezeigt, in dem der Drache gehaust haben soll. Es ist mannshoch. Heute wird es von Raubvögeln umflogen. Die Höhle liegt auf dem Gelände des Winzers Adolf Pieper, Besitzer des größten Weinberges am Drachenfels. In seiner Königswinterer Gaststätte, dem »Jesuiterhof«, trinkt man den am Drachenloch angebauten roten Wein, das »Drachenblut«. So scheint an dem Lindwurm doch etwas dran zu sein.

Die Sage vom Drachen

Nachforschungen führen zur Sage von einem Drachen, der von einem Christenmädchen besiegt wurde. Die Legende geht folgendermaßen ...

Im Drachenloch lebte in uralter Zeit ein schuppiges, geschwänztes Untier, krallenbewehrt und mit mächtigen Flügeln. Der Drache beherrschte die Gegend weitum. Die Bewohner verehrten ihn sogar und brachten ihm regelmäßig Menschenopfer. Dafür waren Gefangene ausersehen. Einmal befand sich unter ihnen ein Mädchen von vornehmer Herkunft und großer Schönheit. Zwei Heerführer stritten um ihren Besitz. Da keine Einigung erzielt werden konnte, entschieden die Ältesten, das Mädchen sollte dem Drachen vorgeworfen werden.

Das Opfer wurde an den Berghang geführt, in die Nähe der Höhle, in der der Drachen lebte. Neben einem großen Stein, der als Altar diente, wurde das Mädchen an einen Baum gebunden. Viel Volk hatte sich eingefunden, um dem dramatischen rituellen Schauspiel beizuwohnen.
Seltsamerweise war das Mädchen kaum erregt. Es blieb sogar noch gefaßt, als das Untier aus der Höhle herausgekrochen kam und sich schnaubend dem Platz näherte, an dem es seine Opfer zu finden pflegte.
Das Mädchen blickte dem Ungeheuer fast furchtlos entgegen. Als der Drache sich auf wenige Meter genähert hatte, zog es ein kleines Kreuz aus seinem Kleid und hielt es dem Drachen entgegen.
Als das Fabelwesen das Kruzifix erblickte, schreckte es zurück, ringelte den Schweif, schlug mit den Flügeln und stieß feurigen Atem aus. Dann wandte sich der Drache ab und stürzte den Steilhang hinunter.
Die Zuschauer, die mit wachsendem Staunen den Vorgang verfolgt hatten, traten an das Mädchen heran, lösten die Fesseln und wollten Auskunft haben über den zauberwirkenden Talisman, das kleine Kreuz, das das Ungeheuer zu bannen vermochte. Bald darauf, so schließt die Sage, ließen sich die Anwohner des Drachenfels taufen. So sei das Christentum an den Mittelrhein gekommen.

Nach einer anderen Version, die sich der Germanist und Dichter Karl Simrock in Honnef von einem Bauern hat erzählen lassen, pflegte der Drache die auf dem Rhein fahrenden Schiffe anzufallen. Das habe er so lange getrieben, bis ein mit Pulver beladenes Fahrzeug vorbeikam. Der Feueratem entzündete das Pulver – und die donnernde Explosion, die weithin durchs Rheintal hallte, vernichtete Schiff und Drachen.

Kupferstich von Merian: So wurde der Drachenfels im 17. Jahrhundert gesehen. (Archiv für Kunst und Geschichte)

Wodan reitet auf Sleipnir

Die Sage vom Christenmädchen, das einen Drachen besiegt, gewinnt an Interesse, wenn angenommen werden darf, daß die märchenhafte Erzählung hintergründig wichtige Tatbestände enthüllt. Dafür gibt es Belege.
Der Drachenfels erhebt sich so beherrschend über dem Rhein, daß er schon in ältesten Zeiten nicht nur eine strategische, sondern auch eine wichtige kultische Rolle gespielt haben muß. Auf der Bergspitze wird ein keltisches Heiligtum gestanden haben. Es wurde später wohl durch ein germanisches ersetzt, das vielleicht dem germanischen Hauptgott, Wodan, gewidmet war.

Von Wodan wird erzählt, er habe einen wallenden Mantel und einen breitkrempigen Hut getragen. Er sei einäugig gewesen, da er beim Trinken aus dem Brunnen der Erkenntnis ein Auge verloren habe. In finsteren Sturmnächten sei er auf seinem achtbeinigen Schimmel Sleipnir durch die Wälder geritten, begleitet von seinen beiden Raben Hugin und Munin und von bellenden Hunden und heulenden Wölfen.

Nun kennt man im Siebengebirge eine Sage, die an solche Gestalt erinnert: Sie war riesengroß, in einen weiten Mantel gehüllt und trug einen breitkrempigen Hut, gelegentlich auch einen eisernen Helm. Ihrem Blick haben die Menschen nicht widerstehen können. In stürmischen Nächten ist sie auf einem mächtigen Schimmel durch die Lüfte geritten und hat Bäume und Sträucher zerzaust und vernichtet. Auch will man wüstes Hundegebell und lautes Getöse vernommen haben.

Goswin Peter Gath schreibt in seinem Buch »Sagen und Legenden vom Siebengebirge« (1957), hier sei zweifellos von Wodan die Rede. »Diesem hat man in der Heidenzeit auf dem Drachenfels Opfer dargebracht, genauso wie auf dem Godesberg, der linksrheinisch dem Siebengebirge gegenüberliegt und nach dem Namen des Gottes einst Vuodenesberg, Wodenesberg oder Godesberg genannt wurde. Wahrscheinlich nahm man damals auch an, daß Wodan immer wieder vom Drachenfels sich durch die Luft zum Godesberg und zurück begäbe.«

Nun ist bekannt, daß die Germanen Wodan Menschenopfer gebracht haben. Dafür gibt es schriftliche Belege und

Wodans »Wilde Jagd« auf Sleipnir. Stich aus dem 19. Jahrhundert (Historia-Photo)

auch eine Bilddarstellung auf dem Grabstein von Lärbro auf Gotland. Als aber das Christentum sich durchsetzte, war alles Heidnische ein Greuel. Es war das Böse schlechthin und wurde durch den Drachen symbolisiert. Wodan wurde zum Drachen, dem man Menschen opferte. So hat die Sage vom Drachenfelser Ungeheuer einen bemerkenswerten Hintergrund.

Sie wird noch durch einen fränkischen Grabstein vertieft, der in Niederdollendorf – in der Nähe vom Drachenfels – gefunden wurde und heute im Bonner »Rheinischen Landesmuseum« inventarisiert ist. Auf diesem Stein, der ins 7. Jahrhundert datiert wird, erscheint Christus als strahlender Himmelskönig, von einem Lichterkranz umgeben, einen Speer in der Hand. Es ist die »älteste germanische Darstellung Christi, die wir kennen«. Dieser Christus steht als Sieger über einer Schlange oder einem Drachen.

So bezwingt Christus auf diesem Stein das Heidentum, dargestellt durch den Drachen, durch Wodan – wie zum anderen das Mädchen der Sage seinerseits den Drachen überwindet, der ebenfalls den Germanengott symbolisiert.

Ich weiß nicht, was soll es bedeuten

Die Loreley

Entscheidend ist, daß die Loreley-Dichtung mit
Brentano beginnt.

Rotraud Ehrenzeller-Favre

Romantisch verklärt gibt dieser Stahlstich vom Beginn des 19. Jahrhunderts die Loreley wider.

Die Loreley

Zum Rhein zwischen Koblenz und Bingen gibt es nichts Vergleichbares, nicht in Deutschland, Frankreich, England, Italien oder sonstwo. Die enge Flußlandschaft mit zerfallenen Burgen, mit Schlössern, Weinbergen und steil aufragenden Schieferfelsen mit dem Hintergrund einer weit zurückreichenden, erregenden Geschichte ist einzigartig. Bereits an der Wende vom 18. zum 19. Jahrhundert zog diese romantische Welt Reisende an, auch Ausländer, vornehmlich junge Engländer aus wohlhabenden Familien. Auf ihrem Weg nach Italien wählten sie häufig das Rheintal. Gespannt standen sie vor der steil aufragenden Loreley bei der Rheinenge von St. Goar/St. Goarshausen.

Früher ist das Plateau auf der Spitze des Schieferfelsens – 132 Meter über dem Strom – eine Fliehburg gewesen, ein Rückzugsgebiet bei Gefahr. Heute brandet der Verkehr um die Loreley. Schiffe ziehen in dichter Folge tal- und bergwärts, eine Straße drängt sich an den Fels, und die Bahn durchbricht den Berg doppelspurig mit einem Tunnel.

Der Name »Loreley« (Lorleberg, Lurlenberg, Lurley, Lurleberg) ist alt. Die Silbe »Lur« deutet auf dämonische Wesen, Elfen oder Zwerge hin. »Ley« hingegen bedeutet Schieferfelsen oder Klippe. Das Wort ist im Rheinland häufig. So gibt es Erpeler Ley bei Erpel am Rhein, die Domley bei Königswinter, die Neumagener Ley an der Mosel und die Ley bei Gerolstein. Schon alte Schriften nennen die Loreley, den »Lorleberg«, wie die »Kolmarer Meisterliederhandschrift« aus dem 13. Jahrhundert. Hier heißt es:

> *Ich kam zu tal in nyderlant gefarn by kurcer zyt*
> *für daz gebirge, da der lorleberg nah inne lyt.*

Der Marner, ein fahrender schwäbischer Spruchdichter, schreibt in der Mitte des 13. Jahrhunderts: »Der Ymelunge hort lit in dem Lurlenberge.«
Die Ymelunge sind die Nibelungen. Daß diese Sage genannt wird, verwundert kaum, denn im 13. Jahrhundert waren die Nibelungen äußerst beliebter Erzählstoff; ihr dramatisches Schicksal wurde als wirkliches Geschehen hingenommen.
Oft wurde gefragt, wo denn der unermeßliche Hort der Nibelungen geblieben sei. War er wirklich von Hagen von Tronje im Rhein versenkt worden, oder lag er vielleicht in dem magischen Berg?

Das Echo der Loreley

Dafür sprach, daß nach Meinung damaliger Zeit im Berg Zwerge hausten. Es gab auch eine Höhle, und zwar dort, wo heute der Tunnel den Berg durchbricht. Sie war »Hanselmannsloch« genannt nach den »Hanselmännern«, den Zwergen. Die Wichtelmänner waren bekanntlich die Hüter von Gold und Edelsteinen, so wie Alberich der Sage nach der Wächter des Nibelungenhortes gewesen ist.
Daß in dem Berg Zwerge wohnten, ging auch aus der »Kolmarer Liederhandschrift« hervor:

> *Da hort ich ein cleynes getwerc;*
> *uss dem Lorberg er mir gar schier antwurte.*

Zwerge sollen auch das Echo der Loreley verursacht haben. 1607 schreibt Quad von Kinkelbach über den Berg

Romantisch-betulich erscheint das Leben am Rhein auf dieser Lithographie, die um das Jahr 1840 entstand (Historia-Photo)

»... frag denselben ein mal mit heller stim, was er mache, du wirst wol hören, wie er dich bescheiden wird.« 1645 meint Martin Zeiller von der Loreley, »in welchem Gebürg auch ein sonderbar lustig Echo oder Wiederschall sich befindet«. Gottfried von Gregorius sagt 1715: »Man wird auch dieses Wiederhalls Gleichheit schwerlich in andern Theilen der Welt antreffen.«

Dies alles ist nur ein Vorspiel zur Loreley.

Die bekannte Sage beginnt erst viel später, genauer gesagt im Jahre 1799. Damals erfand Clemens Brentano (1778–1842), der Dichter aus der Zeit der Romantik, die Zauberin auf dem Fels über dem Rhein. Weil es eine »Kunstsage« war, haben die Brüder Grimm auf sie in ihrem Buch »Deutsche Sagen« (1816/18) verzichtet.

In Brentanos Ballade verflucht die Lore Lei ihre Zauberkraft und will sterben:

> *Ich bin des Lebens müd,*
> *Weil jeder muß verderben,*
> *Der meine Augen sieht.*
>
> *Die Augen sind zwei Flammen,*
> *Mein Arm ein Zauberstab –*
> *O schickt mich in die Flammen!*
> *O brechet mir den Stab!*

Die Ballade endet mit dem Echo des Berges, das Brentano stark beeindruckt hat. Er kannte den Felsen schon von Kindheit an, hat das Echo selbst mehrfach an Ort und Stelle herausgefordert. So ließ er seine Verse über den Zauberberg mit den Zeilen enden:

> *Lore-Lei*
> *Lore-Lei*
> *Lore-Lei,*
>
> *Als wären es meiner drei.*

Brentanos Ballade ist spätestens 1799 entstanden. Gedruckt erschien sie 1802 in seinem Roman »Godwi«. Wahrscheinlich hat Brentano bei der Zauberin an Sophie Merau gedacht, zu der er in Beziehung stand und die er die »schöne Hexe" zu nennen pflegte.

Die Lore Lei wird zur Nixe

Eine Wendung in der Sagenentwicklung folgte 1818. Aloys Schreiber machte jetzt die Lore Lei zur Undine, zur Nixe. Sie saß auf dem Felsen über dem Rhein und betörte – nach dem Vorbild der Sirenen in der »Odyssee« – alle, die vorüberfuhren. Die Reisenden achteten nicht mehr auf den gefährlichen Strom mit seinen Klippen und Strudeln. Ihre Schiffe zerschellten am Felsen.
Aloys Schreibers Prosa-Erzählung geht folgendermaßen:
Bei St. Goar lebte ein Pfalzgraf mit seinem Sohn. Oft hatte der junge Graf von der schönen Loreley gehört, die auf dem Felsen an der anderen Rheinseite leben sollte. In der Hoffnung, dem Wassergeist zu begegnen, ließ er sich eines Abends in einem Boot flußabwärts rudern. Die Sonne war untergegangen. Als sich der Nachen dem aufragenden Fels näherte, wurde eine Gestalt sichtbar. Der Schiffer, der das Boot steuerte, rief: »Da ist sie! Das ist die Loreley!« Auch ihr Gesang war zu hören, der schon manchen betört hatte. Der Graf rief dem Schiffer zu, er solle das Boot ans Ufer bringen. Der Schiffer versuchte es, doch die Strömung war reißend, und an den Riffen bildeten sich gefährliche Strudel.
Als sich das Fahrzeug dem Ufer näherte, sprang der Graf aus dem Boot. Doch er verfehlte das Ufer, stürzte in den Strom und versank in den Wellen.
Der Schiffer, der mit dem Leben davongekommen war, berichtete dem Vater vom Tod seines Sohnes. Darauf schwor der Pfalzgraf Rache. Er wollte die Zauberin vom Rhein dem Feuertod überantworten. Mit einigen Knappen machte er sich auf den Weg zum Felsen und fand auf der Bergspitze die Loreley.

Der Graf befahl, das Mädchen zu ergreifen. Doch die Loreley, die zwielichtige Nixe, lachte. Bevor die Knechte sie fassen konnten, erhob sich eine mächtige Woge aus dem Rhein, sprühte bis zur Bergspitze hinauf und trug die Nixe in den Strom hinab. Seitdem wurde die Loreley nie wieder gesehen. Wohl haben Rheinschiffer von St. Goar erzählt, sie hätten in Vollmondnächten im Frühling den Gesang der Wasserjungfrau gehört.

Statue der Loreley auf dem Loreley-Felsen (Foto: Berndt)

Eine Sage wird geboren

Noch andere haben den Stoff aufgegriffen und abgewandelt, wie etwa Joseph Freiherr von Eichendorff (1815) oder Graf von Loeben (1821). Höhepunkt und Abschluß wurde schließlich 1823 das Lied von Heinrich Heine, veröffentlicht 1824.

In diesem überaus gelungenen Lied ist nur die dritte Zeile anfechtbar, in der von einem »Märchen aus alten Zeiten« gesprochen wird. Das stimmt nicht. Das Märchen ist vielmehr zu diesem Zeitpunkt erst 25 Jahre alt gewesen.

Während Heine sonst in seinen Versen oft einen spöttischen Unterton durchklingen ließ, fehlt er bei der »Lore Lei«. Heine ist der romantischen Stimmung seiner Zeit gefolgt. Vertont von Philipp Friedrich Silcher aus Tübingen, wurden die Zeilen zu einem der bedeutendsten Lieder des deutschen Kulturguts.

Der junge Heinrich Heine nach einem Gemälde von Moritz Oppenheim (Historia-Photo)

Ich weiß nicht, was soll es bedeuten,
Daß ich so traurig bin;
Ein Märchen aus uralten Zeiten,
Das kommt mir nicht aus dem Sinn.

Die Luft ist kühl, und es dunkelt,
Und ruhig fließt der Rhein;
Der Gipfel des Berges funkelt
Im Abendsonnenschein.

Die schönste Jungfrau sitzet
Dort oben wunderbar,
Ihr goldnes Geschmeide blitzet,
Sie kämmt ihr goldenes Haar.

Sie kämmt es mit goldenem Kamme
Und singt ein Lied dabei,
Das hat eine wundersame,
Gewaltige Melodei.

Den Schiffer im kleinen Schiffe
Ergreift es mit wildem Weh;
Er schaut nicht die Felsenriffe,
Er schaut nur hinauf in die Höh.

Ich glaube die Wellen verschlingen
Am Ende Schiffer und Kahn;
Und das hat mit ihrem Singen
Die Lore-Lei getan.

Willy Kroogmann, der die Wandlungen der Sage Schritt für Schritt verfolgt hat, meint: »Nur selten bietet sich uns Gelegenheit, die Geburt einer Sage unmittelbar zu beobachten. Zu den wenigen Ausnahmen gehört die Sage der Loreley. Sie ist eine Schöpfung der Romantik und entwickelt sich vor unseren Augen.« Es sei von größtem Reiz, ihre Ausbildung in einzelnen Phasen bis zur Endstufe wahrzunehmen.

»... Wollten jn also lebendig fressen«

Der Mäuseturm zu Bingen

Am Mäuseturm um Mitternacht
Des Bischofs Hatto Geist erwacht;
Er flieht um die Zinnen im Höllenschein
Und glühende Mäuslein hinter ihm drein.

August Kopisch

Ein Bild von 1550 zeigt Bischof Hatto, während die Mäuse den Turm erklettern

Der Mäuseturm zu Bingen

In meiner Kindheit hatte ich über meinem Bett ein kleines Bildchen hängen, das uns eine deutsche Hausgehilfin einstmals mitgebracht hatte«, schrieb 1839 der französische Dichter Victor Hugo. »Es stellte einen alten, einsamen Turm dar, altersgrau, verfallen, umgeben von dunklen Wassern und dunstigen Nebelschwaden. Das Ganze umrahmt von Bergen, die ihn mit ihren Schatten umhüllten.«

»Der Himmel über diesem Turm«, so fährt Hugo fort, »war düster und voller unheimlicher Wolken. Am Abend, wenn ich mein Nachtgebet verrichtet hatte, betrachtete ich immer dieses Bildchen. In meinen Träumen schien der Turm zu wachsen, die Wasser kochten wild, ein böser Lichtstrahl fiel aus den Wolken, der Sturm heulte in den Bergen, wie mit Klagerufen. – Als ich unsere Hausgehilfin nach dem Turm fragte, bekreuzigte sie sich, es sei der Mäuseturm. Und dann erzählte sie mir die Geschichte.«

Victor Hugo schildert nun die Sage vom Mäuseturm und vom Bischof Hatto und schreibt weiter: »Seitdem mir die Alte die Geschichte von Hatto erzählt hatte, wurde der Mäuseturm zur vertrauten Erscheinung meiner Vorstellungswelt. Ich muß bekennen, daß mir dieser Turm der Ratten nie anders als schaudererregend erschienen ist. Auch muß ich gestehen, daß mein Besuch an den Rhein nicht zuerst den Domen von Mainz und Köln galt, sondern daß ich zuerst den Turm der Mäuse sehen wollte.«

Und so hat der französische Dichter das sagenhafte Bauwerk erlebt: »Und da, inmitten des Flusses, ein großer drohender Turm von schreckenerregender Gestalt... Da stand er also vor meinen Augen, der Mäuseturm. Ich hatte ihn mir nicht schreckhafter vorstellen können: Die dunkle Nacht, düstere Wolken und Berge, das Zittern des Röhrichts und das böse Murmeln des Flusses flößten heimliche

Der Mäuseturm bei Bingen aus dem 13. Jahrhundert war ursprünglich eine Zollstation. (Foto: Berndt)

Schauder ein, das traurige Seufzen des Windes, lauernde Schatten, Einsamkeit und Verlassenheit und dazu der wehende Dunst um den Turm: Hattos ruhelose Seele.«

Die Sage von Hatto

So aber geht die Sage vom Mäuseturm, wie sie zum Beispiel von Sebastian Münster in seiner »Cosmographie« aus dem Jahre 1544 überliefert wird ...

Bey dieser Statt (Bingen) steht ein Thurn im Rhein / der heißt der Meußthurn / unnd hat den nammen von einer solchen Geschicht überkommen. / Es war ein Bischoff zu Mentz zu den zeiten des grossen Keyser Otten / nemlich anno Christi 914 (Münster bringt eine falsche Jahreszahl) der hieß Hatto / under dem entstund ein grosse Thewrung / und da er sahe daß die armen leut grossen Hunger litten / versammlet er in ein Schewr viel armer Leut / und ließ sie darin verbrennen. / Dann er sprach: Es ist eben mit jhnen / alß mit den Meusen die das Korn fressen / und niergend zu nütz sind. Aber Gott ließ es nicht ungerochen. / Er gebot den Meusen daß sie mit Hauffen uber jhn lieffen / jm Tag und Nacht kein ruhe liessen / wollten jn also lebendig fressen. Da flohe er in diesen Thurn / unnd verhofft er würde da sicher seyn vor den Meusen. / Aber er mocht dem Urteil Gottes nit entrünnen / sonder die Meuß schwummen durch den Rhein zu jhm. Da er das sahe / erkannt er das Urteil Gottes / und starb also under den Meusen.«

Die Ratten erreichen den Turm

Ist diese Geschichte mehr als eine Fabel? Binger Bürger (Jacob Keuscher und Rudolf Engelhardt) haben sich darangemacht, den lokalen Hintergrund zu durchforsten: Bei dem Kirchenfürst soll es sich um Hatto II. gehandelt haben, der von 968–70 Erzbischof von Mainz gewesen ist und sich häufig in Bingen aufgehalten hat. Da er mit harter Hand durchgriff, hatte er viele Feinde. Es kam zu Unruhen. Um sich zu sichern, ließ er auf den Resten des Römerturms auf der Rheininsel einen neuen, wehrhaften Turm errichten. Um gegenüber der aufsässigen Bürgerschaft ein Exempel zu statuieren, sperrte er eine Anzahl von Aufsässigen in eine Scheune, die er in Brand stecken ließ.
Des weiteren heißt es: Bingen hatte wie andere Städte schwer unter Ungeziefer zu leiden, und Mäuse und Ratten übertrugen schlimme Krankheiten. So ist im Jahr 1666 fast

Stich aus dem 16. Jahrhundert

Der Sage nach ließ Bischof Hatto von Mainz während einer Hungersnot Menschen in einer Scheune verbrennen. Daraufhin vollzogen die Mäuse ein »Strafgericht Gottes« an dem Bischof. Kupferstich von Matthaeus Merian für die »Gottfried-Chronik« von 1649

die Hälfte der Einwohner an einer Seuche gestorben, die von Nagetieren übertragen worden ist. Als viel früher, im 10. Jahrhundert, eine Epidemie ausgebrochen war, hatte Erzbischof Hatto auf dem Turm der Rheininsel Schutz gesucht. Als aber Hochwasser eintrat, wurden die Ratten und Mäuse aus ihren Löchern getrieben und schwammen auch auf die Hatto-Insel mit der »Hatten-Burg«. Der Bischof sei hier vom Ungeziefer in bereits schwer erkranktem Zustand angefallen und verletzt worden und am 18. Januar 970 in Bingen gestorben.

Das Gottesurteil wird vollstreckt

Die Forschung nimmt allerdings an, daß die Mäusesage uralt ist. Schon in der Antike gab es Berichte von Mäuseplagen, die als eine von der Gottheit verhängte Strafe galten. In den folgenden Zeiten entstanden ähnliche Erzählungen, die vor dem Hintergrund der großen Mäuseplagen im Mittelalter zu sehen sind. Als besondere »Mäusejahre« werden 1233, 1273, 1543 und 1617 genannt. In solchen Zeiten hat das Ungeziefer seine Schlupflöcher massenhaft verlassen und sich in andere Gegenden begeben. Es ist sogar beobachtet worden, wie die Ratten in großer Zahl den Rhein und den Main überquert haben.
Die Mäusesage ist eine Wandersage. Wo sie zuerst entstand, ist schwer zu sagen. Sie wurde, wo sie hinlangte, nicht zuletzt ob des grausigen Inhalts als Erzählgut aufgegriffen, verschiedentlich auch lokalisiert, außerdem mehrfach auf Personen bezogen – so auf Herzog Popiel II. von Polen, den Herrn von Göttingen auf Schloß Wasserburg im Bodensee, auf Bischof Widerolf von Straßburg, Bischof Gottfried von Osnabrück und eben auch auf Bischof Hatto von Mainz.
In Bingen wirkte die Sage besonders eindrucksvoll. Der uralte Turm mitten im Rhein, die bergige Landschaft um das nahe »Binger Loch«, von dem schaurige Dinge berichtet wurden, gaben ein dramatisches Kolorit. Dazu Bischof Hatto, der sich bei der Bevölkerung denkbar unbeliebt gemacht hatte.
Die Binger Mäuseturm-Sage fand weite Verbreitung, vor allem im Rheinland. In Köln gibt es sogar einen direkten Bezug. Der Mauspfad, eine uralte Römerstraße vom östlichen Vorort Brück nach Troisdorf und Siegburg, gilt in der

Volksüberlieferung als der Weg, auf dem ein Heer von Mäusen nach Bingen zog, um an der Vollstreckung des Gottesurteils gegen Bischof Hatto mitzuhelfen.

Aus »Maut« wird »Maus«

Letzendlich geht die Binger Sage darauf zurück, daß der steinerne Turm im Rhein aus dem 13. Jahrhundert früher eine Mainzer Zollstätte gewesen ist, an der von den vorüberfahrenden Schiffen die Maut, der Zoll, erhoben wurde. Der Begriff »Maut« ist dem Wort »Maus« ähnlich. Und als nun die Sage, die andernorts entstanden war und die Bestrafung von ungeliebten Herrschern durch Mäuse zum Gegenstand hatte, irgendwann auch nach Bingen gelangt war, bezog man sie auf den verhaßten Bischof.

Lutz Röhrich dazu: »... erst als man das alte Wort nicht mehr verstand, ist aus dem Maut-Turm der Mäuseturm geworden, an den sich dann ein internationales Erzählmotiv mit der Figur des unbeliebten Bischofs Hatto anschloß.«

Der Lumpenhund, der Galgenstrick

Schinderhannes

Das ist der Schinderhannes,
der Lumpenhund, der Galgenstrick,
Der Schrecken jedes Mannes
Und auch der Weiberstück!

Carl Zuckmayer

Hinrichtung des Schinderhannes. A) Schinderhannes. B) Guillotine. C) Der Wagen, mit dem der Räuber zum Schafott gebracht wurde. D) Der Kommandant der Wache. E) Die Stiege zum Schafott. (Foto: Berndt)

Am 16. Juni 1802 rollte frühmorgens ein Leiterwagen unter scharfer Bewachung von Frankfurt nach Mainz. Sieben Gendarmen begleiteten das Fahrzeug, auf dem sieben Gefangene saßen, unter anderen Schinderhannes, der Räuberhauptmann, und Julchen, dessen Geliebte. Überall, wo der Transport durchkam, erregte er Aufsehen. Denn Schinderhannes, der eigentlich Johannes Bückler hieß, war bereits zu einer legendären Figur geworden, obwohl er erst 26 Jahre alt war.

Schinderhannes, dessen Frau Julchen und deren Sohn Franz Wilhelm (Foto: Berndt)

In Mainz, damals in französischer Hand, wurden die Gefangenen im Holzturm untergebracht, der noch heute steht, dort, wo die Holzstraße auf die Rheinstraße trifft. Der Turm wird auch nach dem Schinderhannes genannt, dem berühmt-berüchtigten Insassen. In Mainz kennt jedes Kind den sagenhaften Räuber.
Auch im Hessischen, im Siegerland, an der Nahe und nicht zuletzt im Hunsrück ist der Schinderhannes ein Begriff. In Simmern – zwischen Mosel und Rhein gelegen – zeigt man den Turm, in dem Bückler ebenfalls Gefangener gewesen ist. In Schneppenbach – nordwestlich Kirn – hat er sein Julchen kennengelernt. Im Soonwald, einem Teil des Hunsrücks, gibt es bei Seesbach die »Schinderhanneshöhle« und nahe dem Aussichtsturm Alteburg die »Schinderhannes-Eiche«.
Schneppenbach und Soonwald – das sind Namen, die mit Bückler eng verbunden sind. Im Drama »Schinderhannes« läßt Carl Zuckmayer das Julchen singen:

> *Im Schneppenbacher Forste*
> *Da geht der Teufel rumdibum ...*
> *Im Soonewald, im Soonewald*
> *Steht mancher dunkle Tann,*
> *Darunter liegt begraben bald*
> *Ein braver Wandersmann.*

Zuckmayer hat in seinem Stück sehr viel verwendet, was der Volksmund dem legendären Räuberhauptmann nach und nach angedichtet hat.

Geschichten und Legenden

Einer seiner Leute wurde eines Tages nach Kirn zum Einkaufen geschickt. Der Mann erfuhr dabei, daß die berühmte Tänzerin Cäcilie Vestris auf der Fahrt von Paris nach Mainz in Kirn abgestiegen war, um die Reise am nächsten Tag fortzusetzen. Daraufhin brach die Bande auf, um die Reisende unterwegs abzufangen.
So geschah es. Schinderhannes setzte sich zu der erschrockenen Tänzerin in den Wagen, und ein Räuber kutschierte das Fahrzeug nach Kallenfels. Dort gab es ein großes Essen mit vorzüglichem Wein. Schinderhannes sagte der Vestris, sie möge entschuldigen; alles sei ein Scherz. Er wolle nur dem Präfekten in Mainz beweisen, daß allein er, der Schinderhannes, im Hunsrück etwas zu sagen habe. Die Vestris fand sich mit ihrem Schicksal ab und tanzte sogar vor der Räuberbande. Am nächsten Tag reiste sie weiter. Bückler überreichte ihr zum Abschied noch eine goldene Kette und sagte, er habe sie sogar ehrlich erworben.

In Kirberg bei Limburg saßen die Bauern einmal in der Schenke und erzählten sich vom Schinderhannes. Ein Kurzwarenhändler, Krämerjakob genannt, setzte sich zu ihnen. Da sagte der Kirchendiener, der Pfarrer möchte gar zu gern den Schinderhannes einmal kennenlernen. Heute nun sei Hochwürden zur Kirchtaufe ins Nachbardorf geritten.
Darauf verließ der Krämerjakob die Wirtschaft und machte sich auf den Weg, den der Pfarrer nehmen mußte. Unterwegs kaufte er einem Bettler die Krücken ab. Ein paar Kilometer weiter hing er sie an einen Baum und setzte sich darunter. Als der Pfarrer mit einem schönen

Der Schinderhannes-Turm in Mainz (Foto: Berndt)

Pferd dahergeritten kam, ächzte der Krämerjakob, der kein anderer als der Schinderhannes war: »Hochwürden, wollen Sie mir bitte helfen! Böse Jungen haben mir die Krücken weggenommen und an den Baum gehängt!« Der Pfarrer stieg vom Pferd und kletterte mit Mühe auf den Baum. Da schwang sich Schinderhannes aufs Pferd und rief dem Pfarrer zu: »Nun wissen Sie endlich, wie der Schinderhannes aussieht.«

Auf einem Jahrmarkt begegnete ihm eine Frau, die sich eine Kuh kaufen wollte, aber nur zehn Taler besaß. Schinderhannes gab ihr zehn weitere und sagte, sie solle sich die beste Kuh kaufen, die es gebe, jedoch solle sie sich vom Viehhändler eine Quittung ausstellen lassen. Die Frau kaufte für den genannten Betrag eine Kuh und überbrachte Schinderhannes die Quittung. Bückler lauerte nun dem Viehhändler auf, zeigte ihm die Quittung und verlangte die zwanzig Taler zurück. Der Händler, zu Tode erschrocken, gab die verlangte Summe heraus und war froh, heil davongekommen zu sein.

Oft wird davon berichtet – wahr oder nicht –, wie sich der Schinderhannes für die Armen eingesetzt hat. Auch Zuckmayer schildert in seinem Drama eine solche Szene. Er läßt Bückler im Gasthof »Grüner Baum« an der Nahe dem Wirt sagen: »Wisch mal dene Leut ihre Schuldstrich von der Tafel, samt und sonders, und mach dich bezahlt! Allez vite! Und dann e doppelte Lag für jeden in der Stub, der kei Geld im Sack hat, und für jedweden e Viertel Wurscht! Die solle auch emal was anders fresse wie Hundsfleisch un Kartoffelschale! Laßt's euch schmecke, ihr Leut!«

Im Siegerland wird von einer Begegnung des Räubers mit Napoleon berichtet. Schinderhannes, so wird erzählt, habe dem Franzosenkaiser gesagt: »Du ein großer, ich ein kleiner!« Napoleon glaubte, Bückler habe sagen wollen, der Kaiser sei ein großer, Schinderhannes ein kleiner Spitzbube. Darum habe Napoleon – oberste Instanz in Gerichtsangelegenheiten – später den Räuber nicht begnadigt. Als aber Napoleon abends mit seinen Generalen zusammensaß, so geht die Erzählung weiter, fragte er, was der Bückler wohl wirklich gedacht habe. Darauf ein General: »Du ein großer Feldherr, ich ein kleiner!« Als Napoleon das hörte, habe er angeordnet, man solle den Kerl sofort begnadigen. Ein Eilbote wurde nach Mainz geschickt. Er kam aber um eine Stunde zu spät. Schinderhannes war schon hingerichtet worden.

Die Mainzer Moritat vom Schinderhannes. Handschrift von Carl Zuckmayer. Erstes Blatt mit dem Entwurf des Autors für eine Moritatentafel

»Zehn verlieren das Leben unschuldig«

Am 24. Oktober 1803 begann in Mainz der Prozeß gegen Bückler und 67 andere Angeklagte. Es ging um 53 Verbrechen vom Straßenraub bis zum Mord. Die Akten der Voruntersuchung machten 3000 Seiten aus.
Über den Prozeß berichtete die Mainzer Zeitung am 31. Oktober 1803: »Bei dem ganzen Verhör bis auf diese Stunde benahm er sich auf eine Art, die bei einem wilden, rohen Räuber überrascht. Er war der jüngste in seiner Bande und ihr Hauptmann, und selbst im Verhör erkennen seine Genossen die Superiorität ihres ehemaligen Führers noch an, weil er ihnen in der Tat an geistiger Kraft weit überlegen war... Lügen scheint ihm zu niedrig. Mehrere wollen beobachtet haben, daß er sich voll Unwillen von dem Menschen abwendete, der sich durch eine Lüge zu retten glaubte und bei dem weiteren Verhör sich feig verstrickte. Bemerkenswert ist, daß sich Schinderhannes für einen Mann von Ehre hält. Er teilt in dem Verhör Mitschuldigen und Zeugen oft Zertifikate ihres guten oder schlechten Betragens aus.«
Am 8. November wird von einem Gespräch Bücklers mit dem Gerichtspräsidenten berichtet: »Ist es wahr«, fragte er, »daß ich gerädert werden soll? Ich hörte es von allen Seiten. Das wäre doch sehr schrecklich.« Der Präsident beruhigte ihn, indem er versicherte, er habe keinen anderen Tod als den unter der Guillotine zu fürchten.
Am 21. November 1803 sollte das Urteil vollstreckt werden. Zwei Tage lang strömten die Menschen zu Fuß, zu Pferd und im Wagen nach Mainz. Die Zeitung berichtet: »Heute endlich gegen ein Uhr setzte sich der schreckliche Zug unter einer starken militärischen Bedeckung nach der ehe-

maligen Favorite in Bewegung, wo die Guillotine aufgeschlagen war. Alle Straßen, durch welche der Zug ging, alle Fenster waren mit Menschen besetzt. Die Wälle und benachbarten Anhöhen wimmelten von Neugierigen. Über die Hälfte gehörte zum weichen, zärtlichen Geschlecht. Schinderhannes bestieg das Blutgerüst zuerst... Aufmerksam, doch ohne im geringsten sein Gesicht zu verändern, betrachtete er alle Teile der Mordmaschine, bestieg sie dann und sprach zu dem Volk: ›Ich sterbe gerecht; aber zehn von meinen Kameraden verlieren das Leben unschuldig.‹ «

Der Schinderhannes (Foto: Berndt)

Willigis-Fenster im Dom zu Mainz (Foto: Berndt)

»Willigis, denk, woher du kommen bis!«

Der Erzbischof von Mainz

Seine wunderbaren Lebensschicksale
gaben schon bei seinen Lebzeiten
in seiner Heimat Anstoß zur Sagenbildung.

Heinrich Bohmer

Der Name des Erzbischofs Willigisus an der alten Bronzetür des Mainzer Domes (Foto: Berndt)

Der Erzbischof von Mainz

Der Mainzer Dom bietet einige Denkwürdigkeiten. So befinden sich am Nordportal, das sich zum Markt hin öffnet, unter romanischen Bögen und dem Tympanon mit Christus zwei Bronzetüren aus dem 10. Jahrhundert. Zur damaligen Zeit waren solche Türen in Deutschland durchaus eine Seltenheit. Darum wird auch in einer Inschrift darauf verwiesen, sie seien die ersten nach dem Tod Karls des Großen.

Als Schöpfer des Portals, dessen Flügel in einem Guß hergestellt worden sind und von denen jeder an die 1700 Kilogramm wiegt, wird Meister Berenger genannt, ein Bronzegießer aus Süddeutschland, der lombardischer Herkunft gewesen ist.

Das Rad im Wappen der Mainzer Erzbischöfe im Dom zu Mainz (Foto: Berndt)

Auftraggeber war der Mainzer Erzbischof Willigis (Willigisus), der auf das Portal äußerst stolz gewesen ist. Darum ließ er in die Rahmenleisten der Türen die lateinischen Worte einprägen, die in Übersetzung lauten:

> *Nachdem der große Kaiser Karl gestorben war,*
> *hat Erzbischof Willigis (Willigisus)*
> *zuerst (wieder) aus Metall Türflügel*
> *machen lassen.*
> *Berenger, der Meister dieses Werkes,*
> *o Leser,*
> *bittet angelegentlich, daß du für ihn zu*
> *Gott betest.*

Die Bronzetüren, 1804 als nördliches Portal eingelassen, gehörten zuvor zu der Mainzer Liebfrauenkirche, die heute nicht mehr steht. Die beiden Flügel passen so genau in die Steinumrandung und Angeln des Domes, daß man davon ausgehen kann, daß sie schon im 10. Jahrhundert hier eingebaut gewesen waren.
Der Mainzer Dom geht auf Willigis zurück. Als dieser 975 von Otto II. zum Mainzer Erzbischof berufen wurde, begann er bald danach mit den Plänen zum Bau einer Kathedrale, die kaum ihresgleichen nördlich der Alpen haben sollte. Allerdings war erst wenige Jahrzehnte zuvor der bereits vorhandene Dom großzügig erneuert worden. Doch Willigis wollte mit seinem Bau etwas ganz Außerordentliches bewirken: die Symbolisierung der geistlichen Macht (Westbau) und der weltlichen Macht (Ostbau), die zusammen die tragende Staatsidee ausmachten.
Der Dom konkurrierte mit den Kaiserdomen von Worms und Speyer. Willigis wollte beide übertrumpfen. Er plante daher eine ungewöhnliche, großartige Einweihung. Am

29. August 1009 war der Dom mit Fackeln hell illuminiert. Es war ein zauberhaftes Bild. Doch die Einweihung wurde zur Katastrophe: Das Feuer der Fackeln sprang auf das Dachwerk über, und bald stand der Prachtbau ganz in Flammen. Er brannte bis auf die Grundmauern nieder. Willigis begann zwar sofort mit dem Neubau, der aber erst unter Erzbischof Bardo 1036 fertig wurde.
Spätere Zeiten brachten noch manchen Umbau. Dennoch steckt im heutigen Dom die Grundkonzeption der Kirche von Willigis. Verschiedentlich ist auch noch das Mauerwerk des ursprünglichen Baus aus der Gründerzeit des Doms deutlich erkennbar.

Sonnenleuchten aus dem Schoß

Willigis war ein ungewöhnlicher Mann. Um 940 geboren, stammte er aus einer armen und einflußlosen Familie. Er wurde von Folkhold, einem Kaplan Ottos I., erzogen und gelangte bald an den Kaiserhof. Hier machte er eine für seine Zeit erstaunliche Karriere. Er gehörte zur »Hofkapelle«, dem Schlüsselpunkt der Macht. Willigis – er hat vier deutschen Königen gedient – wurde nicht nur Erzbischof von Mainz, dem wichtigsten Bischofssitz in Deutschland, sondern auch Erzkanzler des Reiches. Verschiedene Jahre hat er die deutschen Geschicke geleitet. Er besaß das Recht, Könige zu krönen. Eine Reihe von Bischöfen hat er geweiht und dem römischen Stuhl den ersten deutschen Papst zugeführt. Er gründete zahlreiche kirchliche und weltliche Bauten. Ein umfangreicher Grundbesitz und Erträge der ihm verliehenen Rechte gaben ihm einen finanziell starken Rückhalt: Der aus der Armut Kommende war einer der Reichsten geworden.

Solch Aufstieg aus dem Nichts zu einer der einflußreichsten Persönlichkeiten des Reiches schuf viele Neider. Den Fürsten war es unverständlich, wie jemand aus niederem Stand in solche Position berufen werden konnte.

Sein Vater sei Wagner oder Stellmacher gewesen, wurde erzählt. Um Willigis an diese Herkunft zu erinnern und ihn zu demütigen, habe man – so berichtet die Sage – Räder an seinen Palast gemalt. Doch Willigis – so geht die Legende weiter – sei der Schmähung gelassen begegnet und habe an die Wände schreiben lassen: »Willigis, Willigis, denk woher du kommen bis!«

Die geringe Herkunft des Willigis scheint ein Dauergespräch nicht nur in Mainz gewesen zu sein. Solchen Redereien traten aber sowohl die Umgebung des Bischofs als auch die Chronisten entgegen: Wenn er auch arm geboren sei, so habe es doch vor und während seiner Geburt Zeichen gegeben, die darauf hingedeutet hätten, daß er eines Tages ein sehr bedeutender Mann sein werde.

»Wir dürfen nicht verschweigen«, schreibt Thietmar von Merseburg, der wichtigste Chronist der sächsischen Kaiserzeit in seinem Geschichtswerk, das er 1012 – 1018 verfaßte, »wie sehr Gottes Güte im voraus auf diesen zukünftigen Hirten hingewiesen hat. Seine Mutter war eine ziemlich arme, jedoch rechtschaffene Frau, wie aus dem Folgenden deutlich wird: Während sie mit ihm schwanger ging, sah sie im Traum, wie ein Sonnleuchten aus ihrem Schoß die ganze Erde mit Flammenstrahlen erfüllte. Und in der Nacht, da sie diesen Sohn gebar, gebar auch alles Vieh in ihrem Haus, als ob es durch solche Entsprechung der Herrin Glück wünschen solle. Der damals Geborene war die

Sonne, die durch die Strahlen heiliger Verkündung die Herzen vieler erleuchtete.«

Eine Erzählung, die vom bald erworbenen Reichtum des Willigis berichtet, besagt, er habe in einem fest verschlossenen Raum große Schätze zusammengetragen. Niemand außer Willigis habe Zugang gehabt. Als König Heinrich II. von dem Gerücht gehört habe, sei er zu der Schatzkammer gegangen und habe sie eigenhändig aufgebrochen, doch nichts Ungewöhnliches gefunden.

Eine Legende bezieht sich auf die lange Regierungszeit des Willigis, die 36 Jahre dauerte. Im Volksglauben hieß es, kein anderer Bischof in Mainz werde länger regieren als er, so wie kein Papst länger herrschen werde als Petrus, der 24 Jahre lang sein Amt innehatte. Tatsächlich ist niemand länger als 36 Jahre Bischof von Mainz gewesen.

Trotz allem lebt die Sage

Der heutige Besucher der Domstadt beobachtet vielfach das Rad als Wappen der Stadt Mainz. Weiß auf rotem Grund leuchtet es von den Fahnen, die über dem Marktplatz wehen. Es blinkt aus den Glasfenstern des Doms und ist in die Säulen der Kirche gemeißelt. Daß das Symbol auf Willigis zurückgeht, wie in der Sage behauptet, wurde bis ins 17./18. Jahrhundert fest geglaubt. Dann kamen Zweifel auf, da erbliche Wappen erst in der Zeit nach den Kreuzzügen aufkamen und als Siegel nicht vor dem 12. Jahrhundert gebraucht wurden. Heute gilt die Legende als widerlegt. Dennoch wird die Sage von Willigis und dem Mainzer Rad immer wieder erzählt – und warum auch nicht?

Der Mainzer Dom (Foto: Berndt)

Günter Hans Heinrich zu Rodenstein (Foto: Berndt)

Die »wilde Jagd« im Odenwald

Der Rodensteiner

Sehr verborgen, nicht leicht zu finden,
liegt im Wald die Burgruine Rodenstein auf einem
Bergvorsprung... Hier ist es heimlich, feucht
und kühl auch an heißen Tagen, und man
begreift, daß von diesem Wald seit Jahrhunderten Spukgeschichten erzählt werden.

Werner Bergengruen

Notgeld, das den »Rodensteiner« zum Motiv hat (Foto: Berndt)

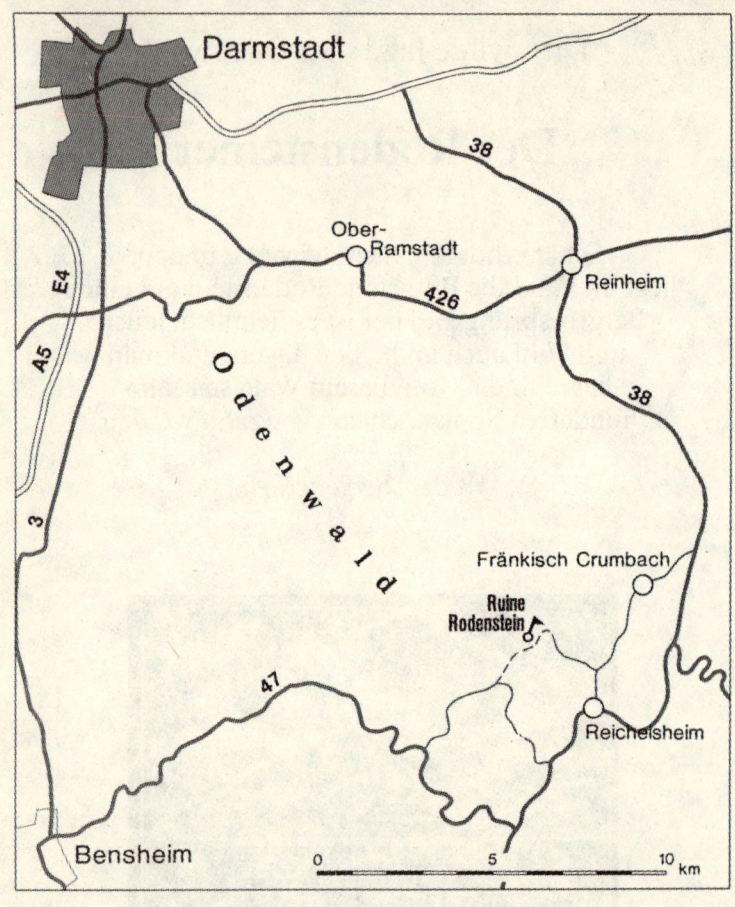

Nur wenige Kilometer von Reichelsheim liegt die Ruine Rodenstein

Die Ruine Rodenstein liegt, wie Bergengruen es schildert, recht versteckt im nördlichen Odenwald. Man erreicht sie vom Tal der Gersprenz aus über Fränkisch-Crumbach oder über Reichelsheim. Die wenigen Reste der Mauern und des alten Westturms sind von Gräsern, Gesträuch und Bäumen überwachsen.
Ursprünglich ist es ein imponierender Besitz gewesen. Hinter den Mauern erhoben sich Verteidigungswerke, Türme und das Herrenhaus. Die Burg, um 1250 erbaut, hatte im 13., 14. Jahrhundert ihren Höhepunkt. Danach, vor allem im Dreißigjährigen Krieg, kam das große Elend über die Rodensteiner. Die Burg wurde schließlich unbewohnbar. So verließ Georg Friedrich von Rodenstein das Besitztum und zog nach Heppenheim, wo er 1671 als letzter seines Geschlechts verstarb. Die Burg wurde nun als Steinbruch genutzt und zerfiel.

Der Sagen gibt es viele

Die Ruine inmitten der ausgedehnten Wälder war allerdings so recht geeignet, Spukgeschichten zu erfinden oder alte Sagen auf sich zu ziehen. Davon gibt es eine ganze Menge im Odenwald. Es wird die Geschichte von der Katze erzählt, die im Gemäuer lauert und einen Schatz bewacht. Es ist die Mär zu hören von einer Schlange, die einen Schlüssel im Maul trägt, mit dem geheime Gewölbe geöffnet werden können. Noch andere Berichte wissen von einem zarten Edelfräulein zu berichten, das hier gelebt haben soll. Sie hatte sich nichts zuschulden kommen lassen, wurde aber durch einen bösen Zauber in eine häßliche Kröte verwandelt und hüpfte nun um die Burg herum und wartete sehnlich darauf, daß ein Prinz sie finden und erlösen möge. Eine weitere Legende berichtet von einem Rodensteiner, der seine Frau ermordet hat. In einigen anderen Erzählungen treten die Rodensteiner als Raubritter auf, die manche böse Taten begangen haben sollen. Um ihre Verfolger in die Irre zu führen, ließen sie ihren Pferden oftmals die Hufeisen verkehrt herum anschlagen.

Der Chronist, der sich am meisten mit den Rodensteinern befaßt hat, der ehemalige Pfarrer von Fränkisch-Crumbach, Theodor Meisinger, hat die Junker recht positiv gesehen. Doch die Wirklichkeit dürfte anders gewesen sein. Die Ritter haben sich – von einer bestimmten Zeit an – dem Straßenraub hingegeben. Das war nicht ungewöhnlich. Im späten Mittelalter waren die Ritter in große Schwierigkeiten geraten. Die wachsende Bedeutungslosigkeit ihrer Heere, der wirtschaftliche Umbruch, die Verlagerung von der Natural- auf die Geldwirtschaft, dies alles hat wohl auch die Rodensteiner in Bedrängnis gebracht. Sie suchten die Notlage durch Straßenraub oder durch Erpressung von Lösegeld abzuwenden.

In den Frankfurter Ratsakten wird von einem Rodensteiner berichtet, der 1417 einen Raubüberfall durchführte. Nach diesen Unterlagen hat ein Jahr später Hermann von Rodenstein in der Nähe von Schweinfurt Kaufleute aus Meißen überfallen und ausgeraubt. Weitere Überfälle erfolgten 1440. Diesmal waren Engelhard und Johannes von Rodenstein die Täter. 1461 überfiel Ritter Hans einige Frankfurter Kaufleute. Da die Übergriffe letztlich doch nicht das brachten, was den Erhalt des Besitzes sichern konnte, haben die Rodensteiner Teile des Schlosses und ganze Dörfer veräußert.

Das nicht sehr tugendhafte Leben der Burgherren auf dem Hintergrund der von Hochwäldern umwucherten Ruine hat schließlich zur beherrschenden Sage der Rodensteiner geführt: Hans von Rodenstein wurde zum Anführer eines Geisterheeres, das unter Pferdegetrappel, Hundegebell, lautem Geschrei, fürchterlichen Fluchen und Heulen durch den Odenwald zieht. Der Weg der »Wilden Jagd« ist genau beschrieben: Er beginnt östlich der Gersprenz auf der »Ruine Schnellerts«, führt über Oberkleinsbach nach Brensbach, überquert die Gersprenz und schlägt einen Haken nach Südwesten in Richtung Fränkisch-Crumbach und Rodenstein. Das Krachen und Gedröhn, das Geschrei und Gebrüll des wilden Heeres, sein Getöse und Getümmel, sind so gewaltig, daß Häuser und Höfe erzittern, Dächer abgedeckt und Bäume entwurzelt werden.
Es ist die Geschichte vom »Wilden Jäger«, der vor allem in den zwölf Nächten zwischen Weihnachten und dem Dreikönigsfest durch die Lüfte zieht. Die Sage ist sehr alt. Der Ursprung geht bis in die germanische Zeit zurück. Damals war Odin der Anführer des Geisterheeres – und auf Odin soll auch der Name Odenwald zurückgehen.
Die Wilde Jagd des Rodensteiners ist nach den Ortssagen im Odenwald ein Heer der Toten, die unerlöst und verdammt durch die Lüfte jagen bis zum Jüngsten Tag. Sie erscheinen den Lebenden vor allem, wenn ein Krieg bevorsteht. Davon haben Odenwälder sogar noch aus der Zeit vor dem Zweiten Weltkrieg berichtet. 1938 will ein Bauer aus Unter-Gersprenz die Wilde Jagd vernommen haben – mit Getöse, Wagenrollen und Pferdewiehern. Als er seinem Bruder die Beobachtung mitteilte, erwiderte dieser: »Das war der Rodensteiner. Jetzt gibt's Krieg!«
Der Rodensteiner erscheint auch, wenn ein Krieg zu Ende geht. Jedenfalls weiß der Chronist Meisinger von Leuten

zu berichten, die in den letzten Jahren des Zweiten Weltkrieges erneut die Wilde Jagd erlebt haben wollen. In einem Ort hat sich die Sage vor allem verfestigt, in Oberkainsbach, am Fuß der Ruine Schnellerts. Dort liegt ein alter Hof, unter dem Namen »Haal« bekannt. Hier soll der Geisterzug direkt über die Dächer hinweggezogen sein, einmal sogar mitten durch eine Scheune hindurch.

Die Ruine Rodenstein im nördlichen Odenwald. Die Burg ist um 1250 erbaut worden. (Foto: Berndt)

Es regt sich was im Odenwald

Die Geschichte vom Wilden Jäger und vom Rodensteiner ist Gegenstand vieler Erzählungen, Berichte, Dramen, Opern und auch Liedern. Nicht zuletzt hat sich Victor von Scheffel (1826–1886), der Dichter, der die romantische Naturfreude, die Vagantenlust und die Burschenherrlichkeit besungen hat, des Stoffes angenommen. Bei ihm heißt es:

> *Es regt sich was im Odenwald,*
> *Und durch die Wipfel hallts und knallts,*
> *Der Rodenstein zieht um.*
>
> *Vom Rhein her streicht ein starker Luft,*
> *Der treibt den Alten aus der Gruft.*
> *Der Rodenstein zieht um.*
>
> *Ein rostig Stahlwams ist sein Kleid,*
> *Ein rostig Schlachtschwert hängt zur Seit.*
> *Der Rodenstein zieht um ...*

Scheffel hat angeblich auch erfahren, der Rodensteiner – gemeint ist meist Hans von Rodenstein – sei unbändig im Trinken gewesen und habe dabei ganze Dörfer verpfändet. Davon berichtet das Lied »Die drei Dörfer«:

> *Wer reitet mit zwanzig Knappen ein*
> *Zu Heidelberg im Hirschen?*
> *Das ist der Herr von Rodenstein,*
> *Auf Rheinwein will er pirschen.*

»Hollahe! Den Hahn ins Faß! Schenkt ein!
Ich fürcht, die Kehlen rosten,
Wir wolln ein Jahr lang lustig sein,
und solls ein Jahr uns kosten.

Ein Dorf, was ist's! Nur Mist und Rauch!
Ich hab ja ihrer dreie:
Gersprenz und Paffenbeerfurt auch
und Reichelsheim, die treue.«

Und als er sich nach Jahr und Tag
Die Rechnung hergewunken,
Da sprach er: »Blitz und Donnerschlag!
Jetzt ist Gersprenz vertrunken.«

Pfaffenbeerfurt und Reichelsheim sollen das gleiche Schicksal erlitten haben. Scheffel meint, den Rodensteiner richtig wiederzugeben, wenn er das Lied mit den Versen abschließt: »Was liegt an dem Verluste. Man spricht vom vielen Trinken stets, doch nie vom vielen Durste!«

Er trank täglich fünfzehn Flaschen Wein

Zwerg Perkeo in Heidelberg

Da stand der sehr kleine
Mann vor dem sehr großen Faß.

Josef Bergental

»*Das alte Schloß zu Heidelberg von oben gesehen.*« *Stahlstich aus dem Jahre 1846 von E. Willmann nach seinem eigenen Gemälde (Bildarchiv Preußischer Kulturbesitz)*

Zwerg Perkeo in Heidelberg

Er heißt Richard Klebes. Bekannter ist er jedoch unter dem Pseudonym »Perkeo«. Er trägt die bunte Kleidung des 18. Jahrhunderts und eine Perücke mit blonden Ringellocken, wohnt in der Werderstraße 11 in Heidelberg und ist bei allen großen Feiern der Stadt am Neckar dabei. Perkeo ist Patron des »Heidelberger Herbst«, und als Wahrzeichen der Fastnacht rollt er auf einem der großen Karnevalswagen in jedem Frühjahr durch die Straßen der Stadt, ein Glas Pfälzerwein in der Hand.

Er ist jedoch nur »Nachfahre« des bedeutenderen, des echten Perkeo, der im 18. Jahrhundert in Heidelberg lebte. Dieser Perkeo war in Tirol aufgewachsen und hatte dort im Dienst des kaiserlichen Statthalters gestanden, des Pfalzgrafen Carl Philipp, Bruder des Kurfürsten Johann Wilhelm von der Pfalz. Als dieser kinderlos starb, folgte Karl Philipp 1718 seinem Bruder in der Herrschaft nach. Er nahm Perkeo mit nach Heidelberg und machte ihn in der Neckarstadt zum Hofnarren.

Perkeo war winzig, nur 1,10 Meter groß. Darum nannte man ihn »Zwerg Perkeo«. Als gewitzter Bursche und Mensch von ausgesuchter Fröhlichkeit war er bei den Gesellschaften im Schloß stets dabei und erheiterte die Gäste durch Humor und Schlagfertigkeit. Zudem war er – wie sein Kurfürst – ein gewaltiger Zecher.

Eigentlich hieß er Clemens. Den Namen Perkeo hatte er wegen einer Redensart erhalten. Wurde er nämlich gefragt, ob er noch ein Glas trinken wolle, antwortete er auf italienisch: »Perché no!« Aus diesem »Warum nicht!« ist Perkeo geworden.

Das Bild des rothaarigen Hofnarren hängt im Kurpfälzischen Museum in Heidelberg. Auf dem Gemälde erscheint er als Ritter und Kammerherr. Die pompöse Kleidung, der große Kreuzorden auf der Brust, die breite Schärpe und der Galanteriedegen weisen auf die im Scherz verliehenen Ämter hin. Ursprünglich ist Perkeo Knopfmacher gewesen; Utensilien dieses Handwerks zu seinen Füßen verdeutlichen es. Bemerkenswert ist der riesige Schlüssel, den Perkeo auf der rechten Seite trägt, ein Symbol dafür, daß er Wächter des »Großen Fasses« war.

Noch heute eine Attraktion

Das Faß im Heidelberger Schloß, früher als Weltwunder betrachtet, ist noch heute eine Attraktion. Es ist das größte Holzfaß der Welt, das je zur Weinlagerung benutzt worden ist. Täglich – das ganze Jahr hindurch – kommen Hunderte, manchmal weit über tausend Menschen aus aller Welt – nicht zuletzt Amerikaner und Japaner –, um das Große Faß zu bestaunen.
Das Faß ist 1751 unter dem Nachfolger von Johann Philipp, Carl Theodor, fertiggestellt worden; der Durchmesser beträgt 7 Meter, die Länge 8,50 Meter. Zur Herstellung wurden 130 Eichenstämme benötigt. Das Fassungsvermögen beträgt über 220 000 Liter.
An der Stirnseite sind über vier breiten Querbalken die Initialen des Erbauers, C.T., zu lesen, des Kurfürsten Carl Theodor. 42 Stufen zu beiden Seiten führen auf ein Podest, auf dem zur Faschingszeit häufig getanzt wird. Ursprünglich gab es vom Faß zum Festsaal eine Rohrleitung, über die der Wein ins Schloß gepumpt wurde. Bei einem Tagesverbrauch, der bei zweitausend Liter gelegen haben soll, eine sinnvolle Einrichtung.

Zwerg Perkeo in Heidelberg

Außer dem Großen Faß sind noch zwei weitere gebaut worden. Schon 1591 hat Johann Kasimir ein 130 000-Liter-Faß herstellen lassen, und 1664 war von Kurfürst Friedrich ein Faß in Auftrag gegeben worden, das 195 000 Liter aufnehmen konnte. Aber das Große Faß des Kurfürsten Carl Theodor schlug alle Rekorde.

Das Große Faß im Heidelberger Schloß (Foto: Berndt)

In vino veritas

Im Weinkeller des Schlosses drängen sich die Besucher auch um eine Uhr aus dem 18. Jahrhundert. Ihr Glockenschlag ertönt, wenn ein Ring gezogen wird. Dabei schnellt ein Fuchsschwanz heraus und erschreckt die Besucher. Das ist ein Scherz des Hofnarren Perkeo, dessen Holzstatue neben der Uhr steht. Die Figur zeigt den Bewacher des Großen Fasses als rechten Zecher: Er hält in der Hand einen großen Pokal. Eine ähnliche Darstellung Perkeos an einem Eckhaus in der großen Fußgängerzone der Stadt beweist zum anderen, daß für die Heidelberger dieser fröhliche Zwerg Symbolfigur geworden ist. Nicht erst seit heute. Schon im vorigen Jahrhundert dichtete Victor von Scheffel:

*Das war der Zwerg Perkeo im Heidelberger Schloß,
An Wuchse klein und winzig, an Durste riesengroß.
Man schalt ihn einen Narren, er dachte: »Liebe Leut,
Wärt ihr wie ich doch alle feuchtfröhlich und gescheut!*

*Die Wahrheit liegt im Weine. Beim Weinschlurf ohne End
Erklär ich alter Narre fortan mich permanent.«*

Perkeo stieg zum Keller; er kam nicht mehr herfür

> *Und sog bei fünfzehn Jahren am*
> *rheinischen Malvisier.*
>
> *Als er zum Faß gestiegen, stand's*
> *wohlgefüllt und schwer,*
> *Doch als er kam zu sterben, klang's*
> *ausgelaugt und leer.*
>
> *Perkeo ward begraben. – Um seine Keller-*
> *gruft*
> *Beim leeren Riesenfasse weht heut noch*
> *feuchte Luft.*

Perkeo ist bei seinen Trinkgewohnheiten nur der allgemeinen Sitte des kurfürstlichen Hofes gefolgt. Der große Rausch gehörte hier zur Tagesordnung. Es hat wilde Orgien im Schloß gegeben, besonders zu Zeiten von Kurfürst Friedrich IV. Dieser Regent regierte weniger, als daß er trank. Er registrierte auch seine nächtlichen Feste sorgfältig in einem Tagebuch. Da stand dann eingetragen, daß er »wieder fol gewesen« war. Aus solcher aufschlußreichen Notiz ist dann das Heidelberger Studentenlied entstanden:

> *Wütend wälzt sich einst im Bette*
> *Kurfürst Friedrich von der Pfalz.*
> *Wider alle Etikette*
> *Brüllte er aus vollem Hals:*
> *»Wie kam gestern ich ins Nest?*
> *Bin scheint's wieder voll gewest.«*

Perkeo war also durchaus keine Ausnahme am kurfürstlichen Hof zu Heidelberg. Der Legende nach hat er täglich

Statue des weinseligen Zwerges in der Fußgängerzone von Heidelberg (Foto: Berndt)

Zwerg Perkeo in Heidelberg

Zwerg Perkeo. Im Hintergrund das Schwetzinger Schloß. Gemälde von Johann Georg Dathan (Kurpfälzisches Museum der Stadt Heidelberg)

fünfzehn Flaschen Wein getrunken, nach anderen Überlieferungen sollen es sogar achtzehn gewesen sein. Der kleine Hofnarr starb, so erzählt man sich in der Neckarstadt, nachdem er auf ärztliche Anordnung ein Glas Wasser getrunken hatte.

»... er aber, sag's ihm, er kann mich ...«

Götz von Berlichingen

Götz: Mich ergeben! Auf Gnad und Ungnad!
Mit wem redet ihr! Bin ich ein Räuber! Sag deinem
Hauptmann: Vor Ihro Kaiserlichen
Majestät hab ich, wie immer, schuldigen Respekt.
Er aber, sag's ihm, er kann mich ...

Johann Wolfgang von Goethe

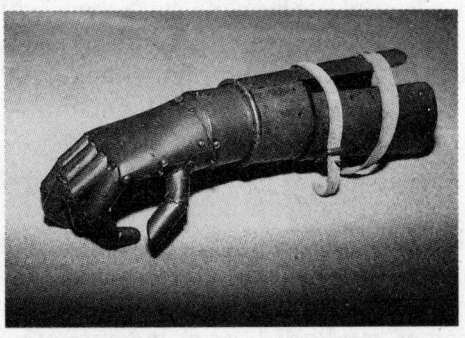

Die Eiserne Faust des Götz von Berlichingen

Diese Worte haben Götz berühmt gemacht. Wer vom Berlichinger sonst nichts weiß, den Satz, den Götz in Goethes Dichtung dem Trompeter entgegenschleudert, der zur bedingungslosen Kapitulation auffordert, kennt jeder. Wenn Heinrich George, der vitale Schauspieler, dessen Lieblingsrolle der Götz gewesen ist, das Zitat zornbebend über die Bühne rief und dann das Butzenscheibenfenster knallend zuwarf, war ihm jedesmal frenetischer Beifall sicher.

Heinrich George über das Goethe-Zitat: »... wo immer ich auch war, in Mexiko und Kalifornien, in der Ukraine und in den Beskiden, in London, New York und Munkacs – den ›Götz von Berlichingen‹ kannte man, man kannte ›das Zitat‹, das ›klassische Zitat‹. Von einem Augenzwinkern, einem sich verstehenden Kichern begleitet, begann es seinen Siegeszug durch die Welt.

O tragische Ironie! – Die banalste Nebensächlichkeit, ahnungslos entfallen einem Dichtermund, wird zum beglückenden Gemeinplatz einer Menschheit, zur jubelnden Werbung für eine der großartigsten Dichtungen aller Zeiten.«

Heinrich George ist jedoch zu korrigieren. Nicht nur hinsichtlich der Qualität des Stückes, auch was die angebliche Ahnungslosigkeit Goethes angeht. Der Dichter hat ja den fraglichen Satz sinngemäß der von Tobias Pistorius 1731 zu Nürnberg herausgegebenen »Lebensbeschreibung Herrn Götzens von Berlichingen, zugenannt mit der Eisernen Hand, eines zu Zeiten Kaysers Maximilian I. und Caroli V. kühnen und tapferen Reichs-Cavalier« entnommen.

Diese Autobiographie war die Hauptquelle für Goethes »Götz«. In seiner Niederschrift schildert der Berlichinger eine Begebenheit in Krautheim, nordöstlich von Jagsthau-

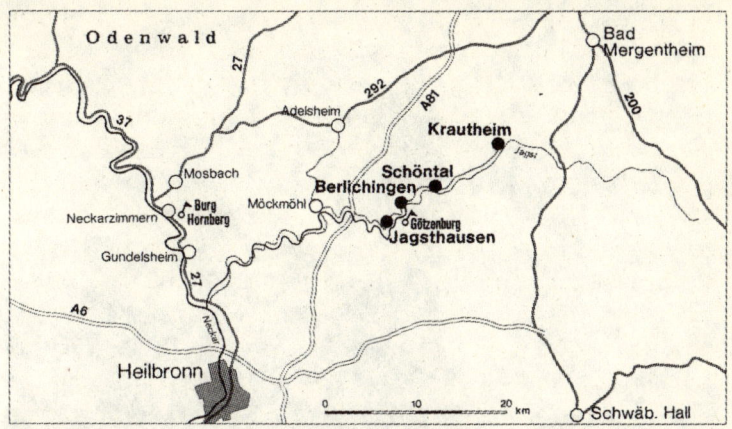

An der Jagst und am Neckar liegen die Orte, mit denen Götz von Berlichingen in Verbindung gebracht wird.

sen. In diesem Ort war ein gewisser Max Stumpf Amtmann. Er hatte seinen Posten dadurch verdient, daß er an Götz Verrat begangen hatte. Der Berlichinger wollte es ihm nun heimzahlen.

Er zündete die mainzischen Dörfer Ballenberg und Oberndorf an und glaubte damit den Amtmann aus dem Schloß zu locken, um ihn dann fangen zu können. Aber Stumpf ging nicht in die Falle. Als Götz unterhalb des Schlosses auch das Schafshaus ansteckte, schrie der Amtmann oben zum Fenster heraus. Götz gab ihm darauf die bekannte Antwort, die Goethe nach Jagsthausen verlegte.

In Götzens Lebensbeschreibung liest sich das Intermezzo folgendermaßen: »Der Amtmann solt über das Feuer rukken. Und hielt wol ein Stund oder zwo zwischen Crautheim und Neuenstetten. Denn es war gar hell und lag ein

Burg Hornberg am Neckar – die Burg von Götz von Berlichingen (Foto: Berndt)

Schnee dazu, ob ich mögte mit ihme zur Handlung kommen seyn. Und wie ich also hernieder brandt, da schrie er, der Amtmann, von oben heraus ... Da schrie ich wieder zu ihme hinuf: Er solt mich hinden lekhen!«

Die Krautheimer meinten nun einige Jahrhunderte später, man müsse die Begebenheit, die sich bei ihnen abgespielt hat, aller Welt kund und zu wissen tun. So setzten sie am Ortseingang, wenige Schritte vor einer Metallwarenfabrik, einen mannshohen Gedenkstein – mit dem Kopf von Götz und seiner eisernen Hand, darunter das Zitat. An der Seite des Granitsteins findet sich noch der Hinweis, daß Götz im Jahr 1517 den Ausspruch von dieser Stelle aus getan hat.

Von der Hand, die noch ein wenig an der Haut hängt

Götz von Berlichingen, 1480 als jüngstes von zehn Kindern auf Burg Jagsthausen geboren, hat ein buntes und widersprüchliches Leben geführt. Als Kind hatte er »nicht viel Lust zur Schule, sondern vielmehr zu Pferden und zur Reiterei«. Er wuchs am Hof des Markgrafen von Ansbach auf und nahm als Kriegsmann in einer Zeit des Umbruchs, des Niedergangs des Rittertums, an zahlreichen Fehden, Kämpfen und Kriegen teil. Dabei wurden Dörfer, Schlösser und Burgen unbarmherzig niedergebrannt und Raubzüge veranstaltet. 1512 zum Beispiel überfiel er 95 Kaufleute: Er wählte aus der Gruppe die Nürnberger aus und beschlagnahmte ihre Waren. Im Spessart überfiel er Nürnberger Kaufleute, die auf dem Weg zur Frankfurter Messe waren. Sie mußten wie zur Hinrichtung niederknien.

Dann trat er sie in den Hintern, gab ihnen kräftige Ohrfeigen, beschimpfte sie und jagte sie davon. Als 1525 der Bauernkrieg ausbrach, bewogen ihn die Bauern mit List und Drohungen, ihr Anführer zu werden. Götz versuchte, die Bauern zu mäßigen, was ihm nur anfangs gelang. Es folgten bald schwere Ausschreitungen und Greueltaten. Wegen Rauf- und Raubhandel kam er in die Acht.

Im Krieg gegen Bayern, im Jahre 1504, wurde er verwundet. Eine Kugel aus einer Feldschlange traf seinen Schwertknopf und zerschlug ihn. Dabei wurde sein rechter Unterarm schwer verletzt. Götz schildert dies so:

»... die Stang und das andere Theil vom Knopf hab mir zwischen dem Handschuh und dem Arm-Zeug die Hand herabgeschlagen, also, daß der Arm hinten und vornen zerschmettert war, und wie ich das siehe, so hengt die Hand noch ein wenig an der Haut...«

Götz kam nach Landshut und lag hier sieben Monate unter großen Schmerzen. Sein Leben als Ritter und Kriegsmann schien beendet. Da erinnerte er sich eines Knechtes mit Namen Köchli, der, obwohl nur noch eine Hand, gegen den Herzog von Bayern gekämpft hatte. Götz glaubte, auch seinem Handwerk weiter nachgehen zu können, wenn er sich eine eiserne Hand schmieden ließe. Sein Waffenschmied in Olnhausen im Jagsttal stellte ihm eine solche Kunsthand her. Ein Nürnberger Waffenschmied fertigte eine zweite, ein Meisterstück mittelalterlicher Technik. Beide sind heute im Schloßmuseum von Jagsthausen ausgestellt.

Die Rüstung Götz von Berlichingens auf Burg Hornberg am Neckar (Foto: Berndt)

Foto: Berndt

Eher klein von Statur

1516 kam es zu einem Kampf mit Philipp von Waldeck. Götz überwältigte ihn und ließ ihn ins Burgverlies von Jagsthausen werfen. Philipp, der im Kerker elendig zugrunde gegangen wäre, kaufte sich mit der beträchtlichen Summe von 8 400 Gulden frei. Mit 6 500 Gulden dieses Lösegeldes erstand Götz die Burg Hornberg am Neckar. Nicht unwesentliche Teile der Anlage sind bis heute erhalten geblieben. Im Museum der Burg werden unter Spinnweben Harnisch und Schwert aufbewahrt, die Götz getragen hat. Nach heutigen Begriffen war er, wie die Rüstung zeigt, klein von Statur.

Für die schweren Ausschreitungen im Bauernkrieg wurde Götz verantwortlich gemacht, vor Gericht gestellt und verurteilt. Nach zweijähriger Haft in Augsburg mußte er

Urfehde schwören und versprechen, die Burg in Hornberg nicht zu verlassen, keine Nacht außer Hauses zuzubringen und kein Pferd zu besteigen. Götz hat sich sechzehn Jahre daran gehalten. Danach rief ihn Kaiser Karl V. erneut zum Kriegsdienst.

Mit 82 Jahren, 1562, ist Götz von Berlichingen gestorben. In einem feierlichen Trauerzug wurde er nach Schöntal überführt und im Kreuzgang des dortigen Klosters beigesetzt, wo die Freiherrn von Berlichingen ein Erbbegräbnis besaßen. Der Grabstein zeigt den auf der eisernen Faust knienden Berlichingen in seiner Rüstung, die Hände gefaltet. Ob das Relief dem Wesen von Götz entspricht, steht dahin. Eine andere Frage lautet, inwieweit Goethes Dichtung, die Berlichingen zum edlen Nationalhelden stilisiert, dem Geschehen gerecht wird. Zwar hat die Dichtung, die Goethe in erster Fassung 1771 beendete, als Lesedrama bald einen Siegeszug durch Deutschland angetreten – 1774 erfolgte in Berlin die Uraufführung –, aber der alte Goethe selbst hat seine Jugenddichtung kritisch beurteilt ...

Um das Jahr 1000 ist die Burg »Weibertreu« erbaut worden, die auf einem Kegelberg über der Stadt Weinsberg liegt (Foto: Berndt)

Keuchend tragen die Frauen ihre Männer durch die Straßen

Die Weiber von Weinsberg

Die Weibertreu wurde in vielen Geschichten, auch Opern und Schauspielen besungen und in zahlreichen Kunstwerken dargestellt.

Aus einer Schrift der Stadt Weinsberg

Eine Frau trägt ihren Mann aus der Burg. Skulptur im Rathaus der Stadt (Foto: Berndt)

Die Weiber von Weinsberg

Weinsberg, nördlich Stuttgart und nur wenige Kilometer östlich von Heilbronn gelegen, trägt seinen Namen zu Recht. Die Siedlung, die an die 9000 Einwohner zählt, ist ringsum von Weinbergen eingeschlossen. »Stadt des Weines« nennt sich darum der Ort. Am nahen »Schemelsberg« haben die Bürger sogar einen »Weinbaulehrpfad« angelegt, an dem die Reben in allen Arten und Kreuzungen anhand ihrer Anbaumöglichkeiten zu studieren sind.

Der Wein verleiht dem Ort seinen Charakter. Auch sonst läßt sich's hier leben. Das fand nicht zuletzt der Arzt und Dichter Justinus Kerner bestätigt, der sich nach langem Wanderleben 1819 in Weinsberg niederließ. Neben seiner Tätigkeit als Amtsarzt schrieb er Erzählungen, Märchen, Lieder und Gedichte (»Wohlauf noch getrunken den funkelnden Wein«). Er befaßte sich auch mit spiritistischen und okkultistischen Fragen; den Untersuchungen ist von der Psychiatrie eine gewisse Bedeutung geschenkt worden. Sein Haus, heute eine Gedenkstätte, war im vorigen Jahrhundert Treffpunkt der schwäbischen Romantiker. Nikolaus Lenau, Gustav Schwab, Joseph von Görres und Ludwig Uhland verkehrten bei dem kugelköpfigen und etwas mopsigen, aber vielseitig begabten Württemberger.

Durch die Spieße gejagt

Kerner befaßte sich auch mit der Ortsgeschichte, so mit der Vergangenheit der Ruine Weinsberg, einer ehemaligen Reichsburg, die auf einem beherrschenden Kegel in der Landschaft liegt. Sie ist gegen Ende des 10. oder zu Anfang

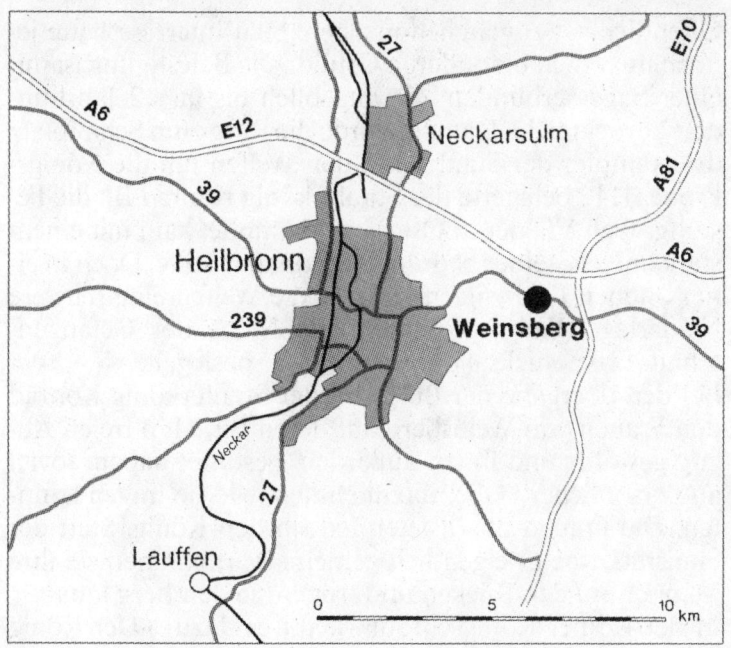

Weinsberg liegt vor den Toren Heilbronns

des 11. Jahrhunderts gebaut worden. Im April 1525, zu Ostern, wurde die Burg von 6000 Odenwälder und Hohenloher Bauern erstürmt (»Wir wollen bei den Weinsbergern die Ostereier holen«, hatte es geheißen). Zehn der die Burg verteidigenden und gefangengenommenen Ritter wurden durch die Spieße gejagt und erschlagen. Die Burg, in Brand gesetzt, zerfiel.

Kerner hat sich, nachdem er Weinsberger Bürger geworden war, um den Zustand der Ruine gekümmert. Er ließ die Burg weitgehend wiederherstellen und ab 1824 der

Öffentlichkeit zugänglich machen. Sein Interesse hatte jedoch nur einen besonderen Grund: Die Befestigung ist mit einer Sage verbunden, die angeblich bis ins 12. Jahrhundert zurückreicht. Damals wurde die Burg zum Schauplatz des Kampfes der Staufer mit den Welfen um die Königskrone. 1140 belagerte der Stauferkönig Konrad III. die Festung. Welf VI., der in Österreich kämpfte, kam mit einem starken Heer seiner bedrängten Burg zur Hilfe. Doch in einer offenen Feldschlacht erlitten die Welfen eine schwere Niederlage. Welf VI. entkam mit Mühe der Gefangenschaft. Das Schicksal der Festung war besiegelt.

Bei der Übergabe der Burg soll der Stauferkönig Konrad den Frauen von Weinsberg auf deren Bitte hin freien Abzug gewährt und ihnen außerdem gestattet haben, soviel an persönlicher Habe mitzunehmen, wie sie tragen konnten. Die Frauen überlisteten jedoch den König. Statt des Hausrats, wie es eigentlich gemeint war, nahmen sie ihre Männer auf den Rücken und trugen sie den Berg hinab.

In der Kölner Königschronik heißt es dazu: »Der König belagerte im Jahr 1140 eine Burg des Herzogs Welf von Bayern, Winesberg genannt, und brachte sie zur Kapitulation, wobei er den Edelfrauen und den übrigen Weibern, die sich daselbst vorfanden, mit königlichem Edelsinn die Erlaubnis gab, daß jede mitnehmen dürfe, was sie auf ihren Schultern tragen könne. Diese aber, wie auf die Treue ihrer Gatten bedacht, ließen ihre Habe beiseite und stiegen herab, die Männer auf den Schultern tragend. Als nun Herzog Friedrich von Schwaben, der Bruder des Kaisers, solchem Vorgehen widersprach, entgegnete ihm der König, der die List der Weiber nicht übelnahm, es zieme sich nicht, ein Königswort zu ändern.«

Adelbert von Chamisso (1781–1838) machte aus diesem Bericht eine Ballade:

*Der erste Hohenstaufe, der König
Konrad, lag
Mit Heeresmacht vor Winsperg, seit
manchem langen Tag.
Der Welfe war geschlagen, noch wehrte
sich das Nest,
Die unverzagten Städter, die hielten es
noch fest.*

*Der Hunger kam, der Hunger! das ist
ein scharfer Dorn;
Nun suchten sie die Gnade, nun fanden sie
den Zorn.
»Ihr habt mir hier erschlagen gar manchen
Degen wert,
Und öffnet ihr die Tore, so trifft euch doch
das Schwert.«*

*Da sind die Weiber kommen: »Und muß
es also sein,
Gewährt uns freien Abzug! Wir sind vom
Blute rein.«
Da hat sich vor den Armen des Helden
Zorn gekühlt,
Da hat ein sanft Erbarmen im Herzen er
gefühlt.*

*»Die Weiber mögen abziehn, und jede
habe frei,
was sie vermag zu tragen und ihr das
Liebste sei!
Laßt ziehn mit ihrer Bürde sie ungehindert
fort!
Das ist des Königs Meinung, das ist des
Königs Wort.«*

Und als der frühe Morgen im Osten kaum gegraut,
Da hat ein seltnes Schauspiel vom Lager man geschaut:
Es öffnet leise, leise sich das bedrängte Tor,
Es schwankt ein Zug von Weibern mit schwerem Tritt hervor.

Tief beugt die Last sie nieder, die auf dem Nacken ruht,
Sie tragen ihre Ehherrn, das ist ihr liebstes Gut
»Halt an ihr argen Weiber!« ruft drohend mancher Wicht.
Der Kanzler spricht bedeutsam: »Das war die Meinung nicht!«

Da hat, wie er's vernommen, der fromme Herr gelacht:
»Und war es nicht die Meinung, sie haben's gut gemacht.
Gesprochen ist gesprochen, das Königswort besteht,
Und zwar von keinem Kanzler zerdeutelt und zerdreht.«

Der Zug der Weiber

Ist diese Weinsberger Erzählung Phantasie, oder hat die Geschichte sich wirklich so abgespielt, wie berichtet

Die Weiber von Weinsberg

*Die Weiber von Weinsberg – Glasmalerei im Rathaus zu Weinsberg
(Foto: Berndt)*

wurde? Darüber ist gestritten worden. Die Historiker Scheffer-Boichorst, Weller und Holtzmann haben den Stoff untersucht und Folianten gewälzt. Sie kamen zu dem Ergebnis, daß die Erzählung auf einer zeitgenössischen Quelle fußt, den sogenannten »Paderborner Annalen«.
Doch die Erzählung ist viel älter. Sie geht, wie W. Hoffmann in einer Königsberger Dissertation 1928 festgestellt hat, auf Sagen zurück, die bereits im »Talmud« verzeichnet worden sind, dem nachbiblischen Hauptwerk der Juden. Weil der Bericht so farbig ist und Überraschungselemente birgt, sprang er von Land zu Land, von Stadt zu Stadt. In Deutschland wird er in über dreißig Städten und Burgen erzählt.
Die Stadt Weinsberg glaubt aber, ein besonderes Anrecht auf die Wandersage zu haben. Darum wird jedes Jahr ein großes Fest zur Erinnerung an das Ereignis abgehalten, das sich vor vielen Jahrhunderten hier abgespielt haben soll. Es wird der »Weibertreu-Herbst« begangen. Dazu gehört ein großes Zelt, es gibt Böllerschüsse, Feuerwerk und Umzüge. Weinsberger Wein fließt in Strömen.
Alle paar Jahre gibt es auch den Zug der »Treuen Weiber«. Dann reitet Konrad III. mit goldener Krone und buntem Königswams durch die Straßen, gefolgt von Frauen, die keuchend, aber mit Geduld, ihre Mannsbilder auf dem Rücken tragen.
Auch im Rathaus wird an die Geschichte der Weinsberger Frauen aus dem Mittelalter erinnert, einmal auf bunten Glasfenstern, dann mit einer Plastik im Eingang.
Weinsberg hält seine Sage hoch. Zweifel an der Wirklichkeit des Geschehens sind hier nicht erwünscht.

Der Humpen wird im Museum aufbewahrt

Der Meistertrunk von Rothenburg

Einem guten Rat folgend, besuchte
ich Rothenburg ob der Tauber – es war eine unwirkliche
Reise. Ich fühlte mich so, als ob eine
Zauberkraft mich allen Naturgesetzen zuwider von
Jahrhundert zu Jahrhundert immer
tiefer in die Vergangenheit versetzt hätte.

Wassily Kandinsky: »Rückblicke«, 1913

Gasthof »Meistertrunk« in Rothenburg ob der Tauber (Foto: Berndt)

Der Meistertrunk von Rothenburg

Rothenburg ob der Tauber war von den Ereignissen des Zweiten Weltkrieges bis in die ersten Monate des Jahres 1945 verschont geblieben. Doch am 31. März zog für die kleine Stadt eine Katastrophe herauf: Sechzehn amerikanische Maschinen überflogen den Ort, warfen Tausende von Brand- und Sprengbomben und schossen mit Maschinengewehren auf die Menschen in den Straßen. Der romantische Ort wurde weitgehend verwüstet. Vom Rathaus blieb nur die Fassade. Besonders der Osten der Stadt wurde zerstört, auch ein großer Teil der Stadtmauer.

Es war nicht das erste Mal, daß Rothenburg in Kriegswirren verwickelt wurde. Auch während des Dreißigjährigen Krieges – im Oktober 1631 – zogen für die Stadt böse Tage herauf. Kaiserliche Truppen rückten an und schlossen den Ort ein. Unter Genaral Tilly kämpften sie für die katholische Partei, während Rothenburg zusammen mit den Schweden für den Protestantismus eintrat. Die Rothenburger Bürger, unterstützt von einer kleinen schwedischen Garnison, besetzten Mauern, Türme und Befestigungsanlagen, und am 30. Oktober begann der Kaiserlichen Sturm auf die Stadt. Die Verteidiger wehrten sich heftig und brachten dem Gegner manche Verluste bei; an die dreihundert sollen gefallen sein. Aber die Übermacht war zu groß. Die Geschütze Tillys rissen gewaltige Breschen in die Mauern. Eine Kugel traf den »Pulverturm«., und unter einer gewaltigen Detonation flog die »Klingenbastei« in die Luft. Weiterer Widerstand schien zwecklos; die schwedische Garnison gab den Kampf auf und verließ bei freiem Geleit die Stadt. Der Zorn der Angreifer richtete sich jetzt gegen die Stadtbevölkerung. Rothenburg wurde der Plünderung preisgegeben. Die Landsknechte wüteten grausam in Straßen und Häusern. Sie griffen, was sie kriegen konnten, betranken sich und vergewaltigten die Frauen.

Tilly hält Einzug in Rothenburg. Holzstich von F. Birkmeyer (Archiv für Kunst und Geschichte)

Über drei Liter in einem Zug

Am 31. Oktober mußte der Stadtrat vor den Siegern erscheinen. Es ging um hohe Bußgeldzahlungen, man sprach auch von Hinrichtungen. Die Nichte des Bürgermeisters Bezold bat für die Stadt um Gnade, aber sie konnte Tilly nicht umstimmen. Auch einige hundert Frauen und Kinder, die sich auf dem Marktplatz eingefunden hatten und um Schonung baten, erreichten nichts.
In dieser kritischen Stunde, wo das Schicksal der Stadt völlig ungeklärt war, erschien Ratsherr Winterbach mit einem gewaltigen Humpen, gefüllt mit Frankenwein, und reichte diesen dem Feldherrn. Der General trank, wie auch sein

Gefolge. Doch der Pokal, der 3 1/4 Liter faßte, war immer noch nicht leer. Da sagte Tilly – halb im Scherz –, wenn einer der Ratsherren in der Lage sei, den Humpen auf einen Zug zu leeren, wolle er Gnade ergehen lassen.
Keiner wagte zunächst, die Herausforderung anzunehmen. Schließlich erklärte sich Altbürgermeister Georg Nusch bereit, den Versuch zu wagen. Er setzte den Krug an und trank, während die Kaiserlichen belustigt-neugierig, die Rothenburger aber mit großer Furcht das Spektakel verfolgten. Nach zehn Minuten hatte Nusch den Pokal ohne abzusetzen geleert. Er soll danach, so wird gesagt, drei Tage und drei Nächte ununterbrochen geschlafen haben.
Tilly hielt sein Versprechen. Die Ratsherren kamen frei, die Stadt war gerettet.

Plündernde Haufen

Diesem Bericht liegen wahre Begebenheiten wie auch sagenhafte Berichte zugrunde. Sind sie zu trennen? Hat es den Meistertrunk wirklich gegeben?
Die Zeitgenossen von 1631 schweigen über die Tat des Altbürgermeisters. Zwanzig Jahre nach dem Ereignis der Stadteinnahme durch die Kaiserlichen berichtet Superintendent Georg Zierlein, die Barmherzigkeit Gottes habe die Stadt damals gerettet. Kein Wort vom Meistertrunk. Erst viel, viel später, im 18. und 19. Jahrhundert, ist davon die Rede. Autoren mit den Namen von Winterbach, Schaffert und Bensen berichten von der Tat.
Von den heutigen Rothenburgern meinen viele, die Ge-

schichte vom Meistertrunk habe sich tatsächlich zugetragen. »Es ist doch keine Sage, das ist Geschichte!« Nusch hat auch wirklich gelebt. Seine Daten sind bekannt, sein Bild hängt im Historiengewölbe des Rathauses. Überdies »zeigt« er sich jeden Tag um 11, 12, 13, 14 und 15 Uhr und noch zweimal am Abend am Giebel der »Ratsherrentrinkstube«. Dann öffnet sich auf der rechten Seite ein Fenster, und der Altbürgermeister tritt mit dem gewaltigen Humpen in der Hand auf, während auf der linken Seite als Gegenspieler General Tilly erscheint.

Rothenburg verfügt auch noch über den »Original-Meistertrunk-Humpen«. Bunt bemalt, mit Bildern des Kaisers und der sieben Kurfürsten, wird er im »Reichsstadt-Museum« aufbewahrt. Der Pokal kommt auch jedes Jahr, und zwar zu Pfingsten, zu Ehren.

Dann verändert sich Rothenburg. Dann ist Festspielzeit, zu der Tausende aus aller Welt herbeiströmen, nicht zuletzt Japaner, die ganz verrückt auf diese Stadt sind.

Spielleute und »plündernde« Haufen von Panduren, Kroaten, von Musketieren, Pikenieren und Schanzbauern wälzen sich durch die Straßen und verlangen »Kontributionen«.

Auf dem Anger vor dem »Galgentor« lagert die Soldateska in alter Tracht. Es wird ein großes Feldlager aus dem Dreißigjährigen Krieg inszeniert – mit Fanfaren, Trommeln und Landsknechtliedern. Kaiserliche Artillerie fährt auf. Städtische Truppen biwakieren um ein Feuer auf dem Marktplatz, wobei die Marketenderinnen nicht fehlen.

Und im Kaisersaal des Rathauses geht der »Meistertrunk« über die Bühne – mit Georg Nusch als Hauptperson, einmal von einem Rothenburger Postboten, einmal vom Pfarrer und dann wieder von anderen Bürgern der Stadt gespielt.

Alle Schauspieler sind Laien aus dem Ort. Der Text zur Aufführung wurde bereits im vorigen Jahrhundert von dem Handwerksmeister Adam Hörber verfaßt; die Uraufführung war Pfingsten 1881. Die entscheidende Szene, der Meistertrunk mit dem Dialog zwischen dem Altbürgermeister und dem Feldherrn, geht folgendermaßen:

> *Tilly: Der Humpen hier ist bis zum Rand*
> *gefüllt,*
> *Ein überfließend Maß mit edlem Wein –*
> *Wer ist von Euch imstande, ihn zu*
> *leeren,*
> *In einem Zug? – Dann soll Euch*
> *Gnade sein!*
>
> *Nusch: In Gottes Namen, Feldherr, will ich's*
> *wagen ...*
> *(Er leert den Pokal in langen Zügen.)*
>
> *Tilly: Bei Gott, er trinkt ihn aus! – Wie ist*
> *Dein Name?*
>
> *Nusch: Ich heiße Georg Nusch ... Doch*
> *Euer Wort?*
>
> *Tilly: Ich werd es redlich halten ...*
> *Der Trunk gilt*
> *Mir wie eine Heldentat.*

Barfuß über glühende Pflugscharen

Kaiserin Kunigunde

Ihr seid nicht so an Wunder gewöhnt wie ich.
Sie sind ein Teil meines Berufs.

*Erzbischof von Reims in Bernard Shaws
»Die Heilige Johanna«*

Kaiserin Kunigunde verbrachte ihre letzten Lebensjahre im Kloster Kaufungen bei Kassel. Noch heute steht das Dormitorium des Klosters. (Foto: Berndt)

Kaiserin Kunigunde

Im Bamberger Dom drängen sich die Besucher nicht nur um den staufischen Reiter, das erste Reiterstandbild Deutschlands; sie scharen sich auch um das Grabmal der beiden Stifter der Kirche, Kaiser Heinrich II. und dessen Frau Kunigunde. An den Seiten des Hochgrabes aus Solnhofer Kalkstein hat Tilmann Riemenschneider in den Jahren 1499 – 1513 legendäre Begebenheiten des Herrscherpaares dargestellt. Von diesen Reliefs fesselt eine Szene den Betrachter vor allem: Der Gang der Kaiserin über glühende Pflugscharen. Kunigunde, in höfischer Pracht, schreitet unbekümmert über die feurigen Eisenplatten und hebt sorgsam den vorderen Faltenwurf, damit ihre Kleidung keinen Schaden nimmt. Der Kaiser verfolgt das unheimliche Tun seiner Frau mit skeptischem Blick.

Dazu erzählen die Führer im Bamberger Dom den staunenden Besuchern folgende erstaunliche Geschichte:

Als Kaiser Heinrich sich einmal von seinem Hof entfernt hatte, erhielt er durch einen Boten die Nachricht, Kunigunde habe die eheliche Treue gebrochen und treffe sich heimlich mit einem Kämmerling. Als Heinrich nach Bamberg zurückkehrte und Kunigunde ihm mit großem Gefolge entgegenkam, begrüßte er seine Frau nicht und übersah sie gänzlich. Er mied Kunigunde auch in den kommenden Tagen.

Da ging Kunigunde zu ihrem Gemahl und fragte, was dies zu bedeuten habe. Heinrich berichtete darauf, was er erfahren hatte. Doch Kunigunde beteuerte eindringlich ihre Unschuld, ja, sie wollte ihre Treue durch ein Gottesurteil beweisen. Am Tag St. Barbara sollten zwölf glühende Pflugscharen im Dom ausgelegt werden. Sie wolle darüberschreiten. Gott werde ihr beistehen, damit ihr nichts geschehe.

An dem bestimmten Tag kam der Hof im Dom zusammen,

Kaiser Heinrich II. und Kaiserin Kunigunde. Die Skulpturen standen früher an der Außenfront des Doms zu Bamberg und befinden sich heute im Museum (Foto: Walter Hege)

in dem die glühenden Pflugscharen bereitlagen. Die Kaiserin kniete nieder, betete lange und inbrünstig und bat Gott, er möge sichtbar ihre Unschuld bezeugen. Dann entblößte sie ihre Füße und schritt über die metallene Glut, »als wandele sie im Morgentau über Gras und Blumen. Und als sie wieder den Steinboden betrat, waren ihre Fußsohlen zart und unverletzt wie bei einem neugeborenen Kind.«

Der »lahme« Heinrich

Zur Beziehung zwischen Heinrich und Kunigunde gibt es in einer alten Chronik (»Additamentum Vitae Heinrici«), deren Entstehungszeit im dunkeln liegt, einige aufschlußreiche Passagen. Es heißt, Heinrich habe seiner Frau in der Brautnacht eröffnet, er habe in der Jugend ein Keuschheitsgelübde abgelegt. Kunigunde erwiderte, sie fühle sich ebenfalls an solch Gelübde gebunden. Beide beschlossen nun, in ihrer Ehe den Schein zu wahren, in Wirklichkeit aber dem Gelübde treu zu bleiben.
Die Keuschheit des Kaiserpaares hat die Kirche als etwas moralisch Außerordentliches gefeiert und dies auch betont verbreitet. Dabei wurde an die heilige Cäcilie und ihren Bräutigam Octavian erinnert, die gleichfalls ein Gelübde der Enthaltsamkeit abgelegt hatten. Es drängte sich auch der Vergleich mit Maria auf, die Mutter geworden, aber Jungfrau geblieben war.
Doch kritische Zeitgenossen mochten sich damit nicht zufriedengeben. Sie sahen die Dinge anders. Im »Additamentum« heißt es, Heinrich sei »lahm« gewesen, worunter im-

potent zu verstehen ist. Einige Chroniken gaben auch Gründe an: Schuld sei ein Jagdunfall gewesen bzw. ein Sprung aus dem Fenster in Valenciennes, um drohender Gefangenschaft zu entgehen. Die Kirche hat dagegen einen mystisch-religiösen Hintergrund gezeichnet. Die »Lahmheit« habe sich eingestellt, nachdem der Kaiser einer »Engelsmesse« auf dem Monte Gargano in Italien beigewohnt habe. Dabei habe St. Michael Heinrichs Hüfte leicht berührt, und von Stund an sei der Kaiser »lahm« gewesen.
Die Zeugungsunfähigkeit des Herrschers scheint allgemein bekannt gewesen zu sein. Sie wurde am Hof diskutiert, zumal das kaiserliche Ehepaar kinderlos blieb und

Die alte Kirche »Zum Heiligen Kreuz« in Kaufungen bei Kassel (Foto: Berndt)

Kaiserin Kunigunde schreitet über glühende Pflugscharen. Kaisergrab im Dom zu Bamberg (Foto: Berndt)

damit das sächsische Kaiserhaus erlosch. Es war eine Tatsache von allerhöchster staatspolitischer Bedeutung.
Es kam auch zu Verdächtigungen, zumal das Unnatürliche dieser Ehe – im Gegensatz zur Kirche – von den meisten Zeitgenossen stark empfunden wurde. Auf solchem Hintergrund konnten natürlich auch leicht Gerüchte über einen Ehebruch der Kaiserin entstehen.

Der Tanz über dem Feuer

Und wie kam es zu einem Feuerlauf über glühende Pflugscharen?
Kunigunde gelangte bald nach dem Tod ihres Mannes nach Kaufungen bei Kassel, wo heute noch die Grundmauern des alten Königshofes und die Kirche zum heiligen Kreuz mit der dreibogigen Kaiserempore zu sehen sind. Kunigunde blieb als Nonne in Kaufungen bis zu ihrem Tod im Jahre 1039. Schon zu dieser Zeit wurden zahlreiche Legenden über ihr Leben verbreitet. Sie wurden gefördert durch den Vergleich der Kaiserin mit der Mutter Gottes: Kunigunde wurde marienähnlich. Bald sprach man auch von Wundern. Bei ihrer Heiligsprechung im Jahr 1200 wurden bereits 95 Wunder gezählt.
Eines war der Gang durchs Feuer.
Die Feuerprobe war früher ein prozessuales Mittel, wenn keine Beweise erbracht werden konnten. Außer dem Pflugscharengang gab es noch andere grausame Mittel, zum Beispiel das Halten von glühendem Eisen in der Hand. Bei Nichtverletzung galt der Angeklagte als unschuldig. Feuerproben wurden generell als Beweis für den Gottesschutz angesehen.

Das gibt es sogar noch heute in Griechenland.
Jeden 21. Mai tanzen in dem kleinen Dorf Langada nördlich von Saloniki ekstatische Männer und Frauen, Ikonen in den Händen, mit nackten Füßen über glühende Holzkohlen. Die Feuertänzer gehören zu der kleinen christlichen Sekte der »Anastenarides«. Der Brauch wird zurückgeführt auf eine Begebenheit, die sich im 13. Jahrhundert in dem thrakischen Ort Kosti, dem Ursprungsort der Sekte, zugetragen haben soll. Damals brannte die Kirche des Ortes. Dabei hörten die Bewohner von Kosti angeblich die Heiligen, die als Ikone die Kirche schmückten, laut seufzen (der Name der Anastenarides heißt »die Seufzenden«). Die Dorfbevölkerung eilte daraufhin durchs Feuer der Kirche und rettete die Heiligen, wobei niemand verletzt wurde.
Aber der Feuerlauf ist viel älter, als die Anastenarides behaupten. Er stammt wahrscheinlich aus dem alten Persien und gelangte von da nach Thrakien, wo er Eingang fand in die dionysische Mythologie. Im 4. Jahrhundert n. Chr. wurde der Brauch vom Christentum übernommen. Der Feuerkult wurde zwar später verschiedentlich als heidnisch gebrandmarkt und verboten, blieb aber mancherorts – zumindest im verborgenen – erhalten.
Auch die Wissenschaft hat sich mit diesem Mysterium befaßt. Mediziner des Max-Planck-Instituts in München fanden dabei heraus, daß jeder über Feuer laufen kann, ohne sich zu verletzen, wenn bestimmte Regeln eingehalten werden: Der Fuß muß trocken sein, es muß mit der gesamten Fußfläche aufgetreten und es darf eine Auftrittszeit von

0,4 Sekunden nicht überschritten werden – dann gibt es bei einer Hitze bis zu 450 Grad keine Verbrennungen; es entstehen noch nicht einmal Brandblasen.
Die Anastenarides halten von diesen wissenschaftlichen Erkenntnissen gar nichts. Sie sind vielmehr davon überzeugt, daß ihre Heiligen ihnen beistehen, wenn sie mit den Ikonen in der Hand über die glühende Kohle springen.
Für sie ist das Feuerlaufen ein Wunder.
Wie war es nun mit Kunigunde, falls ihr Pflugscharengang tatsächlich stattgefunden haben sollte, er also keine Legende ist? Hat Kunigunde sich unbewußt so verhalten, wie die Wissenschaft es vorschreibt? Hat der Glaube ihr ungeheure Abwehrkräfte verliehen?
Oder war es tatsächlich ein Wunder?

Im Hof der Burg zu Nürnberg (Foto: Berndt)

Die mysteriösen Pferdehuf-Abdrucke

Eppelein von Gailingen

Die Nürnberger hängen keinen,
sie hätten ihn denn.

Geflügeltes Wort aus Franken

Eppelein von Gailingen springt mit seinem Pferd über den Burggraben von Nürnberg

Eppelein von Gailingen

Die Nürnberger Burg ist ohne Beispiel – wie keine andere Festung hat sie im Zentrum deutscher Geschichte gestanden. Jahrhunderte hindurch residierten hier neben den Burggrafen Kaiser und Könige. Wichtige Spuren sind geblieben: Fundamente aus der Salierzeit, der Palas, der Frauenbau, die Kaiserkapelle, der tiefe Brunnen, der runde Sinnwellturm oder die Kaiserstallungen. Der Fünfeckturm gilt als ältestes Bauwerk nicht nur der Burg, sondern auch der Stadt. Dicht neben dem Turm finden sich auf der abgeschrägten Mauerbrüstung eigenartige Spuren: die Abdrucke von Pferdehufen. Der Sage nach stammen sie von dem Pferd, das Deutschlands bekanntester Raubritter, Eppelein von Gailingen, geritten haben soll.

Wann die Spuren entstanden sind, ist nicht genau bekannt. Sicher waren sie schon im 18. Jahrhundert vorhanden. Denn der Hospitalprediger Georg Ernst Waldau zitiert in seinem Buch über die Stadt Nürnberg aus dem Jahre 1786 einen Herrn Keyßler, der berichtet: »An einem Ort der Brustwehr auf der Burg zeigt man im Stein die Eindrücke von drei nebeneinander in einer Linie stehenden Hufeisen, als ein Denkmal, das einstmals ein Hexenmeister Apelle Vocales, woraus das gemeine Volk Heppel von Galen macht, von hier mit seinem Pferd, so nach dem eingedruckten Zeichen drei Füße nebeneinander gehabt haben müßte, über den mehr als 20 Ruten breiten Graben gesetzt haben soll.«

Die Geschichte von Eppeleins Mauersprung wird unterschiedlich erzählt. Eine Fassung sei hier wiedergegeben...

Die Nürnberger, die in ständiger Fehde mit dem Raubritter lebten, hatten Eppelein gefangengenommen. Vor seiner Verurteilung sollte Eppelein, von dem der Ruf ging, er sei der beste Reiter weit und breit, ein Pferd prüfen, das der

Nürnberger Burggraf gekauft hatte und von dem gesagt wurde, es sei so wild, daß niemand es reiten könne.
Das Roß wurde herausgeführt. Schneeweiß war's. In wilden Sätzen kam es daher, seine Augen sprühten wie zwei Flammen. Alles wich zurück, Eppelein aber verzehrte das Roß mit seinen Blicken. In jeder Sehne sah er Wunderkraft. Als ob er den unbändigen Sprüngen ausweichen wollte, trat er dann gegen die Brüstung und sandte unbemerkt einen Blick hinüber.

Hans Sebald Lautensack, Holzschnitt (Detail) 1552

Der Burggraf ging auf ihn zu und sagte: »Also macht euch auf, Eppelein, und zeigt eure Kunst! Wenn ihr zuwege kommt, will ich euch ritterlich Gefängnis geben statt der Keiche im fünfeckigen Turm. Werdet aber wohl hineinmüssen, denn der Gaul ist verzaubert und läßt keinen auf sich.«
Eppelein wurde losgebunden und griff in Zügel und Mähne. Da fuhr der Schimmel plötzlich wie aus großer Be-

Eppelein von Gailingen

Der Hufabdruck des Pferdes auf der Mauer der Nürnberger Burg (Fotos: Berndt)

täubung auf, stieg und schlug gewaltig umher. Eppelein schwang sich gleichwohl hinauf, gab ihm etliche Rucke mit den Sporen, daß das Blut herabfloß, und hieb dem Pferd über den Leib, daß dieses vor Wut schäumte und entsetzliche Sprünge machte. Eppelein aber saß auf dem Roß wie angegossen und tummelte es, bis er es zwang, im Kreis herumzuschreiten.
Mit einemmal rief er: »Seid ihr zufrieden, Herr Burggraf? Das Roß läßt sich reiten. Und im übrigen: Man hängt keinen, man hätte ihn denn zuvor. Valet! Euren Turm hol der Teufel!« Zugleich flog er der Länge nach über den Plan. Reiter und Roß fuhren auf die Brüstung, daß man noch heutzutag meint, es seien die Hufe zu sehen, und in einem Schuß über den Burggraben hinüber, der dazumal noch nicht so breit war.

Der »geleimte« Pater

Eppelein von Gailingen, auch Eckelein genannt, hat von 1310 – 1381 gelebt. Er war schon in seiner Jugend ein Tunichtgut.
Eines Tages wusch ihm sein Vater, Arnold von Gailingen, zu Trameysl den Kopf, weil er dem Pater Isidorus das Brevier zugeleimt hatte. Das hatte der Isidorus zwei Tage lang nicht bemerkt, also, so sagte Eppelein, habe jener auch nichts gelesen und seine Pflicht versäumt.
Wie nun Arnold ihn für dies mit harten Worten strafte, beschloß Eppelein, sich am Pater zu rächen. Er sprach aber zum Isidorus, er habe ihm etwas mitzuteilen und wolle Abbitte leisten.

Das gefiel dem Pater wohl, und Eppelein sagte ihm: »Herr Pater, ich tat großes Unrecht, daß ich euer Brevier zugeleimt hab'. Dafür hat mir der Vater den Kopf gewaschen. Ich hab demnach meine Strafe. Ihr aber seid leer ausgegangen. Hab' also gute Lust, mich an euch zu rächen.«
»Verruchter Gesell!« entgegnete Isidorus. »Wüßt ich nicht, was Frömmigkeit eure Mutter besitzt, glaubt ich nicht anders, als ihr wärt des Satans eigener Sohn!«
»Wie!« rief Eppelein. »Meine Mutter wollt ihr beschimpfen! Welch schlechte Gedanken steigen aus eurem Haupt. Da muß ich ja bald sorgen, daß ihnen der Weg versperrt werde. Habt also wohl acht, Herr Pater, denn ich will euer Käpplein pechen, daß ihr's die längste Zeit nicht von euren Scheiteln bringt!«
»Das werdet ihr bleiben lassen!« rief der Pater, nahm rasch sein Samtkäpplein vom Schrein und setzte es fest auf den Kopf: »Das Käpplein bekommt ihr nimmer in eure Hand«. »Ist auch nicht nötig«, lachte Eppelein, »denn wie kann ich's in die Hand bringen, da ihr es selbst nicht vermögt!«
Da merkte der Isidorus erst, daß die List schon geschehen war und er das Käpplein vor vielem Pech nicht vom Kopf bringen konnte.

Eine Fehde nach der anderen

Als sein Vater gestorben war, wurde Eppelein Herr auf Illersheim, Gailingen, Wald und Trameysl. Seine Besitzungen waren umfangreich, so daß er ein standesgemäßes Leben hätte führen können. Aber er spürte die zunehmende

Bedeutungslosigkeit des Ritterstandes. Zudem war er stets von großer Unruhe befallen und mochte ohne Streit nicht leben. Vor allem die fränkischen Reichsstädte waren ihm ein Dorn im Auge. Mit ihnen führte er Privatfehden aller Art. Oft lauerte er mit seinen Gesellen den Kaufmannszügen auf, um sie auszurauben. Solch Fernhandel, der den Bürgern in den Städten großen Wohlstand brachte, war zwar von Bewaffneten geschützt. Eppelein rückte aber meist mit einer Überzahl an und kämpfte verbissener als die Wachmannschaften.

Die Städte sind damals wohl mit gewöhnlichen Räubern weitgehend fertiggeworden. Anders war es mit adeligen Raubrittern. Sie hatten das Recht, jedem anderen Reichsstand die Fehde anzusagen. Sie schickten dann nur vor Aufnahme eines Gefechts einen Fehdebrief. Eine Änderung dieses fragwürdigen Zustandes wurde erst 1533 erreicht, als Karl V. das Landfriedensgebot erließ.

Eppelein trieb es besonders toll. Er sengte und brannte Häuser nieder, machte harmlose Reisende zu Gefangenen, um sie erst gegen hohes Lösegeld freizulassen – und war doch nie zu fangen. Vor allem hatten es ihm die Nürnberger angetan. Er stellte ihnen besonders nach. Oft war er unerkannt in der Stadt und sorgte für Verwirrung und heilloses Chaos. Von diesen Taten werden zahlreiche Geschichten erzählt. Es gibt auch ein Lied, das seine Frevel wiedergibt und das mit den Zeilen beginnt:

> *Es war ein frischer Reutersmann, der*
> *Eppele*
> *von Geylingen ist er genannt.*
> *Er reit zu Nürnberg aus und ein, ist der*
> *von Nürnberg abgesagter Feind.*

Eppelein von Gailingen

Schließlich wurde Eppelein vom kaiserlichen Landgericht zu Nürnberg wegen Gewalttätigkeit geächtet. Damit verlor er seine adeligen Privilegien und konnte nun als gemeiner Räuber behandelt werden. Nachdem er wieder Übergriffe begangen, in Dachau den Nürnbergern 32 Pferde ausgespannt und bei Wachenrod Kaufleuten die Waren abgenommen hatte, wurde er 1381 mit seinen Neffen Dietrich und Hermann und vier Knechten gefangengenommen.

»... und 6 Heller«

Nach einer Verhandlung wurden alle zum Tode verurteilt. In einer Notiz aus damaliger Zeit, in der auch die Kosten für den Prozeß und die Hinrichtung in Neumarkt genannt werden, heißt es: »Item, es kost, daß Ekkelein Geylink und Herman und Dietrich die Bernheimer, seiner Swester Sün, uff Räder gesetzt wurden und daß ihrer Knechten vieren die Haupt abgeslagen wurden, alle zum Neuenmarkt, mit allen Sachen 639 Pfund 14 Schilling und 6 Heller, und sie wurden verderbt am Mittwoch nach Nereij und Achilleij Anno 81.«

Das Ungeheuer kostete 380 000 Mark

Drachenkampf in Furth im Wald

Wann die Zeiten so sind, daß der Mensch
zum Mensch schlechter ist als
das Vieh zum Vieh, dann hat der Drache seine Zeit.

Josef Martin Bauer

Der Kampf mit dem Drachen in Furth im Wald nach einer Zeichnung aus dem 19. Jahrhundert

Drachenkampf in Furth im Wald

Von der Stadt Furth im Wald in der bayerischen Oberpfalz, 4 Kilometer von der tschechischen Grenze, ist vor allem zu berichten, daß hier im August jeden Jahres der Drache los ist. Während einer neuntägigen Festwoche gibt es siebenmal die Aufführung »Der Drachenstich«, zu dem Zehntausende an Neugierigen zusammenströmen. Bundespräsidenten waren Gäste; Walt Disneys Aufnahmeteam kam aus den USA, um einen Film zu drehen; und das ZDF hat eine einstündige Sendung ausgestrahlt.

Die Further sagen, in ihrer Stadt werde das älteste Schauspiel Deutschlands aufgeführt. Der früheste urkundliche Hinweis geht zwar nur bis 1590 zurück, doch das Spiel scheint wesentlich älter zu sein. Manche meinen, es handele sich um ein Brauchtum aus früher Vorzeit.

Damals kämpfte Siegfried mit dem Drachen, bezwang ihn und gewann aus dem Blut des Untiers seine Hornhaut, die ihn fast unverletzlich machte. Dietrich von Bern erschlug die Ungetüme reihenweise, und Beowulf krönte seine Taten mit dem Erlegen eines Flugsauriers. Doch die Vorstellungen vom Drachen reichen in noch ältere Perioden zurück – in römisch-griechische Zeit, zu den Indern, Chinesen, Juden, Babyloniern und Ägyptern. Kein Kulturvolk, das nicht seinen Drachen gehabt hat.

Manche meinen, es handele sich um »Erinnerungen« an urgeschichtliche Tiere. In jedem Fall haben aufgefundene Knochen von Sauriern, wie sie heute in Museen ausgestellt sind, die Einbildungskraft beflügelt. Großvögel und Schlangen taten das Ihre. Schließlich war der Drache existent und nicht mehr wegzudenken. Das Christentum übernahm ihn mit Selbstverständlichkeit, zumal der Drache das Böse versinnbildlicht, das Schlimme und Furchtbare. So erschlug denn in der Folge nicht mehr Siegfried den Lindwurm, sondern St. Georg – und der heldenmü-

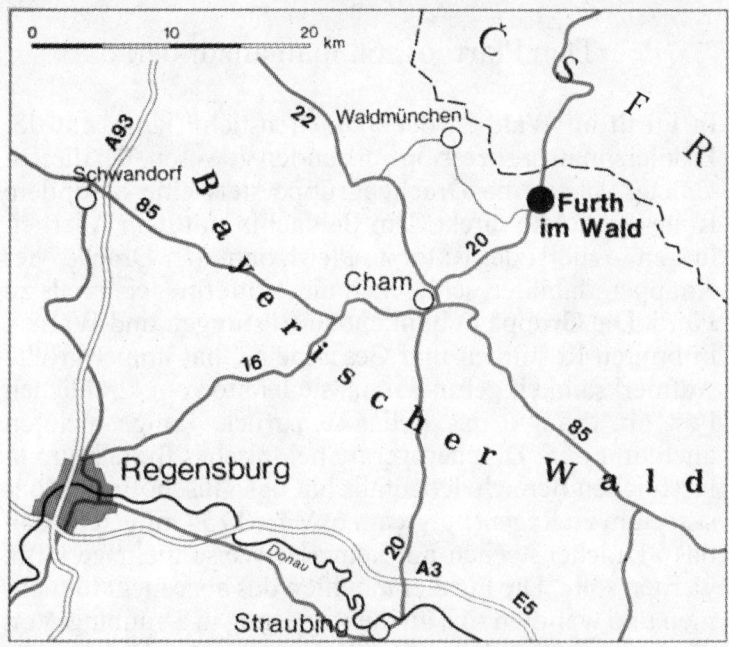

Im Bayerischen Wald, an der Grenze zur heutigen Tschechoslowakei, soll sich der Drachenkampf abgespielt haben.

tige Heilige wurde auch nicht zuletzt wegen dieser Tat Patron aller Ritter. Auch der heilige Michael machte sich als Lindwurm-Vernichter einen Namen. Dies besonders, seit der Drache nicht nur zur Anti-Figur geworden, sondern auch dem Teufel gleichgestellt worden war.

»Den Pfarrhof soll man anzünden«

In Furth im Wald ist der »Drachenstich« lange mit der Fronleichnamsprozession verbunden gewesen. Bei diesem Umzug spielte die Drachengruppe stets eine besondere Rolle. Sie folgte direkt dem Baldachin mit dem Allerheiligsten – zuerst der Ritter zu Pferd, dann der Drache, vier Knappen dahinter, schließlich die »Ritterin«, ebenfalls zu Pferd. Die Gruppe in blinkenden Rüstungen und Waffen, in bunten Kostümen und Geschmeide, hat immer größte Aufmerksamkeit gefunden. Ja, sie lenkte vom kirchlichen Fest ab, drängte das Religiöse zurück. Einige meinten auch, mit dem Drachen gerate heidnisches Brauchtum in kirchlichen Bereich. Jedenfalls hat das »Bischöfliche Konsistorium zu Regensburg« am 6. März 1754 mitgeteilt, daß das »Drachenstechen auf keinerlei Weise mehr gestattet werden soll«. Die Further mochten das aber nicht hinnehmen und wandten sich an die Regierung in Straubing. Von dieser kam der Erlaß, wonach das »unnütze Drachenstechen« zu unterbleiben habe, »wohl aber kann der Drache vom Ritter bei der Prozession herumgeführt werden«. Das genügte den Furthern jedoch nicht.

Sie haben dann jahrzehntelang mit wechselndem Erfolg um ihren Lindwurm und den Drachenstich gekämpft. Zu einem dramatischen Höhepunkt kam es 1878. Damals war wieder die Teilnahme von Ritterschaft und Drachen an der Prozession verboten worden. Doch der Ritter scherte sich nicht darum. Als er von kirchlicher Seite aufgefordert wurde, sich aus der Prozession zu entfernen, antwortete er keck: »Ich merk auf niemand auf!« Daraufhin verließ die Geistlichkeit den Umzug.

Nun kam es zum hellen Aufruhr. Pfarrer Hierstetter be-

St. Georg erschlägt einen Drachen, um eine Jungfrau zu retten. Gemälde von Paolo Ucello in der Londoner National Gallery

richtet darüber in der Pfarrchronik: »Die Menge strömte zum Pfarrhof. Zuerst kamen vier Bürger auf das Zimmer des Pfarrers und forderten von ihm Rechenschaft wegen dieser seiner Handlungsweise, indem sie sprachen: ›Das ist schon vor hundert Jahren gewesen, und Sie wollen so etwas abbringen? Den ganzen Pfarrhof soll man anzünden, aufhängen sollte man Euch alle. Das ist ein wahrer Saustall. Wir brauchen keinen Pfarrer mehr!‹ «
Der Bericht über diesen ungewöhnlichen, in seiner Art einmaligen Vorfall geht dann weiter: »Den Ritter forderte man auf, er solle zur Pistole greifen und alle im Pfarrhof

erschießen. Mittlerweile hatte sich im Pfarrhof eine ungeheure Menschenmenge angesammelt, wohl gegen 5 000 Personen, die sich wie toll gebärdeten ... Sehr viele griffen nach Steinen, um sie gegen den Pfarrhof zu werfen.«
Weiter wird berichtet, der Drache sei, nachdem er erlegt worden war, zum Pfarrhof gekommen und habe den hohen Herren demonstrativ sein Hinterteil gezeigt. Darüber habe sich beim Publikum ein ungeheures Hallo erhoben. »Das Gejohle und Gelärme dauerte fort bis 2 Uhr früh. Die Fenster der Schlafzimmer des Pfarrers und der Kooperatoren wurden fast restlos eingeworfen.«
Woraus zu ersehen ist, daß die Further Bevölkerung zu keiner Zeit willens gewesen ist, auf ihren Drachen zu verzichten. Das Untier war ihnen inzwischen so recht ans Herz gewachsen. »Furth lebt«, so schrieb die ‚Fränkische Tagespost' 1964, »solange der Lindwurm stirbt.«

Das Blut fließt in Strömen

Im Mittelpunkt des Volksspiels steht das Ritterpaar, das jedes Jahr neu gewählt wird. Nach dem Schauspieltext soll die Burgherrin von Furth dem Drachen geopfert werden, damit die Stadt aus großer Gefahr befreit wird. Doch da erscheint der Ritter und tritt mutig dem Drachen entgegen. Er besiegt das Scheusal und gewinnt die junge Dame. Ursprünglich war der Text des Stückes – um es gelinde zu sagen – naiv. Das war auch dem »Drachenstichfestausschuß« bekannt. Darum wurde der Dichter Josef Martin Bauer beauftragt, Besseres zu schreiben. Das geschah, und seit 1952 geht Bauers Text über den Stadtplatz von Furth.

Auch der Drache erfuhr Wandlungen. 1665 hat – wie die Urkunden besagen – ein Further Bürger im Drachen gesteckt und ihn gegen einen Lohn von acht Kreuzern und vier Hellern durch die Stadt getragen. 1705 wurde der Lindwurm mit neunzehn Ellen Leinwand zu einem Preis von einem Gulden und 46 Kreuzern neu überzogen; die Drachenstrümpfe wurden zum Preis von acht Kreuzern gelb gefärbt.

1863 gab es Unheil. Der Drache, der damals über hundert Jahre im Dienst war, verbrannte. Nun wurden Gelder für einen neuen Lindwurm gesammelt. Aus dem Erlös entstand ein Ersatzdrache, der einige Jahrzehnte seinen Dienst tat. Als man jedoch erfuhr, daß der Lindwurm, der in München in Wagners Oper »Siegfried« mitspielte, ausrangiert werden sollte, fuhr eine Abordnung der Stadt 1912 in die bayerische Metropole und erwarb das Bühnenungetüm für dreißig Taler.

Anfang der siebziger Jahre – das Volksspiel war inzwischen weithin bekannt geworden – wünschte die Stadt einen Drachen, der einzigartig sein sollte. 1974 war dieses Musterexemplar fertiggestellt – 18 Meter lang, 4 Meter breit, und 3,50 Meter hoch. Ein ausgeklügeltes hydraulisches System verleiht den Gliedmaßen des Ungeheuers glaubwürdige Beweglichkeit. Der Lindwurm schlägt mit den Flügeln, schnaubt fürchterlich, stößt Rauch aus seinem Schlund und Feuer aus den Nüstern. Wird er vom Speer des Ritters getroffen, fließt das Blut in Strömen.

Besonders nachts, im Strahl der Scheinwerfer, wird der Drache, der 380 000 Mark gekostet hat, zum überzeugenden Untier. Werden Hunde seiner ansichtig, bellen sie erschreckt. Kinder lernen das Fürchten. Erwachsene aber sagen, solch einen Drachen gebe es auf der ganzen Welt nicht noch einmal.

Die Bernauer-Kapelle auf dem Friedhof St. Peter zu Straubing (Foto: Berndt)

In der Donau ertränkt

Agnes Bernauer

Man sagt, daß sie so lieblich gewesen sei;
wan sie roten Wein getrunken het, so het
man jenen Wein in der Kehl sehen hinabgeen.

Ein Schriftsteller aus dem 16. Jahrhundert

Grabstein der Agnes Bernauer in der Bernauer-Kapelle (Foto: Berndt)

Eine eigenartige Stimmung liegt über dem Friedhof St. Peter im Osten von Straubing. Eisenkreuze, Steintafeln und große Kapellen erinnern an vergangene Jahrhunderte. Tiefe Schatten der hochaufgeschossenen Bäume und durchfallendes grelles Licht treiben ihr Spiel zwischen Hell und Dunkel. Darüber ragen die wuchtigen romanischen Doppeltürme der Kirche St. Peter aus dem 12. Jahrhundert. Und alles wird umschlossen von einer festungsartigen Mauer.

Eine gotische Kapelle auf diesem »Wehr-Friedhof« erinnert an die tragische Gestalt der Agnes Bernauer. Ihr Grabstein aus rotem Salzburger Marmor, 2,65 Meter hoch und 1,32 Meter breit, ist im Inneren an der Südwand eingelassen. Die Bernauerin ist auf diesem Kentotaph in fürstlicher Tracht dargestellt: Um den auf einem Kissen ruhenden Kopf trägt sie einen Schleier, darunter einen langen, mit Hermelin ausgeschlagenen Mantel. Die rechte Hand, die einen Rosenkranz hält, zeigt den Verlobungs- und den Trauring. Rechts und links von ihr zwei kleine Hunde als Sinnbild der Treue, die Agnes Bernauer ihrem Mann, Herzog Albrecht, gehalten hat. Die Kapelle ist von ihrem Schwiegervater, Herzog Ernst von Bayern, gebaut worden. Er beurkundete am 16. Juli 1436, daß er eine Kapelle auf dem Kirchhof der Peterskirche zu Straubing errichtet und eine ewige Messe sowie einen ewigen Jahrtag für die Seele der Bernauerin gestiftet hat. Doch diese Stiftung ist Pharisäertum. Denn ebendieser Herzog hat seine Schwiegertochter vorsätzlich auf schändliche Art umbringen lassen.

Nicht selten ging es hoch her in den mittelalterlichen Badestuben. Kupferstich von Anfang des 16. Jahrhunderts nach einer Zeichnung von Vergil Solis (Archiv für Kunst und Geschichte)

Zu allem bereit

Agnes Bernauer war die Tochter von Caspar Bernauer, der in Augsburg eine Badestube besaß. In diesen Bädern ging es munter zu, so daß ihr Ruf nicht der beste war. Das hielt die Hochgestellten aber nicht davon ab, die Badestuben regelmäßig aufzusuchen.

Einer der Besucher war Herzog Albrecht III. von Bayern-München aus dem Haus Wittelsbach, der bei dieser Gelegenheit Agnes Bernauer kennenlernte. Das muß 1431 oder 1432 gewesen sein. Schon bald danach kam es zu einer festen Bindung zwischen den beiden.

Nun hätte Albrechts Vater, Herzog Ernst, im Prinzip nichts dagegen eingewandt. Er selbst hielt es – wie die meisten Adligen jener Zeit – mit der ehelichen Treue nicht genau. Er hatte unter anderem eine Liebschaft mit einer Frau aus niederem Stand. Von ihr hatte er drei oder vier Kinder.

Bei solchen Liebschaften gab es aber einen Vorbehalt – ein Herzog durfte keine Bürgerliche heiraten. Seit Bestehen des Reiches hatte dies noch nie ein regierender Fürst getan. Doch Herzog Albrecht verstieß gegen das ungeschriebene Gesetz. Er verlobte sich und ehelichte heimlich Agnes Bernauer, nahm sie mit auf sein Schloß Vohburg und später auf das Schloß in Straubing. Es steht heute noch fast unversehrt im Zentrum der Stadt, direkt neben der Donaubrücke. Hier residierte Agnes als Fürstin, als »Duchessa«.

Die adlige Gesellschaft war darüber entrüstet. Empört reagierte Albrechts Schwester Beatrix. Herzog Ernst sah seine Dynastie gefährdet, denn Nachkommen aus der uneben-

An vielen Hexen wurde sie vollzogen: Die Wasserprobe als Gottesurteil. Holzstich aus dem 19. Jahrhundert (Archiv für Kunst und Geschichte)

bürtigen Ehe wären nicht erbfolgeberechtigt gewesen. Dies hätten die Verwandten in Ingolstadt und Landshut (zwei andere Linien des Hauses Wittelsbach) zu nutzen gewußt; das Ende des Hauses Bayern-München schien gekommen. Um dies zu verhindern, war Herzog Ernst zu allem bereit.

Als am 23. November 1434 in Regensburg ein Turnier stattfinden sollte, war auch Albrecht eingeladen. Doch als er die Turnierschranken durchreiten wollte, wurde er auf Veranlassung seines Vaters zurückgewiesen. Es wurde ihm bedeutet, seine Ehe mit einer Bürgerlichen sei eines Ritters unwürdig, er dürfe darum an dem Turnier nicht teilnehmen.

Albrecht hielt dennoch weiter zu seiner Frau. Da ließ der Vater 1435 seinen Sohn durch Herzog Heinrich von Landshut zu einer Jagd einladen. Albrecht leistete der Einladung Folge und verließ sein Schloß in Straubing. Gleich darauf wurde die Bernauerin verhaftet.

Sie kam vor ein Scheingericht und wurde der Hexerei bezichtigt. Die Anklage warf ihr Betörung des Herzogs Albrecht durch zauberische Mittel vor.

In Carl Orffs Musikstück »Die Bernauerin« sagt ein Mönch:

> *So hat'n die Hex*
> *eingspunna, vergarnt,*
> *den Albrecht,*
> *durch Lug und Trug*
> *und höllische Listn,*
> *durch zaubrische Trank,*
> *verzwungen*
> *abwendi ihn gmacht,*
> *abwendi vom Vattern,*

*abwendi vom Land,
die ausgschamte Badhur,
die Satans Elln,
die Teiflsduchessa.
Kyrieleis...*

Ein Chronist berichtet: »Das Weib war so in Bosheit verhärtet, daß sie den Herzog Ernst nit als iren Richter und Herren halten wollt, da sie selber Herzogin zu sein angab.«
Wie bei Hexen üblich, wurde sie zum Tod durch Ertränken verurteilt.

»... wan sie frei bekennen wöllt«

Wo die schändliche Tat an der Bernauerin vollzogen worden ist, darüber sind sich die heutigen Straubinger nicht einig. Viele sagen, es sei an der »Alten Donau« gewesen, die das Flußbett nördlich der Stadt verkürzt und die Stromwindung abschneidet. Der Flußübergang hier heißt auch »Agnes-Bernauer-Brücke«. Andere sagen, die Hinrichtung habe in nächster Nähe vom Schloß stattgefunden, wo ein Steg den Fluß überquerte und wo heute eine moderne Brücke steht. Jedenfalls hat der Henker auf einer damals bestehenden Donaubrücke am 12. Oktober 1435 die schaurige Tat vollbracht.
Vorher wurde der Bernauerin noch die Möglichkeit gegeben, frei auszugehen. »Da sie nun durch den Henker gebunden war in das Wasser zu werfen, sagte der Henker zu

ihr, wan sie frei bekennen wöllt, daß Herzog Albrecht nit ihr Ehmann wäre, so wöllt er sie nit töten, sondern frei davon lan gan. Das wöllt sie nit tun, sondern sie sagt frei es wäre ihr ehlicher Mann, darumb hat sie ertrinkt werden müssen.«

Agnes Bernauer wird gefesselt ins Wasser gestoßen, doch es gelingt ihr, die Bande zum Teil zu lösen.

Sie erreicht das rechte Ufer und ruft um Hilfe. Doch da ist schon der Henker wieder zur Stelle. Er wickelt ihre langen blonden Haare um eine Stange und stößt sie zurück in die Donau.

Der Münchner Stadtkämmerer stellte am »Sonntag nach Gallus 1435« fest, »daß man die Bernauerin gen Himmel gefertigt hett«.

Als Herzog Albrecht von der Jagd zurückkam und erfuhr, daß man während seiner Abwesenheit seine Frau umgebracht hatte, war er außer sich vor Zorn. Er wollte seinen Vater zur Rechenschaft ziehen und plante sogar einen Krieg. In einer Volksballade aus dem 16. Jahrhundert, überliefert in einer Fassung aus dem 18. Jahrhundert, heißt es:

> *Einen neuen Krieg will ich nun fangen an*
> *mit meinem Herren Vatern eben.*
> *Und wäre mein Herr Vater mir nicht so lieb,*
> *so ließ ich ihn aufhängen wie ein Dieb.*

Später ist es dennoch zu einer gewissen Aussöhnung gekommen. Albrecht hat auch zum zweiten Mal geheiratet, diesmal eine standesgemäße Frau, die Herzogin Anna von Braunschweig.

Opfer der Staatsräson?

Der Tod der Bernauerin hat Jahrhunderte hindurch Dichter und Dramatiker beschäftigt. Bei der literarischen Behandlung sind sehr unterschiedliche Wege beschritten worden, aber keiner befriedigt, auch nicht die Lösung von Friedrich Hebbel, der 1855 das Schicksal der Bernauerin als »Tragödie der unbedingten Notwendigkeit« darstellt. Nach Hebbels Auslegung muß Agnes Bernauer als Opfer der Staatsräson sterben.
Wenn diese Auslegung im 19. Jahrhundert noch möglich gewesen ist, so kann doch heute solcher Staatsgläubigkeit keinesfalls mehr das Wort geredet werden.

Das Postmichel-Denkmal in Esslingen (Foto: Berndt)

Ein Toter blies das Horn

Der Postmichel von Esslingen

Das ist eine Stadt!

Achim von Arnim

Der Postmichel vor der Hinrichtung. Relief am Postmichel-Denkmal in Esslingen, das an eine gruselige Geschichte aus dem 15. Jahrhundert erinnert. (Foto: Berndt)

Der Postmichel von Esslingen

Esslingen liegt im Schatten von Stuttgart, aber Esslingens Geschichte reicht viel weiter zurück als die der heutigen schwäbischen Metropole. Esslingen wurde schon 777 urkundlich erwähnt. Es hat nach Corvey den ältesten Marktnachweis, nach Regensburg die älteste Steinbrücke Süddeutschlands. Und das Stadtbild mit Kirchen, Fachwerkhäusern, Barockpalästen, Burg, Stadttoren und Mauern ist weitgehend erhalten geblieben.

Esslingen hatte früher zahlreiche Brunnen. Einige gibt es heute noch – wie den »Eisernen Brunnen« am Hafenmarkt, den »Löwenbrunnen« an der St.-Pauls-Kirche, den »Marktbrunnen« vor dem Alten Rathaus oder den »Beutabrunnen« am Burgaufgang. Der bekannteste ist jedoch der viel jüngere »Postmichel-Brunnen« im Zentrum der Altstadt, dort, wo Innere Brücke, Archiv- und Ritterstraße, Fischer- und Milchstraße zusammenlaufen.

Hier sitzt der Postmichel zu Pferd und bläst das Horn. Er trägt die Kluft der Postreiter des 15. Jahrhunderts, wetterfeste, gegürtete Kleidung in Stulpenstiefeln, eine breite Mütze auf dem Kopf, von der eine Feder wippt. Auf dem Rücken und neben dem Sattel hängen die Posttaschen.

Der Brunnen ist darum so beliebt, weil ihm eine höchst gruselige Geschichte zugrunde liegt, die jedes Kind in Esslingen kennt. Es ist die Sage vom Postreiter Michel Banhard aus Deggingen, der unschuldig hingerichtet worden ist und danach, kopflos das Horn blasend, durch Esslingen geritten sein soll.

Der Postmichel findet den Ring des ermordeten Amand Marchthaler. (Foto: Berndt)

Der fatale Fund

Die Sage beginnt um 1490. Damals nahm der etwa sechzig Jahre alte Esslinger Junggeselle Amand Marchthaler an einem Richtfest in Stuttgart teil. Es ging – wie üblich bei diesen Feiern – hoch her. Man trank manch »Viertele«, die Musik spielte, es wurde getanzt. Auf dem Fest war auch der Neffe Marchthalers, Matthäus, der im Hause seines Onkels wohnte und von ihm unterhalten wurde.

Matthäus, achtzehn Jahre alt, hielt es auf der Feier mit einer Zwanzigjährigen, die er schon lange kannte. Beide wollten heiraten, doch fehlte der materielle Hintergrund. Zwar wußten sie, daß Matthäus Erbe des beträchtlichen Vermögens seines Onkels werden würde – aber Amand Marchthaler erfreute sich bester Gesundheit.

Da beschlossen Matthäus und seine Geliebte, den Onkel umzubringen. Dem Entschluß folgte die Tat an der »Esslinger Steige«. Der Neffe zeigte sich, als der Mord bekannt geworden war, untröstlich über den Verlust. Er setzte seinem Onkel einen kostbaren Grabstein, und niemand ahnte, daß Matthäus den eigenen Verwandten umgebracht hatte.

Monate zogen ins Land, ohne daß es gelungen war, den Täter zu entdecken. Da fand nach zwei Jahren der Postreiter Michel Banhard an der Esslinger Steige einen überaus kostbaren Ring. Er wußte, er mußte ihn abliefern, er hat wohl auch die Absicht gehabt, es zu tun – doch eine Zeitlang trug er den Ring am Finger und zeigte ihn auch den Kollegen.

Da kam Argwohn auf. Denn der Ring hatte Amand Marchthaler gehört und war nach dessen Ermordung vermißt worden. Nun geriet der Postmichel in Verdacht. Er wurde mehrfach verhört. Als die Vernehmungen nichts brachten, kam Michel Banhard in die Folterkammer. Danach legte er ein Geständnis ab und gab zu, Amand Marchthaler an der Esslinger Steige im Jahre 1491 umgebracht und den kostbaren Ring an sich genommen zu haben. Zwar widerrief er später das Geständnis und beteuerte, er sei nicht der Mörder, er habe die Tat nur unter den unmenschlichen Quälereien der Folter gestanden. Aber das half nichts. Michel Banhard wurde schuldig gesprochen. Er sollte öffentlich in Esslingen hingerichtet werden. Am Tag der Exekution ritt Michel auf seinem Pferd, so erzählt die Sage, zur Richtstätte. Dabei kam er am Haus des Matthäus vorbei, der mit seiner Frau im Fenster lag, um das öffentliche Schauspiel zu verfolgen. Bei dieser Begegnung habe der Postmichel, so heißt es weiter in der Legende, dem Matthäus einige böse Worte zugerufen, weil

Blick auf die Stadt Esslingen. Der Stahlstich entstand um die Mitte des 19. Jahrhunderts (Archiv für Kunst und Geschichte)

der reiche Erbe kein Mitleid mit dem Verurteilten gezeigt habe. Er, der Postmichel, wolle ihm auf seinem Horn einen Abschiedsgruß blasen, an den er noch denken werde.
Auf dem Richtplatz durfte Banhard, das hatte man ihm zugestanden, zum letzten Mal die Postweise blasen, mit der er jahrelang durch die Lande gezogen war. Dem Scharfrichter sagte er alsdann, dieser werde die Melodie so lange vor seinem Hause hören, bis der wirkliche Mörder gefunden worden sei. Dann schlug der Scharfrichter zu. Da glaubten viele – so wird berichtet –, in der Ferne ein Posthorn und Pferdegetrappel vernommen zu haben.
Bald darauf kam es in Esslingen zu gespenstischen Szenen. Wenn es von der Stadtkirche St. Dionys Mitternacht schlug, will man einen Reiter gesehen haben, den abgeschlagenen Kopf in der Linken, in der Rechten das Post-

Der kopflose Postmichel reitet – das Posthorn blasend – am Haus des Mörders vorbei. (Foto: Berndt)

horn. Die Erscheinung blies um die Geisterstunde die alte Postmelodie und ritt am Hause des Matthäus vorbei.
Matthäus wurde indessen von quälenden Schuldgefühlen verfolgt. Bald war seines Bleibens in Esslingen nicht länger. Er verkaufte Häuser und Weinberge und verließ die Stadt. Seine Frau blieb zurück und hat sich später umgebracht. Matthäus fand keine Ruhe. Wo immer er war, was immer er tat, er sah sich von dem kopflosen Reiter verfolgt und hörte die Postmelodie.
Unter falschem Namen kehrte er in seine Heimatstadt zurück. Er war ein gebrochener, kranker Mann und wurde im städtischen Spital untergebracht. Doch die Schreckensvorstellungen verließen ihn nicht. So sah er sogar den Postmichel nachts in den Hof des Spitals einreiten. Als er davon berichtete, wollen andere ebenfalls den Spuk gesehen haben, obwohl der Hof die ganze Nacht über fest verriegelt gewesen war.
Matthäus hat die Visionen nicht lange ertragen. Schließlich bat er um den Besuch eines Pfarrers. Als dieser gekommen war, beichtete er, was sich zugetragen hatte. Er gestand, er habe im Verein mit seiner Frau, die ihn zur Tat angestiftet habe, den Onkel umgebracht. Banhard sei unschuldig hingerichtet worden.

Sage und Realität mischen sich

Die Sage vom Postmichel ist von Generation zu Generation weitererzählt worden. 1844 hat sie Pfarrer Munder aus Eltingen aufgeschrieben. Es gibt auch ein Theaterstück, das oft in Esslingen aufgeführt worden und vielen im Gedächtnis geblieben ist. Der Schriftsteller Otto Rombach, der als Zehnjähriger eine Aufführung in der »Krone-Post« erlebt hatte, konnte die Erinnerung daran kaum aus dem Gedächtnis tilgen.

Nicht nur Rombach hat die Sage beschäftigt, auch viele Bürger der Stadt. Schließlich hat man dem Postmichel im Jahre 1916 ein Denkmal gesetzt. Während oben auf einem Podest Michel ins Horn bläst, ist der Brunnen darunter von Steinreliefs eingefaßt, die die Tragödie in vier Bildern darstellen. Auf dem letzten reitet der Kopflose am Haus seines Mörders vorbei, der erschrocken die Tür geöffnet hat und der mitternächtlichen Erscheinung mit einer Lampe entgegenleuchtet...

Das Denkmal in Esslingen will dem Besucher der Stadt beinahe als eine Wiedergutmachung erscheinen – an einem Justizirrtum, der sich vor mehr als vierhundert Jahren zugetragen hat. Er will aber auch an eine eigenartige, nicht seltene Mischung aus Sage und Wirklichkeit erinnern.

Am Eingang zur Unterwelt

Der Mummelsee im Schwarzwald

Noch vor kurzer Zeit
glaubten die Bewohner dieses Waldes
an Waldgeister.

Wilhelm Hauff: »Das kalte Herz«

Von 1618 stammt dieser Kupferstich, der den Mummelsee mit toten Drachen zeigt

Als wir abends durch das Bühlertal in den Schwarzwald fahren und am »Mahlis-Kopf« die Hochstraße nach Süden nehmen, verdichten sich schnell die Nebelschleier und tiefziehenden Wolken; die Sicht reicht nur noch wenige Meter. Da bleibt nichts anderes als die Flucht ins nahe Berghotel. Ein Kräuterlikör macht uns wieder munter, der »Mummelsee-Geist«, serviert in flachen Tonschälchen. Nach der »Geister-Trink-Regel« wird er randvoll eingegossen und mit einem brennenden Holzspan entzündet.

Nachdem sich die Nebel etwas verzogen haben, wird die Sicht freier. Zwar bleiben die Berge von Wolken verhangen, und es stürmt mächtig in den Tannenwäldern. Aber jetzt zeichnet sich der Mummelsee schemenhaft im Dunkel ab.

Solche Nächte erinnern an frühere Zeiten. Damals – das galt bis zum Anfang dieses Jahrhunderts – war der Mummelsee nur über Fußwege erreichbar. Es war ein mühsamer Aufstieg von der Rheinebene oder vom Murgtal her. Dennoch hat mancher Wanderer den Weg genommen, angelockt von dieser mystischen Landschaft.

Simplicius Simplicissimus erzählt

Einer der Wanderer war Hans Jacob Christoph von Grimmelshausen (1602–1676). Er läßt seinen Simplicius Simplicissimus erzählen: »Die Begierde, den Mummelsee zu beschauen, vermehrte sich bei mir, als ich von meinem Petter verstund, daß er den Weg dazu wisse ... Also wanderten wir über Berg und Tal zu dem Mummelsee, als wir

Der Mummelsee im Schwarzwald

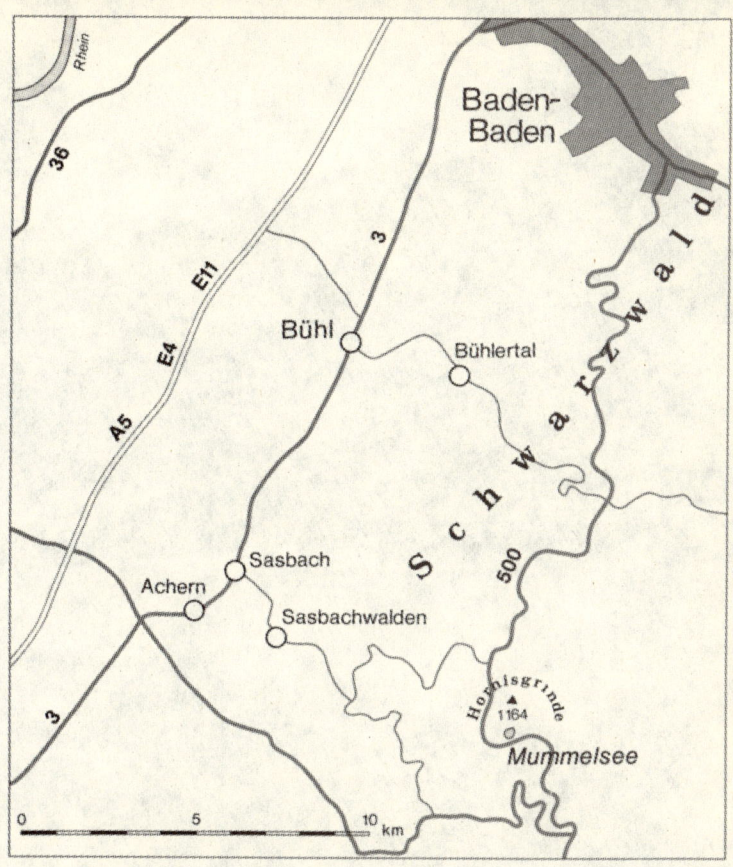

Etwa 25 Kilometer südlich von Baden-Baden liegt der Mummelsee.

Eine fast unheimliche Ruhe strahlt der Mummelsee im Schwarzwald aus.

sechs Stunden gegangen hatten, denn mein Petter war noch so käfermäßig und so wohl zu Fuß wie ein Junger ... Wollte ich auch probieren, was Wahrheit an dem Sagmär wäre, daß ein Ungewitter entstehe, wenn man einen Stein in den See werfe ... Solche Prob nun ins Werk zu setzen, ging ich gegen der linken Hand am See hin an denjenigen Ort, da das Wasser (welches sonst so hell ist als ein Crystall) wegen der abscheulichen Tiefe des Sees gleichsam kohlschwarz zu sein scheinet und deswegen so forchterlich aussieht, daß man sich nur vor dem Anblick entsetzet; dasselbst fing ich an, so große Steine hineinzuwerfen, als ich sie immermehr erheben und ertragen konnte ... Da fing die Luft an, den Himmel mit schwarzen Wolken zu bedecken, in welchen ein grusames Donnern gehöret ward, also daß mein Petter, welcher jenseits des Sees bei dem Auslauf stund und über meine Arbeit lamentierte, mir zuschrie, ich sollte mich doch salviren, damit uns der Regen und das schröckliche Wetter nicht ergreife oder noch wohl ein größer Unglück betreffe. Ich aber antwortete ihm hingegen: ›Vater ich will bleiben und des Endes erwarten, und wollte es auch Helleparten regnen!‹ – ›Ja‹, antwortete mein Knan, ›Ihr macht es wie alle verwegenen Buben, die sich nichts darum kümmern, wenngleich die ganze Welt unterginge‹.
Indem ich nun diesem, seinem Schmähen, so zuhörte, verwandte ich die Augen nicht von der Tiefe des Sees, in Meinung, etwan etliche Blattern oder Blasen vom Grund desselbigen aufsteigen zu sehen, wie zu geschehen pfleget, wenn man in andere tiefe, so stillstehende als fließende Wasser Steine wirft.«
Grimmelshausen schildert weiter, wie Simplicius im See unheimliche Gestalten erkannte und darüber sehr erschrocken war. Einer der Kobolde kam aus dem Wasser

und redete Simplicius an. »Unterdessen kamen noch mehr der gleichen Wasser-Männlein hier und dort gleichsam wie die Tauchentlein hervor, die mich alle ansahen und die Steine wieder heraufbrachten, die ich hineingeworfen, worüber ich ganz erstaunte.«

Drachen und andere Ungeheuer

Der Mummelsee ist einer der Karseen des Schwarzwaldes, die in der Eiszeit entstanden sind. Dazu gehören noch der Feldsee, der Glaswaldsee und der Schönmünz-Wildsee. Der fast kreisrunde Mummelsee ist ganz von Wald umstanden, hat klares Wasser und ist 17 Meter tief. Er liegt am Fuß der Hornisgrinde in einer Höhe von 1036 Meter und ist damit der höchstgelegene See des Schwarzwaldes. Die eigenwillige, fremdartige Landschaft hat nicht nur Grimmelshausen fasziniert, auch Wilhelm Hauff und Eduard Mörike, besonders aber die Anwohner, ob Bauern, Holzfäller, Flößer oder Uhrenhändler. An langen Winterabenden, wenn die Schwarzwaldhäuser mit ihren tiefgezogenen Dächern im Schnee versanken, entstanden Sagen und Märchen. Danach sollen Drachen und echsenähnliche Ungeheuer im See gelebt haben. Aus dem Jahr 1678 gibt es einen Kupferstich von diesen Fabeltieren.
Im gleichen Jahr berichtet der Jesuit Athanasius Kircher: »Dieser See duldet keine Fische, und wenn man welche hineinbringt, wirft er sie wieder aus wie das Meer die Leichen. Ja nicht einmal den Teichfrosch oder den Wasserläufer nährt dieser gänzlich unfruchtbare See.«

Der Mummelsee im Schwarzwald

Szene aus Grimmelshausens »Simplicissimus« (Historia-Photo)

Der tödliche Tanz

Anders die Erzählungen von den Nixen, den Mümmlein, die hier ihr Wesen getrieben haben sollen und nach denen der See benannt worden ist. Sie wohnten am Boden des Gewässers, im Reich des Seekönigs. Dieser hatte hier einen gläsernen Palast; es war der Eingang zur Unterwelt. Hier wuchs auch die »Blaue Blume«, die unsichtbar machte, wenn sie mit der linken Hand gepflückt wurde. Die Nixen kamen oft an Land und spielten und tanzten am Ufer. Menschen durften aber diesem Treiben nicht zusehen. Taten sie es dennoch, kochte der See, die Wasser traten über die Ufer, ergriffen die Menschen und zogen sie in die Tiefe. Konnten die Neugierigen entkommen, so erreichte sie die Rache des Seekönigs später: Die Menschen verloren den Verstand.

Manchmal gingen die Seejungfern aber auch in die umliegenden Häuser und Dörfer, nach Seebach, Meisental, Busterbach, Seibelseckle oder Hinterlangenbach. Sie halfen den Menschen bei ihrer Arbeit, buken Brot, hüteten das Vieh, paßten auf die Kinder auf und gingen beim Spinnen, Nähen und Stopfen zur Hand. Zusammen mit den Dorfbewohnern sangen sie alte Schwarzwaldlieder.

Eine der Seejungfern freundete sich mit einem jungen Bauern an und besuchte ihn oft im Tal. Als Kirchweih war, tanzte sie stundenlang mit ihrem Liebsten. Kein anderes Mädchen sah so nett aus wie die Wassernixe, keine tanzte so leicht. Als es zu dunkeln begann, machten sich die anderen Seejungfern auf den Rückweg. Jene blieb noch für ein paar Tänze. Als aber die Mitternachtsglocke läutete, zog die Nixe den Burschen hastig aus dem Tanzsaal, und beide stiegen eilig den Berg hinauf. Traurig sagte sie: »Warte hier am See noch eine Viertelstunde. Stcigt dann Blut aus dem Wasser, haben sie mich umgebracht. Siehst du nichts dergleichen, werde ich bald wieder bei dir sein.« Dann nahm sie einen Stecken und schlug dreimal aufs Wasser. Der See teilte sich, eine Marmortreppe tauchte auf, über die die Seejungfer in den Glaspalast des Seekönigs hinuntereilte. Das Wasser schloß sich, und alle Herrlichkeit war verschwunden. Der junge Bauer wartete noch eine Weile; nichts rührte sich. Doch dann stieg ein Wirbel aus der Tiefe, und Blut schwamm darüber. Seit dieser Zeit – es sind Jahrhunderte her – ist kein Seefräulein mehr ins Tal hinabgestiegen. Wohl hat ein Hütejunge am Ufer hin und wieder eine Nixe sehen wollen. Doch wenn er näher kam, verschwand sie im Wasser. Seejungfern sollen aber noch immer am Boden des Mummelsees wohnen, und mancher behauptet auch, den Glaspalast gesehen zu haben.

Der Zauber bleibt

Anfang der dreißiger Jahre unseres Jahrhunderts wurde dann die Schwarzwaldhochstraße gebaut und ermöglichte den leichten Zugang zur Hornisgrinde und zum Mummelsee. Die phantasievollen Berichte verstummten. Nach 1945 war diese Gegend von den Franzosen zum militärischen Sperrgebiet erklärt worden. Man hatte sogar den Plan, den See zuzuschütten, um auf der großen Fläche einen Truppenübungsplatz anzulegen. Das unterblieb.
Dafür wälzt sich heute an Wochenenden und in der Ferienzeit ein Strom von Reisenden in den Hochschwarzwald. Wenn die Sonne strahlt, ziehen Hunderte von Menschen rings um den Mummelsee, der seinen Zauber dennoch nicht verloren hat.
Aber es ist keine Welt, in der Seejungfern leben möchten.

Das Hornberger Schießen

Als Herzog Eberhard zu Besuch nach Hornberg kam, besaßen die Bürger kein Pulver mehr, um Salut schießen zu können. (Foto: Berndt)

Dort konnten sie dann »Piff-Paff« schreien

Das Hornberger Schießen

Da ging's aus wie 's Schießen
zu Hornberg und mußten abziehen
mit langer Nase.

Friedrich von Schiller: »Die Räuber«

Vom Hornberger Schießen gibt es viele Versionen. Diese Darstellung hat der Zeichner auf das Jahr 1564 datiert.

Das Hornberger Schießen

Wenn ein Unternehmen ein klägliches Ende nimmt, heißt es oft, es sei ausgegangen wie 's Hornberger Schießen. Auf welches Ereignis dieses geflügelte Wort zurückgeht, darüber gibt es keine genaue Information. Es ist auch unklar, auf welchen der verschiedenen Orte Hornberg sich der Ausspruch bezieht. Als aber die Stadt »Hornberg an der Schwarzwaldbahn«, im Wutachtal gelegen, die Authentizität für sich in Anspruch nahm, regte sich kein Widerspruch.

Die Stadt Hornberg, wo das sagenhafte Schießen stattgefunden haben soll, liegt nordöstlich von Freiburg im Breisgau.

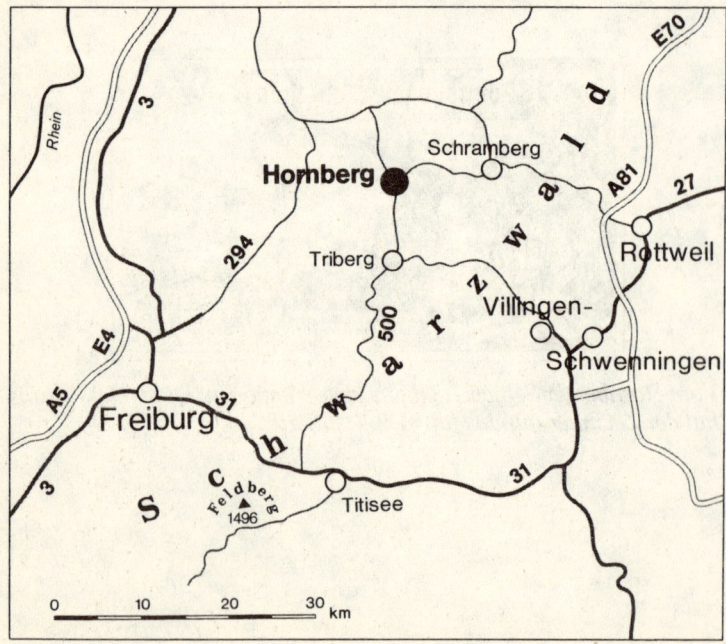

Die Hornberger meinten nun, es müsse doch wohl eine Episode gegeben haben, die ihren Anspruch eindeutig rechtfertige. Darum veranlaßten sie, daß Historiker, Germanisten und Heimatforscher in kluge Bücher Einsicht nahmen, in Akten und verstaubte Chroniken. Aber das Suchen war nicht sehr erfolgreich. »Weder das Landesarchiv in Karlsruhe, noch das in Stuttgart, noch Aufzeichnungen in den Akten und Büchern des Rathauses, noch ein Geschichtswerk enthält Angaben, nach denen die Entstehung geschichtlich klar und einwandfrei nachgewiesen werden konnte. Somit fehlen alle Anhaltspunkte für eine zuverlässige Erklärung.« Das sagt das Bürgermeisteramt zu Hornberg.
Dennoch gibt es Lesarten, wie es angeblich zu dem geflügelten Wort gekommen ist.

Der erste Bericht

Zu Johannis 1667 war in Hornberg ein großes Schießen geplant. Es sollte ein neuer Schützenkönig ermittelt werden. Da in den vorausgegangenen Jahren viel und guter Wein gewachsen war und der Krug nur wenige Kreuzer kostete, hatten die Schützen gleich nach dem Sonntagsgottesdienst dem »Markgräfler« kräftig zugesprochen. Sie hatten so viel Wein getrunken, daß keiner der Schützen mehr klar die Scheibe erkennen konnte und die Gewehrläufe in ihren Händen zitterten. Das betrübliche Ergebnis war, daß niemand auch nur die Scheibe traf. Als nach vierstündigem vergeblichem Bemühen auch noch das Zündkraut ausgegangen war, mußte das Schießen abgebrochen

Das Hornberger Schießen

Die Burg Hornberg (Foto: Berndt)

Das Hornberger Schießen

Brunnen in Hornberg zur Erinnerung an das sagenhafte Hornberger Schießen (Foto: Berndt)

werden. Doch wer sollte jetzt Schützenkönig sein? Nach langer Beratung kam man überein, derjenige solle dazu ernannt werden, der am nächsten an der Scheibe vorbeigeschossen habe. Bei diesem salomonischen Urteil war jedoch nicht bedacht worden, wie man feststellen konnte, wer nun wirklich am nächsten dem Ziel gekommen war. So verlief das Hornberger Schießen ohne Ergebnis.

Die zweite Überlieferung

Der Herzog von Württemberg wollte einst Hornberg besuchen. Doch das festliche Ereignis verzögerte sich um Stunden. Mittlerweile waren die Bewohner der Stadt, die der Begebenheit gespannt entgegensahen, wie auch die Schloßwachen, die den »Staatsempfang« durch Böller ankündigen sollten, nervös geworden. Als endlich weit unten im Tal dicker Staub aufwirbelte, glaubten die Wachen, es sei soweit. Sie feuerten einen Böller nach dem anderen ab. Als die Staubwolke näher kam, mußten aber die Hornberger erkennen, daß sich kein Herzog mit seinem Troß der Stadt genähert hatte. Vielmehr wälzte sich eine blökende Schafherde über die Straßen. Als dann der Herzog wirklich kam, war alles Pulver verschossen. Das Ergebnis: Es gab keinen Salut für den hohen Herrn.

Die dritte Version

Der württembergische Herzog Eberhard Ludwig (1677–1773) plante einen Besuch in Hornberg. Als die Bürger dies hörten, wollten sie einen würdigen Empfang vorbereiten. Sie säuberten die Straßen, putzten die Häuser und setzten Flaggen und Fahnen. Als Höhepnkt war ein großes Salutschießen geplant. Allerdings standen dafür keine Kanonen bereit. Da schlug ein Ratsmitglied vor, die alten, verrosteten Geschütze aus dem Dreißigjährigen Krieg hervorzuholen und zu prüfen, ob sie noch tauglich wären. Das geschah. Die Kanonen wurden aus vergessenen Win-

keln geholt und vom Rost, Staub und Schmutz der Jahrzehnte befreit.
Einen Tag vor dem festlichen Empfang gab es ein Probeschießen. Der Donner der Salven hallte durch die Täler von Triberg bis nach Gutach und rollte in vielfältigem Echo zurück. Es war ein großartiges Ereignis. Dann machten sich die Bedienungsmannschaften daran, die Kanonen zu säubern und in Stellung zu bringen. Zu guter Letzt wurden die Pulvervorräte überprüft. Da gab es aber ein böses Erschrecken. Der in der Stadt vorhandene Vorrat war beim Probeschießen total verfeuert worden.
Was tun? Der Stadtrat ließ eilends Boten durch den Ort schicken, die feststellen mußten, ob es anderweitig Schießpulver gab. Umsonst. Nirgendwo war noch etwas aufzutreiben. In dieser vertrackten Situation wurde erwogen, in benachbarten Orten nach Schießpulver nachfragen zu lassen. Der Gedanke wurde aber wieder aufgegeben, denn man hätte das Pulver gar nicht rechtzeitig herbeischaffen können.
Doch der Bürgermeister wußte Rat. Er bestimmte, daß sich bei Ankunft des Herzogs alle Bürger auf die Straßen zu begeben hatten und – sobald die hohen Herrschaften in Sicht kommen würden – auf einen Schlag und dann langanhaltend und so laut wie möglich neben den Hochrufen auch Kanonen- und Gewehrschüsse nachahmen sollten. Man wollte den Landesvater mit einem großartigen donnernden Empfang beglücken, wie es sich für artige Untertanen gehörte.
Als nun der Fürst mit seinem Gefolge angeritten kam, schrien die Hornberger aus Leibeskräften »Hoch! Vivat!« und »Es lebe der Herzog! Lang lebe Herzog Eberhard Ludwig!« Davor, dazwischen und danach riefen sie »Bum-Bum!« und »Piff-paff!« und wieder »Bum-bum!«

Das Hornberger Schießen

Altes Stadttor in Hornberg (Foto: Berndt)

Seine Durchlaucht aber durchschauten das Spektakel, geruhten, keinen Spaß zu verstehen und nahmen alles höchst ungnädig auf. Jeder Schreier mußte einen Tag in den Kerker. Der Bürgermeister, der den Trick ersonnen hatte, flog sogar drei Tage ins Loch.
Im Lied vom »Hornberger Schießen« heißt es zu dieser Begebenheit:

>*Doch als der Fürst dann ritt daher,*
>*Da hatten sie kein Pulver mehr.*
>*Sie wollten trotzdem ihn erfreu'n*
>*Und taten feste »Piff-Paff« schrei'n.*
>
>*Der Fürst, hierüber sehr entsetzt,*
>*Hielt sich in seiner Ehr' verletzt.*
>*Er warf sie in den Turm hinein,*
>*Dort konnten sie dann »Piff-paff« schrei'n.*

Das Pulver ging zu früh aus

Die Schildbürgiade ihrer Stadt hat den Hornbergern mächtigen Spaß gemacht. Sie hatten sich ja schon vor Jahren darum gerissen, daß ihr Ort die »historischen Weihen« bekam. Nicht nur das. Hornberg an der Schwarzwaldbahn hat auch einen Brunnen mit dem erzürnten Herzog und einem etwas clownesken Bürger zu seinen Füßen errichtet. In einer Inschrift am Brunnenrand wird das Jahr, in dem sich die Episode abgespielt haben soll, mit 1564 angegeben.

Überdies wird jedes Jahr das Laienspiel »Das Hornberger Schießen« aufgeführt. In dem Stück sind Überliefertes, beinahe Überliefertes und Erdachtes zusammengefügt. Höhepunkt ist die mißverstandene Ankunft. Die Stieftochter des Ratsschreibers, Annemarie, erklärt sie dem Herzog folgendermaßen:

Zuerst war's, wie Ihr hörtet, eine Rindviehherd,
Das nächste Mal war's wiederum verkehrt,
Da hielt die Postkutsch sie zum Narren
Und dann, bevor Ihr kamt, da war's ein Krämerkarren.
Sie schossen jedesmal Salut,
Um Euch recht würdig zu empfangen,
Und so ist halt zu früh das Pulver ausgegangen.

In Staufen brach Mephisto ihm das Genick

Faust

Alle Versuche, das
große Drama dem
Verstand näher zu bringen,
sind vergeblich.

Johann Wolfgang von Goethe über seinen »Faust«

Das angebliche Faust-Portrait des niederländischen Malers Rembrandt (Historia-Photo)

Faust

An einem Fachwerkhaus im badisch-württembergischen Knittlingen (östlich von Karlsruhe) hängt zwischen zwei Fenstern im Erdgeschoß eine schwarze Tafel mit der Aufschrift: »Geburtshaus von Dr. Johannes Faust 1480–1540«. Von dem ursprünglichen Haus stehen nur noch die Grundmauern. Auf ihnen wurde im 18. Jahrhundert der jetzige Bau errichtet. Auch der Doktortitel ist zweifelhaft, denn Faust hat nie an irgendeiner Universität studiert. In Goethes Faust ist es allerdings anders: »Heiße Magister, heiße Doktor gar und ziehe schon an die zehen Jahr herauf, herab und quer und krumm meine Schüler an der Nase herum.«

Auch der Vorname des historischen Faust ist in der Form, wie er an der Tafel in Knittlingen steht, strittig. Faust ist zwar auf den Namen Johann Georg getauft worden, nannte sich jedoch Georg oder Jörg. Schließlich können die Jahresangaben nur als ungefähre Lebensdaten gelten. Auch die Faust-Skulptur im »nahen Museum«, dem alten Fachwerk-Rathaus in Knittlingen, stellt nicht den historischen Faust dar. Der würdige Weise mit dem servilen, hageren Mephisto, 1980 von Hanne Schorp-Pflumm geschaffen, hat mit dem geschichtlichen Faust nichts zu tun. Gleiches gilt für das Denkmal an der nahen Straßenkreuzung: Dieser Gelehrte ist eine Idealfigur.

Faust war anders.

Der Abt Johannes Trithemius aus Würzburg schreibt in einem Brief vom 20. August 1507 an den Heidelberger Mathematiker und Astrologen Johann Virdung über Faust: »Jener Mensch ... ist ein Landstreicher, leerer Schwätzer und betrügerischer Strolch, würdig ausgepeitscht zu werden, damit er nicht ferner mehr öffentlich verabscheuungswürdige und der heiligen Kirche feindliche Dinge zu lehren wage.«

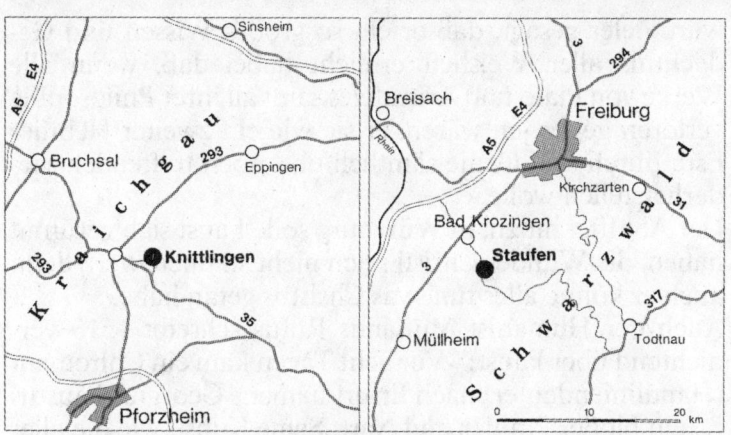

Vieles im Leben des Dr. Johannes Faust ist unklar. Sicher scheint jedoch zu sein, daß er in Knittlingen geboren und in Staufen gestorben ist.

Vom Prahler und Narr...

Trithemius läßt sich in dem Schreiben ausführlich über Faust aus, da sein Briefpartner ihn in Heidelberg sehen wollte und sich viel von der Begegnung versprach. Der Abt schreibt: »Als ich im vorigen Jahr aus der Mark Brandenburg zurückkehrte, traf ich diesen Menschen in der Nähe der Stadt Gelnhausen an, woselbst man mir in der Herberge viele von ihm mit großer Frechheit ausgeführte Nichtsnutzigkeiten erzählte. Als er von meiner Anwesenheit hörte, floh er alsbald aus der Herberge und konnte von niemandem überredet werden, sich mir vorzustellen. In jener Stadt erzählten mir Geistliche, er habe in Gegenwart vieler gesagt, daß er ein so großes Wissen und Gedächtnis aller Weisheit erreicht habe, daß, wenn alle Werke von Plato und Aristoteles samt all ihrer Philosophie verloren gegangen wären, er sie wie ein zweiter Hebräer Esra durch sein Genie sämtlich und noch treffender wiederherstellen wolle.«

Der Abt fügt hinzu, in Würzburg solle Faust sich gerühmt haben, die Wunder Christi seien nicht staunenswert, denn auch er könne alles tun, was Christus getan habe.

Auch der Humanist Mutianus Rufus schreibt 1513 vernichtend über Faust: »Vor acht Tagen kam ein Chiromant (Handliniendeuter) nach Erfurt namens Georgius Faustus ... ein bloßer Prahler und Narr. Seine Kunst, wie die aller Wahrsager, ist eitel, und eine solche Physiognomie leichter als eine Wasserspinne ... Ich hörte ihn im Wirtshaus schwatzen; ich habe seine Anmaßung nicht gestraft; denn was kümmert mich fremde Torheit?«

In Ingolstadt war er nicht erwünscht. Im Protokoll des Stadtrats von 1528 steht zu lesen, daß ein gewisser »Doctor Jörg Faustus seinen Pfennig anderswo verzehren solle«. »Dem warsager soll befohlen werden, daß er zu der stadt ausziehe.« Heute sind die Ingolstädter allerdings anderer Meinung. Sie sind stolz darauf, daß der »Wahrsager« früher einmal in ihrer Stadt gewohnt hat. In der Harderstraße 7 berichtet eine Gedenktafel: »Dr. Jörg Faustus aus Heidelberg hielt sich 1528 in Ingolstadt auf. So meldet uns das Ingolstädter Ratsprotokoll vom Mittwoch nach Viti 1528. Glaubwürdiger Überlieferung nach hat dieser Dr. Jörg Faustus in diesem Haus gewohnt.«

Fausts Geburtshaus in Knittlingen (Fotos: Berndt)

... zum Hofastrologen

Die Einschätzungen seiner Zeitgenossen sind aber nicht einheitlich. Es gibt auch zustimmende Urteile.
So erhielt Faust am 12. Februar 1520 von Bischof Georg III. in Bamberg für hervorragende Verdienste ein Honorar von zehn Gulden. Das war ein ansehnlicher Betrag. Faust bekam die Zuwendung für ein Horoskop, das er dem Bischof zu dessen vollster Zufriedenheit gestellt hatte. Er durfte sich fortan »Fürstlich-bischöflicher Hofastrologe« nennen. Auch Franz von Sickingen hatte sich mit Erfolg für ihn eingesetzt, so daß Faust in Kreuznach Schulmeister wurde. Die Stelle hat er allerdings nicht lange behalten. Günstig beurteilt wurde er ferner von Melanchthon, der nach der Aussage von Johann Manlius erklärt hat: »Ich habe einen gekannt mit Namen Faust von Kundling (Knittlingen), derselbe da er zu Krakau in die Schule ging. Da hatte er die Zauberei gelernt, wie man sie dann vor Zeiten an dem Ort sehr gebraucht hat. Er ging hin und wieder allenthalben und sagte viele verborgene Dinge.« Schließlich ist Faust 1533 vom Erzbischof von Köln empfangen worden, dem das Gemunkel über ihn ziemlich gleichgültig war.
Faust galt gemeinhin als Mann, der sich in vielen Wissenschaften auskannte – in der Medizin, Astrologie, Alchimie, aber auch der Theologie. Er trat immer als Doktor auf und bezeichnete sich als »Zweiter in der Magie«, wobei offen ist, wer wohl der »Erste« war. Gut kannte er sich in spiritistischen Dingen und okkulten Phänomenen aus. Er benutzte technische Tricks und war psychologisch geschickt, wandte die Hypnose an und war ein Meister der Suggestion.

Der Wandelbare

Bei seinen Auftritten in der Öffentlichkeit wechselte er die Plätze, auf denen er sich produzierte, wie auch die Kleidung. Einmal wählte er Wirtshäuser und Kirchplätze, dann trat er in Universitäten auf. Mal legte er die Tracht eines Fahrenden an, dann kam er in einer Kutte oder erschien im Bratenrock des Gelehrten. Auf den Märkten zeigte er allerhand Hokuspokus, in den Wirtshäusern legte er Karten und zauberte. Er sagte die Zukunft aus dem Wasser, dem Feuer, der Luft, aus einer Kristallkugel oder den Handlinien voraus. In den Hörsälen stellte er theologische Betrachtungen an oder verbreitete sich über den Humanismus.
Faust blieb nie lange an einem Ort. Meist wurde ihm der Boden zu heiß, und er zog weiter. Vorübergehend wußte er aber seine Umgebung in Erstaunen zu versetzen. Seine Darstellungen waren so frappierend und beschwörend, daß es hieß, er sei mit dem Teufel im Bunde, habe mit Satan für 24 Jahre einen Pakt geschlossen. Mit seiner Hilfe sei es ihm möglich, jede, auch die ausgefallenste Tat zu vollbringen.
In Leipzig soll er in »Auerbachs Keller« Furore gemacht haben. Dieses Gewölbe wurde von dem Leipziger Ratsherrn Heinrich Stromer (1482–1543) angelegt und war nach dem Ort Auerbach in der Oberpfalz benannt, in dem Stromer aufgewachsen war. Zwei Ölbilder aus dem Jahre 1525 deuten noch heute auf Fausts Abenteuer hin. Goethe, der als Student in dem Keller verkehrte, hat die Geschichten in seinem Drama eingeflochten.
In Auerbachs Keller herrscht eine Bombenstimmung. Es wird gelacht, gezecht und gesungen. Einer trägt vor:

> *Es war eine Ratt im Kellernest,*
> *Lebte nur von Fett und Butter,*
> *Hatte sich ein Ränzlein angemäst*
> *Als wie der Doktor Luther.*
> *Die Köchin hat ihr Gift gestellt;*
> *Da ward's so eng in ihrer Welt*
> *Als hätte sie Lieb im Leibe.*

Der Chor wiederholt:

> *Als hätte sie Lieb im Leibe.*

Faust und Mephisto setzen sich in die Runde der Sänger und Zecher, und der Teufel fragt, ob die Gesellen nicht einmal einen wirklich guten Wein versuchen möchten. Nach freudiger Zustimmung bohrt Mephisto Löcher in den Tisch und verschließt sie mit Kerzenwachs. Nun darf jeder wählen, was er trinken möchte. Der eine nimmt Rheinwein, der andere Tokaier. Auch französischer Wein ist gefragt:

> *Ein echter deutscher Mann mag keinen Franzen leiden,*
> *Doch ihre Weine trinkt er gern.*

Als etwas Wein verschüttet wird, geht er in Flammen auf. Die Zecher glauben an Zauber – es droht eine Massenstecherei. Doch Mephisto verhext die Raufbolde. Er und Faust verlassen eilig das Gewölbe. Einer aus der Kellerrunde will dabei beobachtet haben, wie Mephisto auf einem Faß davongeritten ist:

> *Ich hab ihn selbst zur Kellertüre*
> *Auf einem Fasse reiten sehen ...*

Der »Schwager«

Dem Gerücht, das allenthalben umlief, er habe einen Pakt mit dem Teufel, ist er nicht entgegengetreten. Er wußte um die Gefährlichkeit solchen Rufes, andererseits brachte ihm diese Nachrede ungeheure Popularität. Darum förderte er die Fabel von seinem Umgang mit Mephisto, seinem »Schwager«.

Als ihm einmal ein Mann mit schwarzem Bart und dunklem Gesicht vorgestellt wurde, sagte er: »Ich hatte dich zuerst für meinen Schwager gehalten. Ich habe deshalb auf deine Füße geachtet, ob du vielleicht lange gekrümmte Klauen hättest.«

Als er 1513 nach Erfurt kam, ließ er verbreiten, wegen seines Umgangs mit Luzifer könne er die phantastischsten Dinge tun. Das erhöhte die Neugier in der Stadt ganz ungeheuer, vor allem bei den Studenten. Sie strömten in Scharen zu einer von ihm angekündigten Vorlesung über die Helden von Homer. Faust hatte sich nun eine besondere Überraschung ausgedacht: Er ließ den überfüllten Hörsaal verdunkeln und wandte Tricks an, die keiner kannte. Entweder hat er eine »Camera obscura« oder eine Vorform der »Laterna magica« benutzt, vielleicht auch eine spiritistische Sitzung mit Massenhypnose durchgeführt. Jedenfalls erschienen die trojanischen Helden »persönlich«: Hector, Achilles, Priamos, Menelaos und auch Helena. Als sogar der einäugige Riese Polyphem auftrat, waren die Zuschauer wie betäubt. Es kam zur Panik, die Studenten stürzten ins Freie.

Für die Erfurter war nun vollends bewiesen, daß bei dieser Vorstellung der Teufel seine Hände im Spiel gehabt haben mußte. Die Stadtväter waren nicht willens, das hinzuneh-

Faust-Denkmal in Knittlingen (Foto: Berndt)

Die erste Begegnung von Faust und Gretchen, im Hintergrund Mephistopheles. Nach einer Zeichnung von Franz Simm (Historia-Photo)

men. Sie schickten darum den Mönch Dr. Klinge zu Faust, damit er ihn bekehrte. Klinge wollte für den »Exorzismus« Messen lesen lassen, um so den Teufel auszutreiben. Als sich Faust mit diesem »Firlefanz« nicht einverstanden erklärte, wurde er der Stadt verwiesen.

In Wittenberg ging es eines Tages in einer Schenke darum, wie wohl der Teufel aussehe. Nach einigem Hin und Her griff einer der Gäste zu einem Stück Holzkohle und malte Mephisto, wie er ihn sich vorstellte, an die Wand: Das Bild zeigte einen Junker mit kurzer Jacke, enganliegendem

Beinkleid und einem Degen in der Hand, kleine schmale Augen, schmaler Mund, Hakennase und Spitzbart, auf dem Kopf einen spitzen Hut mit langer Feder. Faust, der in der Runde saß, bemerkte, es sei nicht ungefährlich, den Teufel so gut persönlich zu kennen. »Seht ihn euch doch genauer an!«
Da änderte sich das Kohlebild. Die schwarzen Linien gewannen Farbe, die Hahnenfeder wurde knallrot, Wams und Hose grün und gelb, die Pupillen der Augen leuchteten durchdringend. Plötzlich bewegte sich die Feder auf dem Hut, und die Gestalt trat lebend aus der Wand hervor. Die Gäste erschraken zutiefst und eilten aus der Schenke. Faust rief ihnen noch lachend nach, man solle eben den Teufel nicht an die Wand malen.

Ein Schloß für eine Nacht

Faust hat wie ein Magnet alle merkwürdigen Erzählungen, alle Sagen und Legenden, die im 16. Jahrhundert im Umlauf waren, auf sich gezogen: Er ist in einer Nacht auf dem Rücken von Mephistopheles, der sich in ein Pferd verwandelt hatte, von Prag nach Erfurt und zurück geritten. Er flog auf einem Zaubermantel aus dem Dach eines Hauses – danach war das Loch im Dach nicht mehr zu schließen. Es machte ihm nichts aus, ein ganzes Fuder Heu samt Wagen und Pferden zu verzehren. Im Odenwald zog er mit seiner Hand einen Regenbogen herunter und war bereit, auf ihm das Tal zu überqueren. Er hatte stets einen Hund bei sich, doch es war der Teufel.
Manchmal sollen es sogar zwei gewesen sein. Einst war

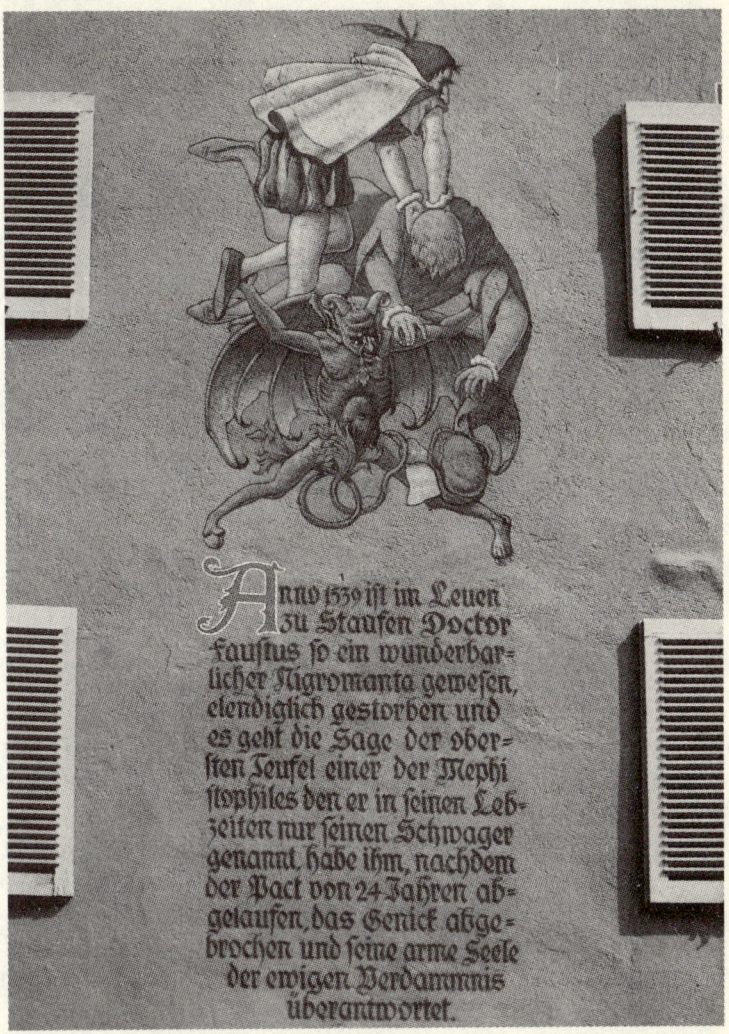

Diese Inschrift an einem Haus in Staufen erinnert an das Ende des »Doctor Faustus« (Foto: Berndt)

Faust in einem reichen Kloster eingekehrt, um dort zu nächtigen. Als der Bruder ihm einen sauren Wein vorsetzte, verlangte Faust nach einem besseren, erhielt ihn jedoch nicht. Faust ging am nächsten Morgen voll Erbitterung fort und sandte dem Kloster zur Strafe einen Teufel, der Tag und Nacht lärmte und in der Kirche wie in den Zellen alles durcheinanderwarf, so daß die Mönche keine Ruhe mehr fanden.

Selbst Mephistopheles, der vertraglich 24 Jahre lang zu jedem Dienst verpflichtet war, hatte unter ihm zu leiden. Wenn er schon diesem Bösewicht seine Seele verschrieben hatte, so meinte er, dann wolle er es dem Satan auch zeigen! So mußte Mephisto im Winter Erdbeeren beschaffen und im Sommer eine Schneebahn zum Schlittenfahren. Aus der Türkei begehrte er Süßspeisen. Als Faust eines Abends in Österreich todmüde in den Ort Aschach gekommen war, befahl er dem Teufel, ihm sofort ein Schloß zu bauen, in dem er übernachten konnte. Mephisto errichtete ihm auch umgehend auf einem Felsen über der Donau das »Faust-Stöckl«. Einmal wollte Faust ins Wirtshaus nach Aschach fahren, doch der Fährmann war nicht zur Stelle. Da erhielt Luzifer den Auftrag, eine Brücke zu bauen. Hundert kleine Teufel machten sich an die Arbeit, während Faust sie mit einer Zauberpeitsche antrieb. In kurzer Zeit war die Brücke fertig, und Faust galoppierte mit seinem Pferd darüber. Auch ließ er seinen teuflischen Diener oft sinnlose Arbeiten verrichten: Mephistopheles mußte zum Beispiel in den Städten, die Faust besuchte, vor ihm das Pflaster aufreißen und hinter ihm wieder schließen.

Als der Pakt mit Satan abgelaufen war, forderte Mephisto seinen Lohn, Fausts Seele.

Faust lebt weiter

Das dramatische Ende soll sich in Staufen in Württemberg (südwestlich Freiburg im Breisgau) abgespielt haben.
In einer Schilderung heißt es: »Faust hatte zum Wirt gesagt: So er etwas in der Nacht hören würde, sollte er nicht erschrecken. Um Mitternacht ist im Haus ein großes Getümmel entstanden. Des Morgens wollte Faust nicht aufstehen. Und als es schier auf den Mittag kam, hat der Wirt etliche Männer genommen und ist in die Schlafkammer gangen, darinnen er gelegen ist. Da ist er neben dem Bette tot gelegen aufgefunden, und hatte ihm der Teufel das Angesicht auf den Rücken gedreht.«
Heute wird im dritten Stock des Restaurants »Zum Löwen« in Staufen das Sterbezimmer von Faust gezeigt. Unten im Gasthof trinken die Gäste in der auf altdeutsch eingerichteten »Fauststube« ihren Schoppen. Auf dem Giebel zur Straßenseite sind Mephisto und ein zweiter, geflügelter Teufel gemalt, die Faust umbringen. Darunter steht: »... es geht die Sage, der obersten Teufel einer, der Mephistopheles, den er in seinen Lebzeiten nur seinen Schwager genannt, habe ihn, nachdem der Pact von 24 Jahren abgelaufen, das Genick gebrochen und seine arme Seele der ewigen Verdammnis überantwortet.«
Die Faust-Sagen haben 1587 im Volksbuch »Historie von D. Johann Fausten«, herausgegeben von dem Frankfurter Drucker Johann Spies, ihren Niederschlag gefunden. Das Buch wurde ein außergewöhnlicher Erfolg: 1592 waren vierzehn Auflagen erschienen. Die Sagen über Faust wurden blindlings als Tatsachen genommen. Denn trotz allem Fortschritt, trotz Renaissance, Humanismus und Reforma-

tion war die Welt des 16. Jahrhunderts ohne Teufel nicht vorstellbar.

Faust und Mephisto blieben auch später ein packender Stoff. Goethe sah im Faust, in der menschlichen Verstrikkung mit dem Diabolischen, sein Lebenswerk. Thomas Mann läßt im Faust-Roman den Musiker Adrian Leverkühn mit teuflischer Hilfe geniale Leistungen erreichen. Er verfaßt das Oratorium »Dr. Fausti Weheklag«, das mit Höllengelächter endet. Wie im 16. Jahrhundert fordert Luzifer seinen Preis: Leverkühn verfällt dem Irrsinn. Doch Thomas Mann schildert nicht nur den Untergang eines dämonischen Menschen, sondern auch – an dem Beispiel von Deutschland – die Katastrophe eines ganzen Zeitalters.

»O, wol ist das Eyss so heiß«

Der Ritt über den Bodensee

In 1088 Jahren war der See dreiunddreißigmal zugefroren.

Aus einem Text zur Seegfrörne 1963

Inschrift an einer Säule in der alten Kirche von Wasserburg (Foto: Berndt)

Eine heitere Note liegt über dem Bodensee, dem »Schwäbischen Meer«. Heiter ist auch die Geschichte, die Wilhelm von Scholz berichtet und die er »Eine alte Bodensee-Sage« nennt:
Vor langer, langer Zeit lebte am Bodensee ein Klausner, fromm, aber von einfältigem Gemüt. Doch er vollbrachte manche Wunder. Der Bischof von Passau, der von dem Eremiten gehört hatte, wollte ihn kennenlernen und machte sich auf den Weg zum Bodensee. Beim Gebet des Klausners merkte der Kirchenfürst, daß die lateinischen Verse des Bruders recht mangelhaft waren. So verbesserte er ihn einige Male mit großer Nachsicht. Dann machte sich der Bischof auf die Heimfahrt. Doch, o Wunder, mitten auf dem See wurde das Schiff von dem Klausner eingeholt, der eilends über das Wasser gelaufen kam und den Prälaten inständig bat, er möge ihm einige lateinische Vokabeln nochmals vorsagen. Er habe sie vergessen. Der Bischof sagte nur: »Du betest besser als ich.«

Ein anderer »Marsch« ist bekannter

Diese Begebenheit geht auf ein Ereignis zurück, das sich am Überlinger See, dem nordwestlichen Teil des Bodensees, zugetragen hat. Dieser Teil des Schwäbischen Meeres, durch den der Rhein nicht hindurchfließt wie beim Oberen und Unteren See, friert bei äußerst kalten Wintern völlig zu. Es ist ein Jahrhundertereignis.
Als der See 1573 zugefroren war, wurde dies in der sogenannten »Reutlingerschen Chronik« vermerkt. Im Januar des Jahres, so heißt es, sei Andreas Egglisperger mit einem

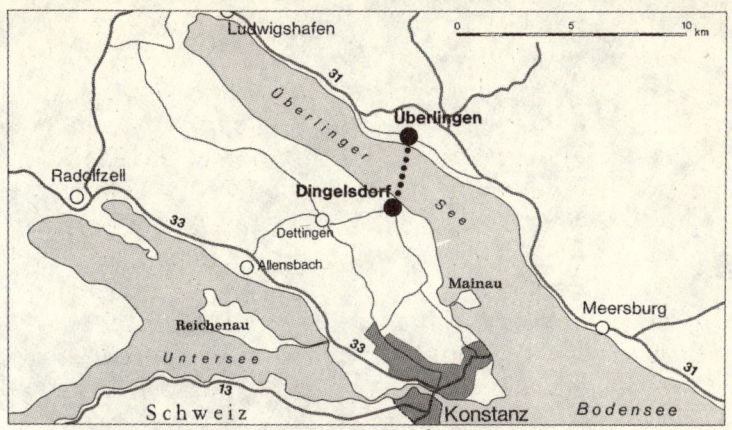

Auch von Überlingen nach Dingelsdorf ist der See überquert worden

Pferd nach Dingelsdorf gekommen, das auf der Südseite des Überlinger Sees liegt. Trotz eindringlicher Warnungen von Einheimischen wollte er den See überqueren, um so nach Überlingen zu gelangen. Ein gewisser Georg Han, begleitet von einem Mann namens Schinbain, berichtet in der Chronik:
»Ich sagte zu Schinbain: geh zu ihm und sage ihm, wir lassen ihn warnen, insbesondere, da heute erst der dritte Tag ist, daß der Bodensee überfroren. Er solle um den Bodensee herumreiten und nicht mit dem Pferd herüberziehen. Als Schinbain ihm alles gesagt hat, hat er geantwortet: Er habe den Klepper über den Rhein zweimalen und einmal über den Zellersee gezogen. Allda sei ihm nichts widerfahren. Es werde ihm auch hier nichts geschehen.
Als wir in die Mitte des Sees gekommen, habe ich mit mei-

nem Waidmesser in das Eis ein Loch gestoßen und sehen wollen, wie dick es sei. Also habe ich befunden, daß es nicht mehr denn zween Zwerchfinger oder nahezu dritteinhalb dick gewesen. Danach habe ich wieder ins Eis gestochen und befunden, daß es zween Zwerchfinger dick, und je näher die Stadt, je dünner das Eis gewesen.

Weil nun der Reiter sich uns ganz näherte, haben wir uns an das Ufer gedrängt, wo nun viele Leute standen, weil es mit dem Pferd ein Wunder war, und weil die Sonne so heiß und schön, hat sich manniglich über uns verwundert, daß wir ein Pferd mit uns brachten. Nicht länger, daß jemand ein Ei ißt, ist auch der Reiter an Land gekommen und kehrt sich um und schwitzt heftig wie auch das Pferd, das vor Nässe auf den Boden tropfte. Als er sich von seinen Ängsten erholt hatte, sagte er: ›O, wol ist das Eyß so heiß!‹ Zog mit dem Roß in die Krone und aß da zum Imbiß ...

Als ich gegessen hatte, ging ich wieder an das Gstad. Da ging eine laue Luft, und in der Mitte des Sees brach das Eis auseinander ... Es sind auf diesem Eis gar viele Leute untergegangen. Sonderlich bei der Stadt umher. Gott wolle ihnen allen gnädig sein. Amen.«

Linke Seite: Der Ritt über den Bodensee (Foto: Berndt)

»Am Ufer ein trocken Grab«

Als der Stuttgarter Gymnasiallehrer und Dichter Gustav Schwab 1826 nach Überlingen kam, hörte er auch von dem, was sich vor Jahrhunderten am vereisten Bodensee zugetragen hatte. Er las in der Bibliothek die alte Chronik und war beeindruckt von der Schilderung. Er wandelte sie ab und schuf die Ballade vom »Reiter und der Bodensee«. Nach dieser Schwabschen Dichtung kommt ein unbekannter Reisender an das zugefrorene Ufer des Sees und reitet, ohne es zu wissen, übers Eis ans jenseitige Ufer:

Der Reiter reitet durchs helle Tal,
Auf dem Schneefeld schimmert der Sonne Strahl.
Er treibt im Schweiß durch den kalten Schnee,
Er will noch heut an den Bodensee;

Noch heut mit dem Pferd in den sicheren Kahn,
Will drüben noch landen vor Nacht noch an.
Auf schlimmem Weg, über Dorn und Stein,
Er braust auf rüstigem Roß feldein.

Aus den Bergen heraus, ins ebene Land,
Da sieht er den Schnee sich dehnen, wie Sand.
Weit hinter ihm schwinden Dorf und Stadt,
Der Weg wird eben, die Bahn wird glatt...

Fort gehts, wie auf Samt, auf dem weichen Schnee,
Wann rauscht das Wasser, wann glänzt der See?
Da bricht der Abend, der frühe, herein;
Von Lichtern blinkt ein ferner Schein...

Und Hunde bellen empor am Pferd,
Und es winkt ihm im Dorf der warme Herd.
»Willkommen am Fenster, Mägdelein,
An den See, an den See! Wie weit mag es sein?«

Die Maid staunet den Reiter an:
»Der See liegt hinter dir und der Kahn.
Und deckt ihn die Rinde von Eis nicht zu,
ich spräch, aus dem Nachen stiegest du.«

Der Fremde schaudert, er atmet schwer:
»Dort hinten die Ebene, die ritt ich her!«
Da reckt die Magd die Arm in die Höh:
»Herr Gott! So rittst du über den See;

An den Schlund, an die Tiefe bodenlos,
Hat gepocht des rasenden Hufes Stoß!
Und unter dir zürnten die Wasser nicht?
Nicht krachte hinunter die Rinde dicht?«

Der Reiter erstarrt auf seinem Pferd.
Er hat nur das erste Wort gehört.
Es stockt sein Herz, es sträubt sich sein Haar,
Dicht hinter ihm grinst noch die grause Gefahr...

Im Ohr ihm donnert's wie krachend Eis,
Wie die Welle umrieselt ihn kalter Schweiß.
Da seufzt er, da sinkt er vom Roß herab,
Da ward ihm am Ufer ein trocken Grab.

Nicht alle wurden gerettet

Der Ritt über den Bodensee hat kaum etwas von seiner Symbolik verloren. Er wurde zum geflügelten Wort. Manche haben es aufgegriffen, um Gefahren zu schildern, deren Größe nicht erahnt wird. Arno Borst, Professor in Konstanz am Bodensee, meint: »Der Inhalt des Gedichts, die Hast eines unbehausten Individuums und seine tödliche Kurzsichtigkeit, trifft eine Grundstimmung unseres Jahrhunderts, zumal der deutschen Gegenwart...«
Als der Bodensee 1963 erneut zufror, gab es für die Anwohner wochenlang kein anderes Gesprächsthema.
Am 5. Februar fand auf dem Überlinger See ein Volksfest statt.
Am 8. Februar war der Bodensee in seiner ganzen Breite von 14 Kilometer und seiner Länge von 60 Kilometer zugefroren. Über einhundert Einwohner des Ortes Langenrain wanderten mit dem Gemeinderat und dem Bürgermeister über den See nach Sipplingen. Am 15. Februar fuhr ein ziemlich abgewracktes Auto in 24 Minuten von Nonnenhorn nach Rohrschach. Am selben Tag eröffnete eine Verkehrsgesellschaft mit einer sechssitzigen Do 27 einen Rundflugbetrieb auf dem Eis.
28. Februar: Trotz Verbots fuhren drei Schweizer in einem Auto von Rohrschach nach Kreßborn. Kurz vor dem deutschen Ufer brachen sie ein, konnten sich aber retten. Ein Konstanzer Ehepaar versank im Staader Fährhafen bis zum Hals im eiskalten Wasser. Der 2./3. März brachte den Höhepunkt: Zehntausende überquerten zu Fuß, auf Fahrrädern, Mopeds und Autos den Obersee in beiden Richtungen zwischen Staad-Meersburg, Überlingen-Dingelsdorf, auf dem Untersee und der Bregenzer Bucht.

Während der »Seegfrörne« wurden auch Reiter beobachtet. So hat der Dragoner Edwin Lengweiler Ende Februar den See von Arbon nach Langenargen in achtzig Minuten überquert. Kurz davor, Mitte Februar, ist Georg Stärr aus Fischbach bei Friedrichshafen auf einem Haflinger einer Prozession von Altnau nach Hagnau vorausgeritten. Stärr, der sich mehrfach auf dem Eis mit seinem Pferd getummelt hat, wurde in Erinnerung an alte Zeiten »Reiter vom Bodensee« genannt.

Moriskentanz-Skulptur im Münchener Stadtmuseum (Foto: Berndt)

Um elf Uhr am Münchener Marienplatz

Der Schäfflertanz

Früher zählte man sogar das
Lebensalter eines Müncheners
nach Schäfflertänzen.

Münchener Überlieferung

Das sogenannte »Schäffler-Eck« in der Münchener Innenstadt (Foto: Berndt)

Der Schäfflertanz

Jeden Vormittag versammeln sich auf dem Münchener Marienplatz Hunderte, manchmal sogar Tausende von Besuchern und blicken erwartungsvoll auf das Rathaus. Punkt elf setzt das Glockenspiel ein. Alsbald bewegen sich im Turm bunt bemalte, 1,40 Meter hohe Kupfergestalten und führen eine Münchener Szene aus dem Jahre 1568 vor. Langsam ziehen die Figuren an dem herzoglichen Brautpaar vorbei, an Wilhelm V. und Renata von Lothringen. Gepanzerte Ritter folgen. Einer von ihnen stößt seinen Gegner unter dem Beifall der Zuschauer mit der Lanze aus dem Sattel.

Indessen beginnt im unteren Teil des Spielerkers ein zweites Schauspiel: Böttcher, auch Küfer, im Süden Deutschlands »Schäffler« genannt, in schwarzen Hosen und roten Jacken, mit Lendenschurz und grünen Käppchen, mit bogenförmigen Girlanden in der Hand, eröffnen den »Schäfflertanz«. In ihrer Mitte, auf einem Faß, steht im karierten Kleid ein Kasperl und schlägt mit blauweißer Pritsche den Takt.

Der Schäfflertanz, der bekannteste Münchener Stadtbrauch, wird alle sieben Jahre im Fasching in den Straßen der Stadt begangen. Achtzehn Reifenschwinger bewegen sich im Polkaschritt, in den Händen buchsbaumumwachsene Bögen. Die Tänze sind vorgeschrieben. Sie beginnen mit der sogenannten »Schlange«, es folgen »Laube«, »Kreuz«, »Krone«, »Changieren« und »Reifenschwung«. Der Kasperl springt zwischen Tänzern und Zuschauern umher und schwärzt jungen Mädchen und Kindern die Nase. Das soll an den »Schwarzen Tod« erinnern.

Einer Münchener Sage nach ist der Schäfflertanz folgendermaßen entstanden: »Einst wüthete in München eine böse seuche, welche viele Menschen dahinraffte. die seuche brachte ein lindwurm, der sich unter der erde aufhielt.

als aber das ungeheuer aus der erde herauskroch, wurde es getötet. das geschah auf dem platz, wo die weingasse sich mit dem schrannenplatz vereinigt... obgleich nun die pest im abnehmen war, so hatte sich doch aller furcht und schrecken bemächtigt; niemand wagte sich auf die strasse, thüren und fenster blieben verschlossen. da fassten die schäffler zuerst muth, zogen vor die häuser, führten freudentänze auf, und ermunterten hierdurch die leute, die ungesunden, dumpfen wohnungen zu verlassen, und an ihrer lust theilzuhaben.«

Mit Trommeln und Flöten gegen die Pest

Die Pest war 1515 ausgebrochen. Die Menschen starben nach wenigen Tagen. Die Körper verfärbten sich und wurden schwarz. Tote lagen auf den Straßen. Ein Schreiber machte an ausgestorbenen Häusern drei Kreuze, während ein »Pesträucher« auf Straßen und Plätzen Wacholdersträucher verbrannte. Doch nichts half gegen den Schwarzen Tod. Die Straßen, in denen die Seuche wütete, wurden abgesperrt, die Tore der Stadt verrammelt. Inzwischen war das Jahr 1517 angebrochen.
Aus dieser Zeit gibt es ein Bilddokument, das Anton Baumgartner 1826 wie folgt beschrieben hat: »An der Sakristeystiege der St. Peters Pfarre hängt noch wirklich ein Pestbild von 1517, worauf die Strafengel Gottes die Pfeile herunterschleudern. Die Menschen fallen um wie die Mücken. Man hat nicht Hände genug, um sie zu begraben. Jesus und Maria bitten Gott Vater um Erbarmen, und dieser kehrt das Strafschwerdt in die Scheide zurück.«

Nach überkommenen Erzählungen glaubten die Schäffler im Januar 1517, das Ende der Pest sei gekommen. Doch noch wagte sich die Bevölkerung nicht auf die Straße. Die Schäffler aber meinten, man müsse den Bann brechen, der über der Stadt lag, sonst sei München verloren. So ging der »Himmelschäffler« vom Färbergraben 20 mit achtzehn seiner Zunftgenossen am Sebastianstag mit Trommeln, Pfeifen, Flöten und Hörnern auf die Straße, ein Reifenschwinger und ein Harlekin vorweg. Als sie so spielend und tanzend durch die Straßen zogen, faßte die Bevölkerung Mut. Die Pest war erloschen.
Solche Berichte wurden bis vor kurzem unwidersprochen hingenomnmen. Doch 1973 erklärte Günther Kapfhammer, Mitglied eines wissenschaftlichen Autorenteams, es sei anders gewesen: »Wir werden nicht umhinkönnen, altvertraute Vorstellungen über den Schäfflertanz zu korrigieren. Die Pestsage kann wohl erst zu Beginn des 19. Jahrhunderts aufgekommen sein.«

In ständiger Angst

Hat Kapfhammer recht?
Es gibt bis heute tatsächlich keine Quellen, die beweisen, daß eine Verbindung zwischen Pest und Schäfflertanz bestanden hat. Allerdings hat die Sage eine innere Glaubwürdigkeit: Es hätte sich so ereignet haben können. Denn in kritischen Perioden, in Zeiten der Auflösung und totalen Hoffnungslosigkeit, hat es häufig regelrechte Tanzepidemien gegeben. Die Ursachen waren vielfältig: abgründige Angst in einer unheimlichen Situation, Furcht vor

Eine Zeichnung um das Jahr 1900 zeigt den Schäfflertanz, den bekanntesten Münchener Stadtbrauch (Foto: Berndt)

Krieg, Hungersnot oder vor dem nahenden Weltuntergang.
Die Menschen lebten in ständiger Angst vor tödlichen Krankheiten. Wenn im Mittelalter das Gerücht vom Schwarzen Tod aufkam, entstand eine Panik. Viele suchten Schutz in Kirchen, andere flüchteten, noch andere verfielen in eine Tanzpsychose und verdrängten so ihre Verzweiflung. Als 1418 eine Tanzepidemie in Straßburg ausbrach, wußte man keinen anderen Rat, als die Betroffenen in die Kapellen des Heiligen Veit nach Zabern und Rotenstein zu bringen. Sogar Klöster waren von der Psychose befallen. Paracelsus (1493–1541) hat die Tanzwut als Krankheit diagnostiziert und versucht, sie zu heilen. Franz Mesmer (1734–1815), Begründer des Mesmerismus, hat bei seinen Kuren den »Kollektiven Tanz« angewandt. Tanzwut hat es aber schon viel früher gegeben, wahrscheinlich bei allen Völkern. Die Griechen kannten den dionysischen Taumel, die Römer die Bacchanalien. Bei den Indianern hat der Tanz des Medizinmannes magische Bedeutung, bei den Muselmanen geraten heulende Derwische in Trance.
Tanzepidemien überfielen die Menschheit aber nicht nur in Zeiten der Bedrohung. Auch wenn die Gefahr vorüber war, erlebten die Massen wilde Tanzausbrüche.
Ist nun der Schäfflertanz, wenn er dennoch auf das Jahr 1517 zurückgehen sollte, ähnlich erklärbar? Tragen die heutigen Tänzer das schwarze Band, das von der rechten Schulter zur linken Hüfte läuft und an die Pest erinnert, zu Recht? Ist die Inschrift »Zur Erinnerung an das Pestjahr 1517«, die sich auf dem Faß befindet, auf dem die Schäffler den Takt schlagen, zutreffend?

Der irrsinnige Tanz

Nun hat es nicht nur zu Beginn des 16. Jahrhunderts die grausame Seuche gegeben. Sie hat schon vorher, 1463, Tausende von Opfern gefordert. Um diese Zeit kam ein junger, hochbegabter Bildhauer, Erasmus Grasser, nach München. Er hatte es zunächst in der Stadt nicht leicht. Der Konkurrenzneid war groß. Aber Grasser setzte sich mit seinem ungewöhnlichen Talent durch. Er wurde Meister der Zunft und einer der gefragtesten Künstler. So erhielt er den Auftrag, zur Ausgestaltung des Rathaussaales eine Tanzgruppe zu schaffen.

Grasser erinnerte sich der Moriskentänze (spanisch: »morisca«). Sie waren entweder aus dem maurischen Spanien oder aus dem Orient nach Deutschland gekommen und hatten als Volksbelustigung einen phantastischen Widerhall gefunden. Eine von närrischen Gesellen umstandene und umworbene Tanzjungfrau stand im Mittelpunkt des Spiels. Die tanzlustigen Gesellen verkörperten alle möglichen Typen: einen Mohren, einen Schneider, einen Possenreißer, einen Kavalier, einen Dummkopf oder einen verrückten Liebhaber. Die jungen Leute waren buntscheckig gekleidet, trugen abenteuerliche Kopfbedeckungen und hatten Schellenbänder an Händen und Füßen. Sie tanzten zu einem stampfenden Takt und aufreizender Musik wie irrsinnig in rasendem Tempo, machten unglaubliche Verrenkungen und Luftsprünge und stießen animalische Laute aus.

Grasser schuf nach diesen Vorbildern sechzehn Figuren, wovon jedoch sechs verlorengingen. Die zehn erhalten gebliebenen sind nicht nur Prachtstücke des »Münchener Stadtmuseums«, sie sind darüber hinaus mit das Gelungenste, was die an Kunstgegenständen reiche bayerische Hauptstadt zu bieten hat. Kaum je, und schon gar nicht in spätgotischer Zeit, hat ein anderer Künstler die Tanzwut so faszinierend darzustellen vermocht.

Aber warum waren die Menschen jener Zeit so überwältigt vom Moriskentanz, warum gerieten sie in solche Ekstase der Entpersönlichung, daß sie fast von Sinnen waren?

Aus einem ähnlichen Grund wie beim Schäfflertanz?

Das Rätsel der versunkenen Stadt

Vineta

Nur Glockenstimmen durchbeben
Mitunter die laute Flut,
Darunter das stumme Leben
Vinetas begraben ruht.

Georg Busse

Wikingerschiff aus dem 9. Jahrhundert. Solche Boote befuhren zur »Vineta-Zeit« die Ostsee.

Vineta

Die Sage berichtet von Vineta, einer Siedlung an der Ostsee. Vineta – so heißt es – war die größte Stadt Europas, schöner und reicher als Konstantinopel. Alle Welt kam hierher.
Schiffe aus allen Ländern legten an den Hafenbohlen an und brachten Waren aus vielen Weltgegenden. Kaufleute und Krieger beherrschten die Stadt, deren Wohlstand ständig wuchs. In Vineta gab es jeden nur erdenklichen Luxus.
Silber gab es im Überfluß. Doch der Reichtum wurde zum Fluch. Er weckte Neid und Mißgunst. Es gab erbitterte Fehden. Die verschiedenen Völker, die in Vineta ansässig waren, wandten sich gegeneinander und riefen andere Völker zu Hilfe. Schließlich kamen die Wikinger, plünderten und brannten alles nieder.
Was von Vineta übriggeblieben war, ging in einer Sturmflut unter.

Die Gestalten auf dem Meeresgrund

Die Sage ist alt, und nie war die Vermutung erloschen, sie habe einen realen Hintergrund.
Auf den an der Odermündung gelegenen Inseln Usedom und Wollin hat man sich sogar erzählt, bei ruhiger See könne man Reste der Stadt auf dem Meeresboden erkennen. Die Trümmer lägen nicht weit von Damerow entfernt. Hier wären unter Wasser eine Menge großer Steine zu erblicken. »Die ehemaligen Straßen und Gassen sind mit kleinen Kieselsteinen ausgelegt; größere Steine zeigen an, wo die Straßenecken waren und die Fundamente der Häuser gestanden haben. Einige sind so groß, daß sie aus dem

Vineta

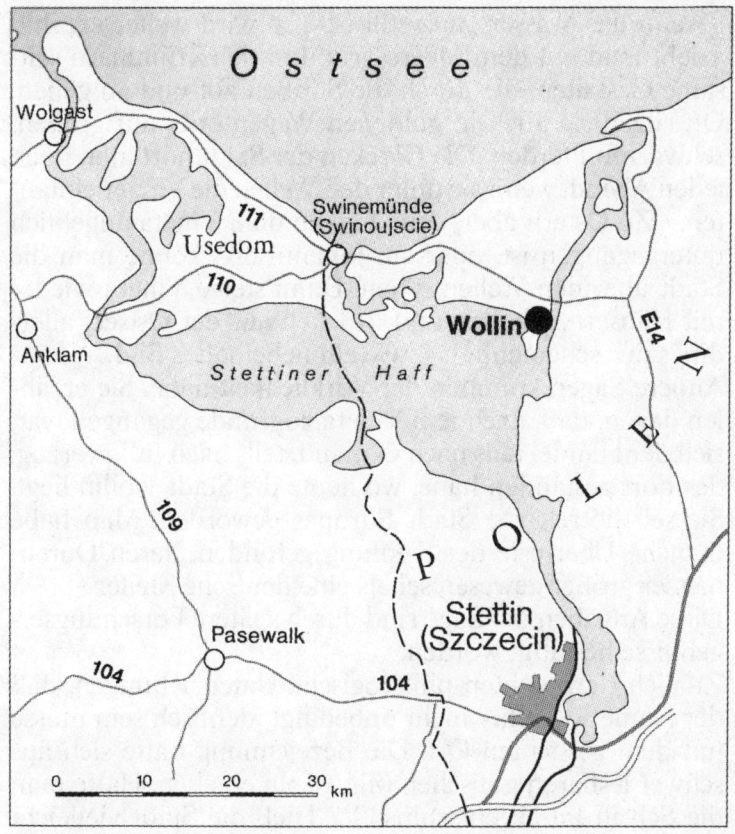

Eine Sage wird Realität, ein Wunder erklärbar. Bei der Stadt Wollin stieß man auf das legendäre Vineta.

Wasser ragen.« Gemeint ist hier wahrscheinlich das nahe der Küste gelegene sogenannte »Vineta-Riff«.

Vineta

»Wenn das Wasser ganz still ist«, so wird weiter erzählt, »sieht man auf dem Meeresgrund in den Trümmern seltsame Gestalten, die durch die Straßen auf und ab gehen. Oft sitzen sie auch in goldenen Wagen oder auf großen, schwarzen Pferden. Die Glocken der Stadt hört man noch jeden Abend, wenn sie unter den Wellen die Vesper einläuten.« Zu Ostern aber, dem Tag, an dem Vineta angeblich untergegangen ist, oder am Johannistag, könne man die Stadt über den Wellen sehen. Dann steige Vineta wieder mit Häusern, Kirchen und Brücken aus der Ostsee, allerdings nur schemenhaft – wie ein nebelhaftes Bild.

Andere Sagen kommen der Wirklichkeit nahe. Sie erzählen davon, daß, nachdem Vineta zugrunde gegangen war, sich der Handel teils nach Gotland, teils nach Julin verzog, das dort gestanden habe, wo heute die Stadt Wollin liegt. Sie sei die reichste Stadt Europas geworden. Man habe manche Überreste der Siedlung gefunden, deren Durchmesser größer gewesen sei als eine deutsche Meile.

Diese Angaben der Sage sind durch spätere Forschungsergebnisse bestätigt worden.

Zunächst erbrachten philologische Untersuchungen, daß der Name »Vineta« nicht unbedingt identisch sein müsse mit dem gesuchten Ort. Die Bezeichnung hatte sich aus schwer lesbaren gotischen Minuskeln ergeben. Hatte man die Schrift falsch entschlüsselt? Hieß die Stadt vielleicht Jumnete, Jumne oder Julin?

Über den Ort, eine reiche Siedlung auf der Insel Wollin, haben verschiedene Quellen aus dem 9. bis 11. Jahrhundert berichtet – so Ibrahim-ibn-Jakob oder Helmold von Bosau. Für das 11. Jahrhundert ist die Chronik Adams von Bremen aufschlußreich.

Bildstein von Klinte, Gotland

Er schreibt: »Hinter den Livtizen, die auch Wilzen heißen, trifft man auf die Oder, den reichsten Strom des Slawenlandes. Wo sie an ihrer Mündung ins Skythenmeer fließt, da bietet die sehr berühmte Stadt Jumne einen vielbesuchten Treffpunkt.
Es ist wirklich die größte von allen Städten, die Europa birgt. In ihr wohnen Slawen und andere Stämme, Griechen und Barbaren. Auch die Fremden aus Sachsen haben Niederlassungsrechte erhalten, wenn sie auch während ihres Aufenthaltes ihr Christentum nicht öffentlich bekennen dürfen. Die Stadt ist angefüllt mit Waren aller Art des Nordens, nichts Begehrenswertes oder Seltenes fehlt. Hier steht auch ein ›Vulkantopf‹ (Leuchtturm), die Einwohner sprechen vom griechischen Feuer.«
Nach den Angaben Adams von Bremen muß Jumne-Jumneta-Vineta also an der Odermündung gelegen haben, wohl am Schnittpunkt wichtiger Fernstraßen.

Wissenschaftler haben das Wort

Verschiedene Wissenschaftler haben im 19. Jahrhundert versucht, die legendäre Stadt genauer zu lokalisieren. 1930 gelangte der Greifswalder Professor Hofmeister zur festen Überzeugung, Vineta müsse dort gewesen sein, wo heute die Stadt Wollin liege, im Delta der Oder, am Mündungsfluß Dievenow, rund 30 Kilometer landeinwärts.
Einige Jahre später begann das Pommersche Landesmuseum in Stettin mit systematischen Ausgrabungen. Sie dauerten von 1934–1940. Grabungsleiter war Dr. Otto Kunkel, die Oberleitung lag in den Händen von Dr. Karl August Wilde. Beide Wissenschaftler haben die Grundlage

für die archäologische Vineta-Forschung gelegt. Museumsdirektor Dr. F. C. Bath: »Daß man in Wollin auf den realen Kern der Vinetasage gestoßen war, diesen Beweis hatten die Archäologen damals schon erbracht«.

Doch nicht nur deutsche Archäologen waren und sind an Vineta interessiert, auch polnische Wissenschaftler. Sie nahmen die während des Krieges eingestellten deutschen Arbeiten 1953 auf und führten sie weiter. Auf einer Ausstellung im Herbst 1984, veranstaltet im »Museum am Dom« in Lübeck unter der Leitung des polnischen Wissenschaftlers Dr. Wladislaw Filipowiak, legten sie ihre Ergebnisse auch der interessierten Öffentlichkeit der Bundesrepublik vor. Ein Kernsatz ihrer Forschung lautet: »Wir neigen aufgrund der bisherigen vieljährigen Grabungen immer mehr dazu, das sagenhafte Vineta mit der ausgegrabenen Stadt Wollin zu identifizieren, deren Geschichte man vom 6. bis zum 12. Jahrhundert verfolgen kann und die in der Zeit ihrer Blüte zwischen dem 9. und 11. Jahrhundert zu den größten und reichsten Städten des Ostseeraumes gehörte.«

Die polnischen Archäologen haben ferner festgestellt, daß die freigelegten Kulturschichten unter dem heutigen Niveau der Dievenow liegen und damit unter dem Meeresspiegel. Die sagenhafte Stadt der Frühzeit ist also tatsächlich »untergegangen«.

Weitere Ergebnisse der Wissenschaft: Die erste Siedlung ist seit dem 6. Jahrhundert nachweisbar und entstand an der Kreuzung des Ost-West-Landweges und des Wasserweges Oder-Dievenow. Die Bewohner lebten zunächst in Erdhütten. Seit dem 7./8. Jahrhundert entstanden reguläre Häuser. Die stärkste Entwicklung gab es im 9. Jahrhundert. »Im gesamten Bereich der damaligen ›Sandinsel‹ wurden dicht aneinanderstehende Holzbauten errichtet, mit Holz ausgelegte Straßen und eine Erdwallanlage mit Holzaussteifungen. Am Fluß werden ein Hafen mit Kaianlagen und eine Werft errichtet. In der Siedlung arbeiten Schmiede, Zimmerleute, Töpfer und Weber, Leder und Gehörn werden verarbeitet. Eine besondere Fertigkeit wird bei der Bernsteinverarbeitung erreicht.«

Die Stadt hatte eine Siedlungsfläche von 50 Hektar und erstreckte sich auf einer Länge von fast 4 Kilometern am westlichen Ufer der Dievenow. Das Kernstück der Stadt war befestigt. Vom Hafen führte eine Holzbrücke über den Fluß. Südlich der Stadt war ein Tempel errichtet. Hier fand man die Skulptur einer Gottheit. In der Nähe des Tempels wurde auch die viergesichtige Figur der slawischen Gottheit Swantewit geborgen.

Vineta hatte regen Warenaustausch. Bereits in den Kulturschichten des 9. bis 10. Jahrhunderts wurden orientalische Luxusgüter, chinesische Seide, Brokat aus Byzanz, Glasperlen aus dem Nahen Osten und Waren aus Kiew und den baltischen Ländern gefunden. Arabische Münzen waren keine Seltenheit. Aus dem Westen gelangten Bronzewaren nach Wollin, vor allem rheinische Bronzekessel, sowie die Kenntnis der Schmelzglasur.

Der Höhepunkt der Stadtentwicklung lag in der Mitte des 11. Jahrhunderts. Damals dürften an die achttausend Einwohner in Wollin gelebt haben. Die Bedeutung der Stadt weckte aber das Begehren umliegender Länder. Polen und Skandinavier drangen in Wollin ein. In der zweiten Hälfte des 11. Jahrhunderts verlor die Siedlung ihre Bedeutung. Im 12. Jahrhundert wurde der Ort christianisiert. Im selben Jahrhundert und in den darauffolgenden Jahrzehnten ist Wollin zweimal von den Dänen erobert und zerstört worden. Das war praktisch das Ende der Stadt.

Wo Kinder mit Silbertalern spielen

Die Entstehung der Sage vom Aufstieg und Untergang Vinetas scheint ins 12. Jahrhundert zurückzugehen. Der Chronist Helmold von Bosau, Pfarrer in Bosau am Plöner See, griff die Schilderungen Adams von Bremen auf und schmückte sie aus. Die Schilderungen tauchten dann in skandinavischen Berichten auf, in denen die Stadt im Zusammenhang mit der Jomsvikingsaga Joms oder Jomsburg genannt wird. Jomsburg soll auf der Insel Wollin gelegen haben, und auf dem Silberberg habe eine Wikingerfestung gestanden.

Der Silberberg im Norden von Wollin ist 1274 bezeugt. Der polnische Archäologe Filipowiak schreibt: »Besondere Aufmerksamkeit haben frühe und reiche Silberfunde erregt.« Dabei wird auf einen großen schweren Silberschatz in Piasek-Dramina verwiesen.

Das erinnert an den Silberberg der Vineta-Sage. In diesem Berg, so heißt es, sei ein großer Schatz verborgen, den der heben könne, der nachts um zwölf einen schwarzen Hahn, einen schwarzen Bock und eine schwarze Katze opfere, ohne ein Wort zu sprechen. Im übrigen wird in der Sage berichtet: »Die Glocken der Stadt sind aus Silber gewesen, die Kinder haben mit Silbertalern auf den Straßen gespielt, die Pferde haben silberne Hufeisen getragen, und einige der Stadttore sind aus Silber gebaut worden.«

Etwa 10 Meter hoch ist die Rolandsäule in Bremen, im Jahre 1404 auf dem Marktplatz der Stadt errichtet. (Foto: Berndt)

Der Paladin Karls des Großen

Roland

Roland, der Riese, am Rathaus zu Bremen,
Steht er im Standbild, standhaft und wacht.

Der Kampf Rolands in Ronceval. Eine Zeichnung aus dem »Codex Palatinus Germanicus« vom Ende des 12. Jahrhunderts

Roland

Wer sich in Bremen verabredet, wählt als Treffpunkt den Markt, die Rathausarkaden, das Domportal oder den Roland. Der weite Platz mit den umschließenden Gebäuden hat trotz aller Zerstörungen nach dem Wiederaufbau seine Gestalt und seine Bedeutung behalten. Er gilt als einer der schönsten Marktplätze Deutschlands, auf dem die Geschichte vergangener Jahrhunderte lebendig wird.

Ein besonderer Anziehungspunkt ist die Rolandsäule, insgesamt über 10 Meter hoch. Der geharnischte Krieger steht unter einem Baldachin, trägt einen bis zum Boden reichenden Mantel und darunter einen Panzer. Mit eisernen Stacheln sind die Knie bewehrt. Die Linke ruht auf einem verzierten Gürtel, während die Rechte ein breites Schwert ohne Scheide hält. Unter den Füßen liegt eine hingestreckte Gestalt – vielleicht ein Besiegter, vielleicht ein Seeräuber.

Die Säule ist im Jahre 1404 zum Preis von 170 Mark errichtet worden. »Do na ghodes bort weren ghan MCCCC unde IIII jar, let de rad to Bremen buwen Rolande van stene, de kostede hundert unde seventich bremer mark«. Vorher hat auf dem Markt ein hölzerner Roland gestanden, der 1366 auf Veranlassung des Erzbischofs Albert verbrannt worden war.

Der Erzbischof hatte mit Argwohn beobachtet, wie die Stadt immer mächtiger und der bischöfliche Einfluß ständig geschmälert wurde. Daraufhin ließ Albert das Sinnbild der Bremer Unabhängigkeit zur Warnung in Flammen aufgehen. Doch die Bürgerschaft ließ sich nicht einschüchtern und baute einen neuen, den heutigen Roland. Er verkörperte in jenen Zeiten nicht nur Markt- und Zollfreiheit, die Gerichtsfreiheit und das Stadtrecht, er wurde zum Wahrzeichen der Freiheit schlechthin. Das besagt auch die Umschrift von Rolands Wappenschild:

*vryheit do ick ju openbar
de karl und mennich vorst vorwar
desser stede ghegeven hat
des danket gode is min radt*

*Freiheit, die ich euch offenbar,
Die Karl und mancher Fürst fürwahr
Dieser Stadt gegeben hat,
Das danket Gott, ist mein Rat.*

Jahrhundertelang hat Roland unversehrt den Marktplatz beherrscht. Doch die letzten Jahrzehnte sind der Skulptur schlecht bekommen. Umwelteinflüsse haben ihr zugesetzt. Roland mußte restauriert werden. Dabei verlor er seinen Kopf, der nun im Bremer »Focke-Museum« aufbewahrt wird. Die Statue erhielt einen neuen Sandsteinkopf.

Ganz Europa beschäftigte sich mit ihm

Wer den Ursprüngen von Roland nachgeht, der stößt auf den Frankenkönig und späteren Kaiser Karl, von dem auch die Umschrift der Bremer Säule spricht. Roland war Karls Paladin.
Die Spuren führen außerdem zum altfranzösischen »Rolandslied«. In Gestalt der Oxforder Handschrift ist das Epos erst seit den dreißiger Jahren des vorigen Jahrhunderts bekannt. Die Entdeckung wird für die französische Literaturwissenschaft als Sternstunde gewertet und spielte sich ungewöhnlich ab.
Im September 1833 war der junge Franzose Francisque Michel nach London gereist und durchstöberte dort die Bi-

bliotheken nach Handschriften. Er war mit besonderer Absicht gekommen, nachdem er zuvor eine kritische Studie über die Ronceval-Forschung verfaßt und angedeutet hatte, daß es noch ein unbekanntes Manuskript des Rolandsliedes geben müsse. Auf solche Spur war er durch ein Buch über Chaucers »Canterbury Tales« geraten. In diesem Werk wurde der Name »Turold« erwähnt, und Michel merkte sich den Namen.

Er glaubte, in Großbritannien Näheres in Erfahrung bringen zu können und durchsuchte die Archive in London und Oxford. In der alten Universitätsstadt galt sein besonderes Interesse der »Bodleiana«, einer der bedeutendsten europäischen Bibliotheken. Das Glück versagte sich dem jungen Forscher nicht. Am 13. Juni 1835 konnte er nach Frankreich melden: »Ich schreibe Ihnen aus der Stadt Alfreds, zwei Schritte von der Bodleiana entfernt, wo ich soeben gefunden habe... was?... raten Sie... das Rolandslied!«

Die Handschrift, die um 1100 entstanden ist und Jahrhunderte im Staub der Archive gelegen hatte, endet mit den Worten: »Hier schließt das Lied, das Turold dichtete.«

1837 erschien, von Michel kommentiert, die erste Ausgabe der Oxforder Handschrift, die in einem anglo-normannischen Dialekt geschrieben ist. Es ist die älteste und gelungenste Fassung des Rolandsliedes.

Frühere Dichtungen sind verlorengegangen. Es gibt allerdings jüngere Niederschriften. Die Vielzahl der Manuskripte unterstreicht, wie intensiv das Schicksal von Karls Paladin ganz Europa beschäftigt hat. Roland, der Sage nach ein Neffe des Königs (und späteren Kaisers), verkörperte den Ritter ohne Furcht. Tadel gebührte ihm nur, weil er in der Schlacht von Ronceval trotz mehrfacher Bitte seines Freundes Oliver sich zunächst geweigert hatte, mit

Das Kloster Ronceval in den Pyrenäen. Hinter dem Kloster liegt das Tal, in dem Roland von den Basken überfallen wurde. (Foto: Berndt)

dem Horn »Olifant« Karl zu Hilfe zu rufen. Er war besessen vom Glauben an die eigene Kraft.
Solch Charakter ist Bedingung gewesen für eine Figur, deren Abenteuer die Spielleute anzog. Daß Roland tragisch endete, war eine weitere Voraussetzung. Hinzu kommt als wichtiger Grund für Rolands Überdauern im Gedächtnis Europas, daß die stärkste Macht damaliger Zeit, die Kirche, ihn zum Märtyrer gemacht hat, der er allerdings nicht gewesen ist. Die Mönche, vor allem jene von Cluny, haben den Rolandskult begründet.

Das Ereignis in den Pyrenäen

Cluny ist ein kleiner Ort in Burgund. Jahrhunderte hindurch hat hier das größte Gotteshaus der Welt gestanden. Cluny hat den damaligen Zeitgeist bestimmt. Er war von den Anfängen des 11. bis Mitte des 13. Jahrhunderts unter anderem durch den Kampf gegen die spanischen Sarazenen, die Mauren, gekennzeichnet. Der Islam war der Feind – die Reconquista, die Wiedereroberung Spaniens, das Ziel. Lange bevor der erste Kreuzzug nach Palästina unternommen wurde, begannen die Kreuzzüge auf der Iberischen Halbinsel. Dabei war Cluny geistiger Motor und militärisches Zentrum. Das Schrifttum wurde dadurch gefärbt, und man wird das Rolandslied nur verstehen, wenn man es aus dieser Atmosphäre begreift.

Zwei andere Handschriften sind bei der Spurensuche von Roland unentbehrlich. Es ist die »Historia Karoli Magni et Rotholandi« (1147–1168), die fälschlicherweise dem Erzbischof Turpin zugeschrieben wurde und auch unter dem Namen »Pseudo-Turpin« in die Wissenschaft einging. Die andere ist der »Führer für die Pilger nach Santiago de Compostela«, der erste Reiseführer der Welt, der zwischen 1140–1150 erschienen ist.

Beide Bücher sind von Cluny stark beeinflußt, wenn nicht sogar in der Abtei selbst geschrieben worden. Beide zeichnen Roland als Märtyrer und dienten dem Kult für den Apostel Jakob, dessen Grab in Santiago in Nordwestspanien eine der wichtigsten Pilgerstätten des Mittelalters gewesen ist.

Die Wirkung von Santiago auf die Menschen jener Zeit muß ungeheuerlich gewesen sein. Santiago (= St. Jakob) wurde zum Fanal. Jedes Jahr machten sich an die 500 000

Menschen auf, um nach Galizien zum Nationalheiligtum Spaniens zu wallfahren. Es erwuchs eine der größten Massenbewegungen früher Zeit.
Nach Spanien führten drei Wege, einer an der Biscaya entlang und zwei durch die Pyrenäen. Von den Pyrenäen-Routen interessiert vor allem die alte Römerstraße, die von St. Pied de Port über Ronceval nach Pamplona verlief und von hier über Burgos nach Santiago.
Dabei hat ein Landstrich die Wallfahrer besonders gefesselt – das Tal von Ronceval, wo Rolands Kampf gegen die Mauren stattgefunden haben soll. Die Pilger hatten viele Legenden von dem Gefecht gehört. Dabei war Roland zur Symbolfigur geworden, die jener des Apostels gleichkam.
Im Rolandslied wird das entscheidende Ereignis in den Pyrenäen folgendermaßen geschildert ...
Rolands Freund Oliver erkennt die anrückenden Sarazenen und sagt: »Von Spanien sehe ich ein großes Gewimmel heranziehen. Die vordere Abteilung zählt wohl Hunderttausende. Der Heiden Übermacht ist riesengroß. Auf, Roland, stoß in dein Horn! Karl wird es hören, und das Heer wird zurückkehren.« Doch Roland antwortet: »Ich würde wie ein Tor handeln, würde ich deinem Rat folgen. Ich verlöre in Frankreich meinen Ruhm. Ich will kämpfen und mit meinem Schwert Durendal gewaltige Schläge austeilen.«
Als der Kampf aussichtslos wird, sagt Roland zu Oliver: »Jetzt will ich den Olifant blasen. Karl wird ihn hören und uns zur Hilfe kommen.« Oliver erwidert: »Als ich es dir riet, hast du es nicht getan. Jetzt ist es zu spät.« Dennoch bläst Roland sein Horn. Karl hört es, und das Frankenheer macht sich im Eilmarsch auf den Rückweg. Doch als Karl das Schlachtfeld erreicht, lebt Roland nicht mehr. Alle Soldaten sind gefallen. Soweit das Rolandslied.

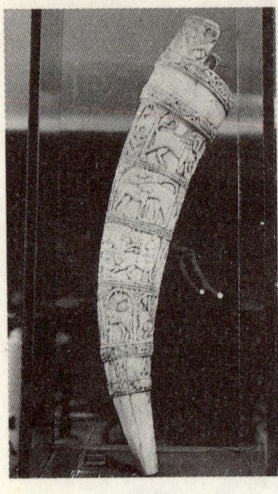

»Olifant« heißt ein großes, elfenbeinernes Horn im Museum zu Toulouse. (Foto: Berndt)

»... sie machten alle nieder«

Wir sind in Ronceval. Der Ort wird von einem Kloster beherrscht. Die Autostraße schlägt sich gleich hinter der Abtei in Serpentinen an den linken westlichen Hang und zieht in weiteren Kehren zur Paßhöhe. Blickt man von der Straße durch die Buchen und Akazien den Hang hinab, dann führt dort ein anderer, alter Weg durch den Laubwald.
Das war nicht nur die Pilgerroute. Das war auch Rolands Schicksalsstraße.
Hier und an dieser Stelle geschah es, daß am 15. August 778 die Nachhut des fränkischen Heeres einherzog, während die Hauptmacht den Paß überschritten und auch den steilen Abstieg bereits hinter sich hatte. Auf diesem schma-

len Waldweg hinter dem Kloster wurden Roland und seine Gefährten von den Basken überfallen.
Was sich hier vor über tausend Jahren abgespielt hat, ist allerdings anders abgelaufen, als das Rolandslied es schildert. Die Dichtung von Cluny wurde zum Kampf der christlichen Franken gegen die islamischen Mauren.
Um 800 gab es aber noch keine Kreuzzüge gegen den Islam. Die Kämpfe in und um Spanien waren politisch und weniger religiös bedingt. Es waren auch keine Christen, die Karl um ein Eingreifen in Spanien ersucht hatten. Es war vielmehr der Sarazene Ibn al Arabi, der den König gebeten hatte, ihm im Kampf gegen seine islamischen Konkurrenten beizustehen.
Um das tatsächliche Geschehen zu erfahren, muß man die »Vita Caroli« lesen, das Leben Karls des Großen, verfaßt von seinem Biographen Einhard. Dieser schreibt etwa zwanzig Jahre nach dem Gefecht: »Als das Heer in langem Zug, wie es die Enge des Ortes zuließ, einhermarschierte, stießen die Waskonen (Basken), die sich am Gebirgskamm in Hinterhalt gelegt hatten ... von oben auf das Ende des Trosses und die Nachhut, drängten sie ins Tal hinab und machten in dem Kampf, der nun folgte, alle bis auf den letzten Mann nieder, raubten das Gepäck und zerstreuten sich dann unter dem Schutz der einbrechenden Nacht in höchster Eile nach allen Seiten ... In diesem Kampf fielen Eggihard, des Königs Truchseß, Anselm, der Pfalzgraf, und Hruodland (Roland), der Befehlshaber im bretonischen Grenzbezirk, und viele andere.«
Einhard spricht nicht von heidnischen Sarazenen, sondern von Waskonen. Er berichtet nur von einem Kampf, einem Strauß, einem Streich. Nun haben sich die Bewohner des heutigen Ronceval intensiv mit der alten Legende beschäftigt, und für sie ist die Sage Realität.

So glaubt man an eine Grabstätte der gefallenen Krieger. Man bezieht sich dabei auf das Rolandslied, in dem Gottfried von Anjou sagt: »Laßt auf dem ganzen Feld die Unseren aufsuchen, die von den Spaniern in der Schlacht erschlagen worden sind, und laßt sie uns zu einer gemeinsamen Grabstätte tragen.«

Ist die »Heilig-Geist-Kapelle« in Ronceval diese Grabstätte?

Der schwarzhaarige Pedro vom Bauernhaus nebenan führt uns zu einer Seitenwand der Kapelle, von wo ein Blick ins Innere möglich wird. Im Steinboden erkennt man mit Holz überdeckte Einlässe. Es sind Gräber. Über zwei Grabstätten sind Tafeln mit Namen angebracht.

»Das ist das Grab meiner Großeltern«, bemerkt Pedro.

»Die Kapelle hat doch aber auch geschichtliche Bedeutung!«

»Gewiß, im Mittelbau wurden Karls Soldaten beigesetzt, die in der Schlacht von Ronceval gefallen sind.«

Ein Mönch des Klosters gibt uns die Genehmigung, das Innere der Heilig-Geist-Kapelle aufzusuchen. Direkt unter dem Bau liegt ein riesiger Gewölbekeller, der sich nach unten erweitert. Der Mönch öffnet eine Holztür an der Seite. In der Tiefe liegen kreuz und quer Schädel und Knochen.

»Karls Soldaten?« fragen wir.

»Natürlich nicht!« sagt der Mönch. »Es ist das Beinhaus für Wallfahrer, die im Hospital von Ronceval gestorben sind.«

Der Kreis schließt sich

In verschiedenen Orten verweisen Chroniken und Legenden auf Roland und seine Gefährten, zum Beispiel in Bordeaux. Hier wurde Jahrhunderte hindurch in der Kirche St. Seurin das angebliche Horn Olifant aufbewahrt. Und im Museum von Toulouse ist ein großes, elfenbeinernes Horn zu sehen, das mit Tieren und legendären Figuren verziert ist und ebenfalls Olifant genannt wird.
»Rolandbewußt« ist der Ort Blaye am rechten Ufer der Gironde. In der Altstadt heißt eine Straße »Rue de Roland, Comte de Blaye«. Damit wird der Anspruch erhoben, Karls Paladin sei Herzog der Stadt gewesen, was geschichtlich unhaltbar ist. Aber die »Gesellschaft der Freunde des alten Blaye« möchte solche Theorie zumindest in der Form der Sage aufrechterhalten, zumal es hier das Grab Rolands und das Schwert Durendal gegeben haben soll.
Auf der Compostela-Route sprach man überall von Roland. Spielleute berichteten von seiner Kühnheit. Die Pilger besichtigten das Grab in Blaye, sahen staunend das Schwert Durendal und betasteten in St. Seurin in Bordeaux das Horn Olifant.
Doch die Reliquien sind erst entstanden, als die Verehrung des Herzogs über alle Maßen gewachsen war und die Reisenden an Ort und Stelle Zeugnis verlangten. In den Kirchen und Kapellen hat man dann unter dem Druck der Sagen und Legenden all das gefertigt, was die Pilger zu sehen wünschten; man hat auch vorhandene Grabstätten umbenannt und sie auf die Personen der Roland-Legende bezogen.
Alle Welt wollte Anteil haben an dem Geschehen und Schicksal des Helden und Märtyrers.

Die alte Pilgerbrücke über den Fluß Arga bei Puente-la-Reina südwestlich von Pamplona (Foto: Berndt)

Nicht nur in Frankreich.

Ein Stadtteil von Remagen am Rhein heißt »Rolandseck«, und hoch über dem Fluß spannt sich der vom Efeu umwachsene »Rolandsbogen«. Er geht allerdings nur zurück auf das Jahr 1839. Vorher hat hier die Burg »Rulcheseck« gestanden: sie wurde 1632/33 zerstört.

Die Burg wurde nach einer rheinischen Sage von Roland erbaut. Er verliebte sich in Hildegund, Tochter des Ritters Heribert auf dem Drachenfels, und wollte sie heiraten. Aber da kam der Aufruf, Roland solle sich am Spanienfeldzug beteiligen. Roland folgte dem Befehl und nahm an den Kämpfen teil. Doch bald gelangte die Kunde zum Drachenfels, Roland sei in Ronceval gefallen. Hildegunde war untröstlich. Sie ging ins Kloster Nonnenwerth, auf einer Insel im Rhein gelegen. Aber Roland war nicht gefallen. Er kehrte an den Rhein zurück. Als er erfuhr, Hildegunde sei Nonne geworden, versuchte er, ihren Eid zu lösen. Vergeblich. Hildegunde starb bald darauf. Als Roland davon erfuhr, so berichtet die rheinische Sage weiter, endete auch sein Leben.

Roland ist vielfacher Wandlung unterworfen gewesen. Er war Ritter Karls des Großen, dann christlicher Märtyrer und später Held für Freiheit und Unabhängigkeit, wovon nicht zuletzt die vielen Rolandssäulen in Europa zeugen. In der ehemaligen DDR sind es allein fünfzehn. Sie stehen unter Denkmalsschutz. Das gilt auch für den Roland von Bremen.

So schließt sich der Kreis.

Legende und Geschichte vermischen sich

Wer den Spuren des fränkischen Paladins folgt, der stößt auf Sagen, selten auf Geschichte. Dennoch ist Roland eine historische Persönlichkeit gewesen. Er war zwar nicht der Neffe Karls des Großen, wohl aber Herzog der bretonischen Marken, wie Einhard schreibt. Es gibt auch aus dem Jahre 772 eine Urkunde mit seiner Unterschrift, und man hat Geldstücke mit dem Prägestempel 781 gefunden, die den Namen Hrodlandus (Roland) tragen. Doch sonst ist seine Figur kaum greifbar. Das war der Überhöhung seiner Gestalt nicht abträglich, im Gegenteil. Roland wurde mit fast märchenhaften Eigenschaften ausgestattet.
Vorgegebene Stätten und echte historische Plätze, Legende und Geschichte, unterstellte und wirkliche Beweggründe wurden im Laufe der Zeit vermischt. Es war schwer möglich, sie voneinander zu trennen. In der weiteren Entwicklung erwies sich dann die Legende als stärker. Sie färbte die Geschichte und machte sie sinnvoll. Sie wurde zur »Wahrheit«.
Und heute?
Wissenschaftler befassen sich immer wieder mit dem Rolandslied. 1958 ist sogar in Paris die »Société Ronceval« gegründet worden, ein Gremium, das die »Romanisten« aller Welt vereinigt. Diese Gesellschaft veranstaltet in verschiedenen Ländern Treffen der Professoren und Dozenten, die über linguistische Probleme diskutieren, rein literarische Fragen behandeln oder die historischen Hintergründe untersuchen...
Roland und kein Ende.

In Soest stand ihre Burg

Die Niflungen

»Heil dir, Högni!
Hast du den Niflungenschatz mitgebracht?«

Grimhild in der »Thidreksaga«

Das Patroklimünster, dessen Ursprünge auf das 10. Jahrhundert zurückgehen (Foto: Berndt)

Die Niflungen

Die Stadt Soest und ihr Einzugsgebiet waren im Mittelalter von staunenswerter Bedeutung. Soest war die wichtigste Stadt Westfalens und auch die volksreichste. Untersuchungen zur frühen Stadtgeschichte führen zum »Großen Teich«, der noch heute mitten in Soest gelegen ist. An diesem Gewässer standen früher einige Einzelhöfe. Sie waren wichtig wegen ihrer Lage am »Hellweg«, jener Verbindung vom Rhein zur Weser. Diese sehr alte Fahrstraße gewann an Bedeutung, als Karl der Große während der Sachsenkriege den Hellweg mit Burgen und Königshöfen ausstatten ließ.

Im Zug dieser Sicherungen entstand auch südwestlich des »Großen Teiches« eine Burg. Als Mittelpunkt der Siedlung beschützte sie nicht nur den Hellweg. Die Burg – oder die Pfalz – hatte häufig hohen Besuch. Auf einer Tafel am Platz der alten Pfalz sind die Namen fürstlicher Durchreisender und das Besuchsjahr verzeichnet: Heinrich III. (1047), Heinrich IV. (1068), Heinrich V. (1114), Friedrich I. (1152) und Karl IV. (1377).

Hier ist nun im Sinn alter Soester Erzählungen der Schauplatz wenn nicht früher Geschichte, so doch alter Sagen, ein Schauplatz, der in die »Thidreksaga« hinüberspielt. In dieser Saga wird unter anderem die Geschichte der Niflungen erzählt. Sie ist verwandt mit dem »Nibelungenlied«, weicht aber zum Teil beträchtlich von diesem ab.

Überall lauert der Tod

Nach der Thidreksaga waren die Niflungen nicht in Worms ansässig, wie das Nibelungenlied berichtet, son-

Die Niflungen

An dieser Stelle stand die alte kaiserliche und erzbischöfliche Pfalz in Soest. Von der Steinwand aus groben Ziegeln, »Wittekindsmauer« genannt, sind noch Reste vorhanden. (Foto: Berndt)

dern in Werniza. König war Gunnar (Gunther), seine Brüder hießen Högni (Hagen), Gernoz (Gernot) und Giselher. Die Schwester der Königsbrüder war Grimhild (Kriemhild). Ihr Mann Sigurd (Siegfried) wurde von Högni auf der Jagd heimtückisch ermordet.

Grimhild, untröstlich über den Tod ihres Helden, sann auf Rache.

Da warb Attila, Herrscher im Hunaland, in der Stadt Susat (Soest) um Grimhild. Zusammen mit König Thidrek (Dietrich von Bern) ritt er nach Werniza und wurde herzlich empfangen. »Ein königliches Fest wurde veranstaltet, und auf diesem Fest verheiratete Gunnar seine Schwester Grimhild mit Attila.«

Sieben Jahre waren ins Land gezogen, da sagte Grimhild zu ihrem Mann: »Es ist ein großer Kummer, daß ich in diesen sieben Jahren meine Brüder nicht gesehen habe. Wann willst du sie einladen, Herr? Ich kann dir Dinge erzählen, die du vielleicht schon weißt: Mein Mann Jung-Sigurd besaß so viel Geld, daß kein König der Welt so reich war wie er, und diesen großen Besitz haben nun meine Brüder, und sie wollen mir keinen Pfennig davon gönnen.«

Attila war aber der goldgierigste aller Menschen. Er hätte sich gern in den Besitz des Schatzes gebracht. Darum wurden die Niflungen zu einem großen Fest nach Susat eingeladen.

Sie kamen in die hunische Residenz und wurden hier freundlich empfangen. Attila geleitete seine Schwäger in die geschmückten Hallen und ließ Feuer in den Kaminen entzünden.

Bald kam auch Grimhild.

Als Högni seine Schwester sah, setzte er den Helm auf und band ihn fest. Grimhild sagte: »Heil dir Högni! Hast du mir den Niflungenschatz mitgebracht?« Högni antwor-

tete: »Ich bring dir den Teufel, dazu meinen Schild, meinen Helm, mein Schwert und meine Brünne.«
Inzwischen war für die Gäste ein Fest bereitet worden. Im »Baumgarten« war alles gerüstet. Als nun Grimhilds kleiner Sohn Aldrian zu ihr kam, sagte die Königin zu ihm: »Hast du Muts genug, so geh zu Högni und schlag ihn auf die Wange, so stark du kannst.«
Aldrian tat, wie seine Mutter ihm geraten hatte.
Da griff Högni das Kind und sagte grimmig: »Das hast du nicht aus dir selbst getan. Deine Mutter hat dich dazu angestiftet. Jetzt sollst du den Nutzen von deinem Schlag haben!«
Und Högni schlug dem Knaben den Kopf ab und schleuderte ihn Grimhild an die Brust.
Da sprang Attila auf und rief: »Auf, ihr Hunnen! Wappnet euch und erschlagt die Niflungen!«
Es kam zu furchtbaren Kämpfen in der Stadt Susat.
In der Saga heißt es: »Der Garten, darin die Schlacht stattfand, heißt Homgarten. Noch heutigen Tages heißt er der ›Niflunge Homgarten‹. Es war aber eine Steinwand in dem Garten gezogen, festgefügt wie eine Stadtmauer. Diese Steilwand steht noch heute.«
Gunnar wurde gefangengenommen und vor Attila gebracht. Dieser ließ ihn auf Rat von Grimhild in den »Schlangenturm« werfen. »Der Turm«, so heißt es in der Saga, »steht mitten in Susat.« Im Schlangenturm fand Gunnar sein Ende.
Jetzt spornte Grimhild einen Ritter namens Irung an, ihren Bruder Högni zu töten. Doch dieser war wachsam und wehrte den Angriff ab. Als Irung ein zweites Mal vorstürmte, griff Högni zur Lanze und traf den Angreifer tödlich. Irung sank an einer Mauer nieder. »Sie heißt ›Irungs Wand‹ bis auf den heutigen Tag«, heißt es in der Saga.

Die Nikoleikapelle in Soest. Die Kirche der »Schleswigfahrer« ist im Inneren einem Schiff nachgebildet. Die beiden Säulen in der Mitte sollen Schiffsmaste sein. (Foto: Berndt)

Auch Högni und Thidrek trafen aufeinander, obwohl beide befreundet waren. Högni sagte: »Laß uns den Zweikampf mannhaft ausfechten, und keiner soll dem anderen seine Herkunft vorwerfen.« Von Högni wurde nämlich berichtet, er sei ein Elfensohn, und von Thidrek hieß es, er sei der Teufel selbst.

Beide kämpften erbittert. Schließlich wurde Thidrek so unbeherrscht, daß er Högni zurief, es sei eine Schande, den ganzen Tag gegen einen Albensohn kämpfen zu müssen.

Darauf Högni: »Von wem ist Schlimmeres zu erwarten, vom Albensohn oder vom Teufel?«

Da wurde Thidrek wild vor Zorn und sein Atem zu Feuer. Davon schmolz Högnis Panzer.

Indessen war Grimhild zu ihren auf dem Boden liegenden Brüdern Gernoz und Giselher gegangen, um mit einem Feuerscheit zu prüfen, ob sie noch lebten. Thidrek, der dies sah, erschrak und sagte zu Attila: »Sieh, wie die Teufelin ihre Brüder zu Tode quält. Sie würde dich und mich zur Hel befördern, wenn sie es vermöchte.«

»Sie ist wahrhaftig ein Teufel!« rief Attila.

»Töte sie!« Thidrek sprang auf und erschlug Grimhild.

Noch aber lebte Högni trotz seiner schweren Wunden.

Da ließ Thidrek ihn in seine Herberge bringen und die Wunden verbinden. Högni hatte noch einen Wunsch: Er bat Thidrek, er möge ihm eine Frau bringen, damit er die Nacht mit ihr schlafe.

Thidrek kam dem Wunsch nach. Am nächsten Morgen sagte Högni der Frau: »Es mag sein, daß du einen Sohn von mir haben wirst. Er soll Aldrian heißen. Nimm für ihn diese Schlüssel. Gib sie dem Knaben, wenn er erwachsen ist. Sie öffnen den Sigisfridskeller, in dem der Niflungenschatz verborgen ist.«

Die Niflungen

Dann starb Högni.
Aldrian wuchs bei Attila in Susat auf.
Als der Junge zwölf Jahre alt war, ritt er eines Tages mit Attila zur Jagd und fragte: »Soll ich dir sagen, wo der Niflungenschatz verborgen ist?«
Attila hatte keinen sehnlicheren Wunsch. So führte Aldrian den Hunenkönig zu einem großen Berg. Hier nahm er die Schlüssel und öffnete drei Tore. Dann ging er mit Attila in den Berg, bis sie den Niflungenhort vor sich sahen, den größten Schatz, den es je auf der Erde gegeben hat.
Während Attila geblendet war von Gold, Silber und kostbaren Steinen und Waffen, entfernte sich Aldrian und verschloß die Tore. Als Attila seine Lage erkannte, bat er Aldrian, er möge die Schatzkammer wieder aufschließen. Doch dieser dachte nicht daran. Er ließ den Hunenherrscher allein zurück. So ist König Attila in der Höhle jämmerlich verhungert.
Aldrian hat den Schatz nie gehoben, und kein Mensch hat je erfahren, wo der Hort verborgen ist.

»Sie erzählten in derselben Weise«

Die Echtheit der Berichte von den Niflungen wird in der Thidreksaga mehrfach beschworen. Es wird gesagt, daß die meisten Stätten, in denen sich die Geschehnisse abgespielt hätten, noch »heute zu sehen sind«.
Zwar wird der Ort, wo der Niflungenschatz liegen könnte, nicht bezeichnet. Aber es gibt Hinweise über Örtlichkeiten in Susat-Soest. So heißt es, man könne Erzählungen von Leuten hören, »die in Susat geboren sind, wo diese Ge-

schichten sich zugetragen haben, und noch manchen Tag die Stätten gesehen haben, wo diese Taten geschahen, wo Högni fiel und Irung erschlagen ward; und den Garten, der noch Niflungengarten heißt. Alles steht noch genau wie damals, als die Niflungen erschlagen wurden, auch die Tore: das alte Tor, das östliche, bei dem der Kampf begann; und das westliche Tor, das Högnis Tor heißt, daß die Niflungen in den Garten brachen, das wird heute noch so genannt.« Um die Berichte besonders glaubhaft zu machen, beruft sich die Thidreksaga nicht nur auf die Bewohner von Susat-Soest, sondern auch auf Männer aus anderen niederdeutschen Städten, die ähnliches berichten. So heißt es: »Es haben aber auch Männer von diesen Dingen erzählt, die in Bremen und Münsterburg (Münster) geboren sind. Keiner wußte Genaueres von dem andern. Dennoch erzählten sie in derselben Weise, meist übereinstimmend mit dem, was alte Lieder in deutscher Zunge sagen.«

Die Hansestadt

Erstaunlich ist, daß Kriemhild, Gunther, Gernot, Giselher, Hagen und Rüdiger von Bechelaren, der Hunnenkönig Attila und Dietrich von Bern nach Soest gelangten.
Wie kam es dazu?
Wahrscheinlich haben Nibelungenlied und Thidreksaga eine gemeinsame Vorlage benutzt, die in der Forschung unter dem Namen »Ältere Not« bekannt ist. Andere Unterlagen kommen hinzu, die zum Teil starke Verbindungen mit den nordischen Erzählungen haben. Eigennamen wie Sigurd, Gunnar und Högni deuten darauf hin.

Außerdem haben Soester Erzählungen und Sagen hineingespielt und das Lokalkolorit geschaffen, das die »Niflungensaga« kennzeichnet. Es mögen Ereignisse gewesen sein, die sich den Menschen einprägten, die weitererzählt, verändert und mit den übrigen Quellen, vor allem mit der Vorfassung des Nibelungenliedes, verbunden wurden.
Die Suche nach dem Ort, wo die Lokalsagen aufgezeichnet worden sind, führt nach Soest bzw. in die Umgebung. Heinrich Hempel hat angenommen, daß der Redaktor der Sagen wohl am erzbischöflichen Hof in Soest gesucht werden müsse.
Von der einstigen Macht der Geistlichkeit zeugen noch heute zwei Kirchen. Da ist die Petrikirche, das älteste Gotteshaus zwischen Rhein und Weser, und die Patroklikirche. Die letztere mit ihrem romanischen Westwerk und dem daraufgesetzten, gewaltigen Turm wurde zum Wahrzeichen der Stadt. Die Kirche bezeugt, daß sie von Bürgern einer reichen Stadt erbaut wurde, die ihren Wohlstand dem Handel verdankte, der durch den Hellweg begünstigt worden war, aber auch den Straßen nach Norden folgte.
Soester Bürger waren bald zunehmend an jenem Handel beteiligt, der unter dem Namen der Hanse Weltgeltung erlangte. Die Kaufleute nahmen sich besonders der Geschäfte an, die über Haithabu durch die Ostsee nach der Insel Gotland führten. In Soest gab es Patriziergeschlechter wie Gotho und de Gothe, die aus diesen Beziehungen ihren Namen abgeleitet hatten.
Soest war seebezogen.
Der Handel reichte schon in der Mitte des 12. Jahrhunderts durchs ganze Ostseegebiet bis Nowgorod. Und die Patroklikirche mit ihren grünen Steinen, in denen Muscheln eingelagert sind, scheint solcher Verbindung zur See Rechnung zu tragen. Der Dichter Manfred Hausmann hat es je-

denfalls so empfunden, als er die Stadt besuchte und vor der Kirche stand. Er schrieb:

> *O Stadt, den dunkelgrünen Meerestiefen*
> *Entstiegen zu wunderbarer Schau.*
> *Wie hing's um First und Mauer und Verhau*
> *Von Algennetzen! Und die Häuser schliefen.*
> *Das Laub lag ausgelaugt in Schlamm und welk.*
> *Ein Salzhauch witterte um das Gebälk.*
> *Und alles war ein Schweigen und ein Lauschen.*
>
> *In den Höhlungen der toten Welt*
> *Verhallte noch, wie sich's in Muscheln hält,*
> *Ein fernes, immer gleiches Meeresrauschen.*

In einer anderen Kirche in Soest werden die Beziehungen zur See sogar architektonisch erkennbar, bei der Nikolaikapelle, östlich des Patroklimünsters. Sie war die Kirche der »Schleswigfahrer«, einer Bruderschaft, die aus dem hansischen Fernhandel entstanden ist. Von Schleswig – gegenüber Haithabu – liefen ihre Schiffe in die Ostsee aus. Die Schleswigfahrer haben nun ihre Kirche einem Schiff nachgebildet. Im Inneren zeigt die Kapelle eine Art Bug und Heck, und die Masten werden von zwei schlanken Säulen symbolisiert.

Die Soester haben aber nicht nur den Handel über die Ostsee bis nach Rußland gepflegt. Ihre Waren gelangten auch nach Bergen in Norwegen. Die Soester – wie auch Kaufleute anderer Hansestädte – verschifften jedoch nicht nur materielle Güter. Sie brachten auch Gedanken, Berichte, Geschichten und Legenden nach Skandinavien.

Nach Bergen.

Die Kaufleute der Hanse in Bergen versammelten sich an den langen Winterabenden in Banketthäusern wie diesem – rekonstruierten – Klubhaus aus dem Jahre 1550. (Foto: Berndt)

Sagen werden Geschichte

Bergen hat – gemessen an nordeuropäischen Verhältnissen – eine weit zurückreichende Vergangenheit. Genauere Einzelheiten der Geschichte der Stadt wurden 1955–1958 enthüllt. In diesen Jahren hat der erste Konservator des Museums von Bergen, Magister Asbjörn Herteig, nördlich des alten Hafenbezirks Großausgrabungen vorgenommen. 400 000 Einzelfunde waren das Ergebnis; es wurden allein 540 Runeninschriften registriert.

Wer damals die Stadt besucht hat, der fand die Vergangenheit in übereinanderliegenden Schichten freigelegt. Zu jeder Schicht waren die jeweiligen Zeitabschnitte markiert. Die Vergangenheit Bergens war in »Schubfächern« sortiert.
Das Prunkstück – datiert um das Jahr 1200 – ist ein 26 cm langes Holz, auf dem eine Schiffsflotte eingeritzt ist. Nimmt man den Hintergrund jener Zeit hinzu, dann entsteht das Leben in Bergen in einer Epoche, die sich bald darauf auch dem Handel mit den »Südländern« öffnen sollte.
Dabei spielten die Kaufleute der Hanse eine wachsende Rolle. Den Fremden war zwar zunächst nur ein begrenztes Aufenthaltsrecht zugesprochen worden, doch manchmal war die Stadt wegen kritischer Witterung für Monate von der Außenwelt abgeschlossen: Dann mußten die Kaufleute wochenlang im Hafen bleiben. Mit dem zunehmenden Einfluß der Hanse ergab sich bald ein ständiger Aufenthalt, mit Sicherheit um das Jahr 1260, vielleicht früher. Am Nordkai, an der »Deutschen Brücke«, waren giebige Holzhäuser entstanden, die als Lager- und Wohnhäuser dienten. Die hier ansässigen Kaufleute kamen aus norddeutschen Städten.
An den Abenden versammelten sich die Kaufleute in den Banketthäusern. Drei solcher Gebäude an der Øvregate Nummer 50 sind heute Museum. Zwei wurden nach dem Feuer von 1702 wiedererrichtet, eines ist die Rekonstruktion eines Klubhauses von 1550. In dieser »Schøtstuene« (Schötstube) stehen bzw. standen schwere hölzerne Tische mit Kerzen darauf. Davor Bänke oder auch Sessel mit breiten Armlehnen. Hier tranken die Kaufleute ihr Malz.
Zwischendurch – nach einer Theorie, die Befürworter, Gegner und wieder Befürworter gefunden hat – traten

Die Niflungen

»Spielmänner« auf und berichteten von »großen Taten« und Helden, die irgendwann gelebt hatten. Sie trugen Berichte vor, die dann mit Spannung aufgenommen wurden, wenn sie das Lokalkolorit jener Städte hatten, aus denen die Zuhörer kamen.

Nun war im 13. Jahrhundert Hakon (mit Beinamen »der Alte«) König von Norwegen. Er regierte von 1217–1264. Sein Sitz, die »Hakonhalle«, lag direkt am Hafen. Hakon war ein Freund sagenhafter Berichte, die damals meist als Geschichtsschreibung galten.

Hakon interessierte sich besonders für die Erzählungen der Deutschen, denn er wollte »das Kulturleben einer ritterlichen Aristokratie nach europäischem Muster im Norden« einführen.

Darum ließ Hakon die Sagen sammeln, ob sie nun in Bergen erzählt worden oder auf anderen Wegen nach dem Norden gelangt waren. So entstand in der Mitte des 13. Jahrhunderts in Bergen die Thidreksaga.

Sein Amboß war im Siegerland

Wieland der Schmied

Fest schlug er Rotgold
um funkelnd Gestein;
er schloß zur Rundung
die Schlangenringe.

»Edda«

Das Runenkästchen von Auzon. Rechts der Bruder Wielands, Egil, als Bogenschütze

Wieland der Schmied

Eine der ältesten germanischen Sagen handelt von Wieland dem Schmied. Entstanden ist sie zur Zeit der Völkerwanderung in Deutschland. Sie ist später von den Angeln, Sachsen und Jüten, als diese im 5., 6. und 7. Jahrhundert Britannien eroberten, mitgenommen worden. Als die Normannen einige Jahrhunderte später in Nordfrankreich einfielen und die Normandie begründeten, war auch ihnen die Sage bekannt. Um Spuren aus der Frühzeit der Sage freizulegen, bietet sich die im 13. Jahrhundert in Norwegen aufgezeichnete »Thidreksaga« an. Hinter dem märchenhaften Bericht verbergen sich manchmal aufschlußreiche Hinweise, zum Beispiel Andeutungen darüber, wo Wielands Schmiede oder die von Mime (Mimir), in der Wieland seine ersten Lehrjahre verbrachte, gestanden haben könnte.

Nach der Thidreksaga soll Mimes Schmiede im Hunenland gestanden haben, das heißt in Nordwestdeutschland. Nun gibt es hier viele Geschichten von einem legendären Schmied. Häufig taucht dabei der Name vom »Grinkenschmied« auf. Manchmal sind Geister und Zwerge oder auch der Teufel im Spiel. Ein zu verarbeitendes Stück Eisen muß nach diesen Erzählungen vor ein Grab oder eine Höhle gelegt werden. Bald darauf kann es, fertiggeschmiedet, abgeholt werden, ohne daß der Schmied sich zeigt. Der Lohn ist auf einem nahen Stein niederzulegen. Diese gespenstische Geschichte ist auch als »Wielandshandel« bekannt geworden.

In der Thidreksaga wird ferner die Höhle genannt, in der Wieland seine zweite Ausbildung erfuhr, nämlich bei den Zwergen, die im Felsen von Kallova hausten. »Sie konnten besser als andere Zwerge oder Menschen schmieden. Sie konnten überhaupt aus allen Stoffen, die sich verarbeiten lassen, herstellen, was sie wollten.« In den Handschriften wird die Höhle auch Ballova genannt. Gemeint ist damit wohl die Höhle Balve im Sauerländischen, in der Nähe des Ortes gleichen Namens.

Der Wielandteller der Gemeinde Wilnsdorf mit der Inschrift »Wielandsdorf – Wilnsdorf – das Dorf des sagenhaften Wieland der Schmied« (Foto: Berndt)

Etwa um das Jahr 10 000 v. Chr. haben Rentierjäger die Höhle bewohnt. Auch in der Eisenzeit lebten Menschen hier. In dieser Epoche entstand die »Wielandsage«, und es ist kein Zufall, daß die Balver Höhle in die Erzählungen von dem legendären Schmied einbezogen wurde.

Wo Schwerter noch Namen trugen

Auch ein Ort, etwa 70 Kilometer südlich der Balverhöhle, erinnert an Wieland: Wilnsdorf. Hier finden sich in den Wäldern und auf den Bergen rings um den Ort Erzgruben aus früheren Zeiten.

Wilnsdorf liegt an einer wichtigen Fernstraße, an der Autobahn Ruhrgebiet-Frankfurt. Zur fränkischen Zeit war es ähnlich. Die Siedlung war damals eine Kreuzung bedeutender Fernwege, über die im Siegerland gefundenes Eisen transportiert worden ist. Noch heute gibt es die »Eisenstraße«.

Wilnsdorf hat vor Jahrhunderten anders geheißen. In Aufzeichnungen von 1223 und 1240 wurde die Siedlung Willandesdorf genannt, später Willandisdorf, Wielandesdorf oder auch Willantsdorph. Der letzte Name hat sich bis um das Jahr 1500 gehalten. In dieser Bezeichnung steckt der Name Wieland, sagen die Ortsansässigen. Im übrigen wurden alle Schmieden in früheren Zeiten im Siegerland Wielandshäuser genannt. In Wilnsdorf gibt es auch eine gußeiserne Reliefschale, entworfen und hergestellt von Werner Manderbach. Die Schale zeigt Wieland, wie er ein Schwert schmiedet. Die Umschrift lautet: »Wielandsdorf – Wilnsdorf, das Dorf des sagenhaften Wieland der Schmied«. Als im Jahre 1985 Wilnsdorf vierzehn Tage lang sein achthundertjähriges Bestehen beging, trat im Festzug Wieland sogar »persönlich« auf.

Wilnsdorf liegt nahe Siegen, beide Orte sind nur etwa 10 Kilometer voneinander entfernt, und Siegen ist stets berühmt gewesen wegen seiner Schmiedekunst und wegen des Metallgewerbes.

Die Geschichte der Verhüttung im Siegerland hat früh be-

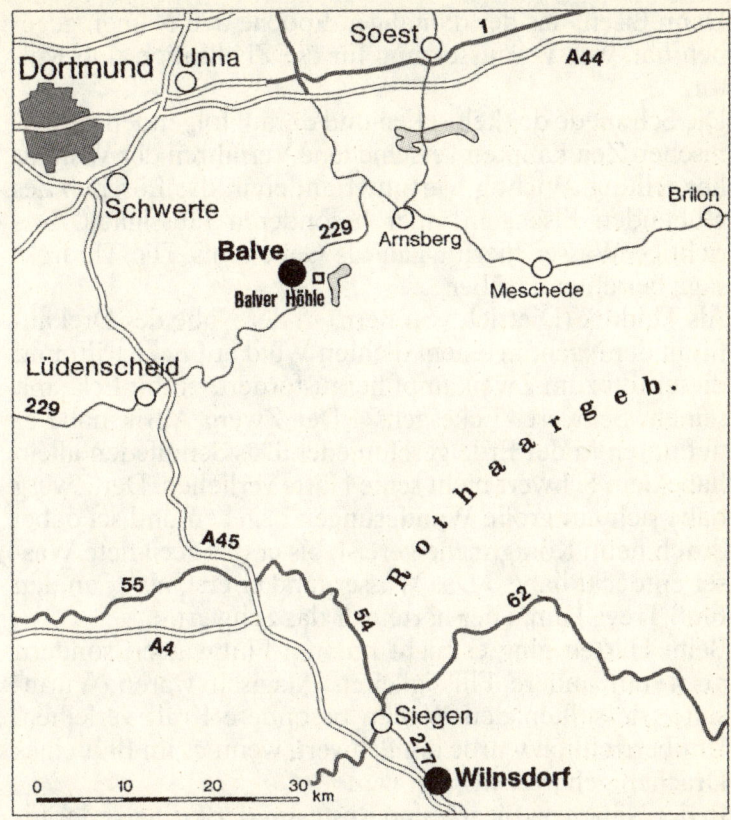

Sowohl Balve als auch Wilnsdorf spielen eine wichtige Rolle in der Sage von Wieland dem Schmied.

gonnen, etwa um 600 v. Chr. Für die Eisenverarbeitung waren zu dieser Zeit günstige Voraussetzungen vorhanden. So war die Erzgewinnung weit verbreitet. Es gab zahlreiche Schmelzöfen, die von größter Bedeutung waren.

Denn Eisen, das der damaligen Epoche den Namen gegeben hat, war Voraussetzung für die Zivilisation und Kultur.

Die Schmiede der keltischen und darauf folgenden germanischen Zeit kannten verschiedene Verfahren der Waffenherstellung. Wichtig war unter anderem das Löschen des glühenden Eisens in einer besonderen Flüssigkeit. Das richtige Wasser hierfür galt als Geheimnis. Die Thidreksaga berichtet darüber ...

Als Thidrek (Dietrich von Bern) in der Nähe des Drekanflis in der Nacht in einem dichten Wald auf Ecke trifft und dieser ihn zum Zweikampf herausfordert, prahlt Ecke mit seinem Schwert »Eckesachs«. Der Zwerg Alfrik habe es tief unten in der Erde geschmiedet. Das Schmieden allein habe dem Schwert nicht seine Härte verliehen. Der Zwerg habe sich auf große Wanderungen begeben und sei dabei durch neun Königreiche gereist, bis er das geeignete Wasser entdeckt habe. »Das Wasser fand er erst, als er an den Fluß Treya kam. Hier härtete er das Schwert.«

Beim Härten ging es nicht nur um Flußwasser, sondern auch um andere Flüssigkeiten. Magisch waren Wurmsäfte; sie sollten den Waffen besondere Kraft verleihen. Unübertrefflich wurde ein Schwert, wenn es im Blut eines Drachen gehärtet worden war.

In der Nähe von Siegen sind Reste aus der Frühzeit der Eisengewinnung gefunden worden. So hat man 1933 in der Engsbach bei Aachenbach eine Reihe von Eisenschmelzöfen ausgegraben. Einer dieser Öfen steht im Siegener Museum. Mit diesen Öfen wurden Temperaturen von 1 400 Grad und mehr erzeugt. Dabei entstand aus dem Erz ein teigiger Stahl, die Luppe, und eine flüssige Schlacke. Das Endprodukt war gut schmiedbares Eisen, das zu Barren geformt wurde.

In der »Vita Merlini« (um 1150) wird Wieland in Verbindung mit der Stadt Siegen genannt. Hier heißt es (dritte Zeile von oben): »Pocula que sculpsit Guilandus in urbe sigeni.« »Gefäße, die Wieland in der Stadt Siegen geschmiedet hatte«, lautet die Übersetzung.

Solche Barren, an beiden Ende spitz zulaufend, wurden verschiedentlich im Sauerland gefunden. Für die Öfen war Holzkohle in großen Mengen nötig. Sie wurde von Köhlern in Meilern gewonnen, ein Verfahren, das lange in Übung blieb. Es gibt noch heute im Siegerland Meiler, umgeben vom Rauch verkohlender Buchenscheite.

Besondere Sorgfalt galt der Schwertherstellung. Auch sprach der Schmied beim Härten des Eisens einen Schwertsegen. Kein Wunder, daß Schwerter Namen trugen. Wielands Meisterwerk war »Mimung«. Der Siegfried der deutschen Sage erschlug mit »Balmung« den Drachen, der Sigurd der nordischen Sage tat es mit »Gran«. Roland kämpfte im Tal von Ronceval mit »Durendal« gegen die Mauren. Dietrich von Bern vollbrachte seine legendären Taten mit »Nagelring«.

Schmieden, die solche Glanzstücke an Waffen gefertigt hatten, wurde mit Ehrfurcht begegnet, auch mit Scheu. Vielfach galt der Schmied als Magier. Häufig wurde berichtet, Schmiede seien albenartigen Ursprungs. Sie stünden in Verbindung mit der »Wilden Jagd« und hätten die Geisterpferde dieses nächtlichen Spuks beschlagen. Schmiede, so hieß es vor nicht allzu langer Zeit, seien in der Lage, Krankheiten zu heilen. Sie durften sogar Ehen schließen. Dieser Brauch hatte sich in Gretna Green in Schottland bis 1940 erhalten.

»... betet bis hundert«

Gut bekannt ist Wieland in England. Bei einer Reise durchs Land stoßen wir südwestlich Oxford – nahe Swin-

don – auf ein Schild mit der Aufschrift »Wayland's Smithy – Wielands Schmiede«.
Wir finden ein Steingrab aus megalithischer Zeit. Auf zwei Steine am Eingang folgen kleinere und bilden Kammern, in denen vor rund fünftausend Jahren acht Menschen beigesetzt worden waren.
Wie überall, wo Megalith-Bauten errichtet wurden, entstanden in späteren Zeiten merkwürdige Berichte, Erzählungen und Sagen. So wurde dieses Grab zu Wielands Schmiede. Der erste Bericht darüber geht um tausend Jahre zurück. Schon eine Urkunde von 855 n. Chr. spricht von »Wayland's Smithy«. Im 19. Jahrhundert nahm sich Walter Scott des Stoffes an. In seinem Roman »Kenilworth« schildert er 1821, wie ein Reisender namens Tressilian, dessen Pferd beschlagen werden mußte, von dem koboldartigen Jungen Richard Sludge zu »Wielands Schmiede« geführt wird und Verhaltensregeln erhält ...
»Ihr müßt Euer Pferd an den aufgerichteten Stein binden, an dem sich der Ring befindet. Dann müßt Ihr dreimal pfeifen, Euer Silberstück auf dem anderen, platten Stein niederlegen, aus dem Kreis treten und Euch an der westlichen Seite jenes kleinen Gebüsches niedersetzen. Nehmt Euch aber in acht, daß Ihr zehn Minuten – oder solange Ihr den Schmied hämmern hört – weder rechts noch links blickt. Und wenn das Hämmern aufhört, betet so lange, wie man bis hundert zählt ... dann tretet in den Kreis. Euer Geld wird fort und Euer Pferd beschlagen sein.«
Wieland ist in England in frühen Zeiten überall ein fester Begriff gewesen.
Schon im »Beowulf«, der ältesten größeren germanischen Sagendichtung aus dem 8./9. Jahrhundert, wird der Schmied erwähnt. Auch im angelsächsischen Gedicht »Deors Klage« – etwa aus derselben Zeit wie der Beowulf

– wird Wieland genannt, wie auch in den Bruchstücken der Waldere-Dichtung, in denen von »Welands worc« die Rede ist.
Selbst König Alfred der Große (849–899) erinnerte sich Wielands, als er fragte: »Wo sind nun die Gebeine des berühmten und klugen Goldschmiedes Wieland?«
Viel später, im 12. Jahrhundert, erwähnt Geoffrey of Monmouth in seiner »Vita Merlini« Wieland. Nicht nur das. Es fällt auch der Name der Stadt Siegen. Ein König namens Rhydderch befahl

> *»herbeizubringen üppige Gewänder und Hunde, schnelle Vierfüßler, Gold und glänzende Edelsteine, Gefäße, die Wieland in der Stadt Siegen geschmiedet hatte«.*

Wieland war auch in Frankreich bekannt. Hier trug er den Namen Véland, Walander oder auch Galland, Galanus. In zahlreichen Gedichten und Erzählungen wurde er als Schmied geschildert, der den bedeutenden Persönlichkeiten Waffen geliefert hatte.
Besonders in Skandinavien hat Wieland eine Rolle gespielt. In Vaeland in Schweden hat er solche Tradition, daß das Siegel des Bezirks Hammer und Zange ist. In der Nähe des Ortes Sisebeck werden große Findlinge als »Wielands Grab« bezeichnet.
In Skandinavien sind auch die wichtigsten schriftlichen Zeugnisse erhalten geblieben. Einmal ist es das »Wölundlied« der »Lieder-Edda«; die Lieder stammen wahrscheinlich aus der Wikingerzeit, dem 8. bis 11. Jahrhundert. Zum anderen ist die Sage in der »Geschichte von Welent dem Schmied« in der Thidreksaga in einem längeren Bericht aufgezeichnet.

Die Waffenprobe

In der Thidreksaga heißt es, nachdem Wieland seine Ausbildung bei den Zwergen abgeschlossen hatte, habe er sich auf den Weg nach Norden gemacht und sei in Jütland auf den Hof von König Nidung oder Nidud gelangt, um sich in dessen Dienst zu begeben.
Bald geriet Wieland in Streit mit dem Schmied des Königs, Amilias. Als die Auseinandersetzungen nicht beizulegen waren, befahl der König, eine Waffenprobe sollte die Entscheidung bringen. Amilias wurde aufgetragen, eine Rüstung herzustellen, während Wieland ein Schwert schmieden sollte. An der Rüstung, so hatte König Nidung beschieden, könne Wieland die Schärfe seines Schwertes erproben.
Wieland schuf nun eines der besten Schwerter, das die Welt je gesehen hat, und nannte es Mimung.
Als der Tag der Waffenprobe gekommen war, zeigte sich Amilias stolz in der Rüstung. Wieland holte unterdessen seine Waffe, trat hinter Amilias, setzte das Schwert auf den Helm. Wieland drückte es so fest auf die Rüstung, und die Waffe war so scharf, daß die Schneide leicht durch Panzerung, Brünne und Rumpf fuhr und bis auf den Gürtel glitt.
Wieland war nun so berühmt geworden, daß – wenn jemand ein besonderes Kunstwerk aus Metall geschaffen hatte – man zu sagen pflegte, er sei ein Wieland (Welent, Völund) an Geschicklichkeit. Der Schmied war bald überall in Europa bekannt.
Es kam jedoch auch zu einer Auseinandersetzung zwischen Wieland und Nidung. Da der König fürchtete, sein Schmied könne ihn verlassen, um sich in die Dienste eines anderen Herrschers zu begeben, ließ er Wieland gefangen-

Nach der Thidrek-Saga lernte der junge Wieland das Schmiedehandwerk bei den Zwergen in der Höhle von Kallova. Damit ist die Höhle von Balve gemeint, die im Sauerland liegt. Sie ist vor rund einer Million Jahren entstanden. (Fotos: Berndt)

nehmen und brachte ihn auf die Insel Swärstad. Damit der Schmied nicht fliehen konnte, ließ der König ihn lähmen. Eines Tages, so berichtet die Edda, kamen die beiden Königssöhne auf die Insel, wo Wielands Werkstatt war. Sie waren neugierig auf die Arbeiten des Schmiedes. Doch Wieland, in der Edda Wölund genannt, führte die beiden ahnungslosen Kinder an eine Truhe und tötete sie dort:

> *Sie gingen zur Truhe,*
> *begehrten den Schlüssel;*
> *offen war das Unheil,*
> *als hinein sie sahen:*
> *Die Köpfe hieb er den Knaben ab;*
> *die Füße warf er in die Fesselgrube.*

Die Hirnschalen faßte Wieland in Silber und schickte sie dem König. Aus den Augen formte er Edelsteine und machte sie der Königin zum Geschenk. Der Königstochter Bödwild aber sandte er Schmuck, den er aus den Zähnen der Kinder gearbeitet hatte.
Als der Königstochter ein kostbarer Ring zerbrochen war, suchte sie den Schmied auf, damit er den Schmuck wieder zusammenfüge.
Wieland aber gab der Königstochter einen betäubenden Trank und überwältigte sie im Schlaf. Dann schwang sich der Schmied in einem Fluggewand, das sein Bruder Egil gearbeitet hatte, in die Luft. Dem König rief er aus der Höhe zu, wie er sich an ihm und seiner Familie gerächt hatte.
Nidung fragte seine Tochter, ob es wahr sei, was Wieland berichtet habe. Die gänzlich verschüchterte Bödwild vermochte nicht zu leugnen und antwortete:

Wahr ist's, Nidud,
was Wölund sagte:
Ich saß mit ihm im Holm
eine Stunde der Not;
wär's nie geschehen!
Wölund zu wehren,
wußte ich nicht;
ihn zu bewältigen,
konnte ich nicht.

Nach der Thidreksaga forderte Nidung Wielands Bruder Egil auf, den Entflohenen mit seinem Bogen zu töten. Egil legte an und schoß – wie er es mit seinem Bruder vereinbart hatte – Wieland unter den linken Flügel. Blut tropfte auf die Erde. Es war aber das Blut aus einer Blase, die Wieland unter dem Arm trug.
Wieland entkam unterdessen unverletzt nach Seeland.

Runenkästchen und Bildstein erzählen

Von der Wielandsage, die in einigen Motiven bis in die Antike zurückreicht, gab es auch bildliche Aufzeichnungen. Sie sind bis auf wenige verlorengegangen. Eine der erhaltenen Darstellungen findet sich auf dem sogenannten »Runenkästchen von Auzon«, das 1857 in Frankreich gefunden wurde und heute im »Britischen Museum« in London aufbewahrt wird. In das Kästchen, dessen Entstehungszeit ins 7. Jahrhundert datiert wird, sind antike, germanische und christliche Zeichnungen eingearbeitet, auch eine Szene vom Schmied der nordischen Sage.

Das Wölundlied der Edda berichtet von Wölund, dem geschicktesten Schmied weit und breit, der im Wolfstal ansässig war. (Nach einem Holzschnitt von Klaus Wrage, Holle Verlag Berlin 1926)

Wieland tritt gelähmt, bärtig, mit Jacke und Rock bekleidet, auf. Mit der linken Hand hält er über dem Amboß mit einer Zange einen Schädelbecher, mit der rechten reicht er einer Besucherin, der Königstochter Bödwild, ein Gefäß. Unter dem Amboß liegt ein kopfloser Körper, eines der beiden getöteten Königskinder. Rechts neben Bödwild die »Schicksalfrau«. Sie trägt eine Flasche, die ein berauschendes Getränk enthält, das Wieland benutzte, um Bödwild gefügig zu machen. Rechts davon eine Gestalt, vielleicht Wieland, der Vögel anlockt, um sie zu füttern. Der Name von Wielands Bruder Egil erscheint auf dem Deckel in anglischer Runenschrift.

Eine weitere Darstellung gibt es auf einem Bildstein der schwedischen Insel Gotland, der in der Kirche des Ortes Ardre aufgestellt ist. Der Stein zeigt Wielands Werkstatt, die mit Rasensoden zugedeckt ist. Im Inneren sind Schmiedewerkzeuge, Hammer und Zangen zu sehen. Rechts neben der Werkstatt liegen die kopflosen Leichen der Königskinder, während auf der linken Seite Wieland im Vogelgewand entfliegt.

Der »Zauber« mit dem Vogelmist

Mit Aufmerksamkeit hat man in der Thidreksaga gelesen, wie Wieland Waffen herstellte, zum Beispiel das Schwert Mimung, mit dem er den Schmied Amilias bezwungen hatte.

Nach der Sage schuf Wieland eine erste Waffe, ging an den nahen Fluß, nahm eine Wollflocke von einem Fuß Dicke und ließ sie im Wasser treiben. Dann tauchte er die Klinge

in die Strömung. Die Flocke schwamm gegen die Schneide und wurde glatt zerteilt. Wieland nahm nun eine Feile, zerlegte damit das Schwert in Eisenspäne und vermischte sie mit Mehl. Die Mischung gab er Vögeln zu fressen. Den Vogelkot tat er in die Esse, schmolz alle Schlacken heraus und schmiedete ein neues Schwert. Damit ging er wieder zum Fluß und warf eine zwei Fuß dicke Flocke vor das Schwert. Sie wurde zerschnitten wie die erste. Mit dem gleichen Erfolg wiederholte Wieland den Vorgang mit einer drei Fuß dicken Flocke. Ist diese Beschreibung nun lediglich die phantasievolle Ausschmückung eines Saga-Erzählers, oder steckt mehr dahinter?
Nachforschungen brachten aufschlußreiche Ergebnisse. So ist die »Wielandsche Eisenverarbeitung« schon früh in Asien verbreitet gewesen, besonders in Bagdad.
Berichte hierüber haben das Interesse der Historiker wie auch der Metallurgen geweckt. Dabei stellte sich heraus, daß man einem chemischen Prozeß von nicht zu unterschätzender Bedeutung auf der Spur war.
Eine exakte Nachprüfung erfolgte 1936 in den »Vereinigten Stahlwerken von Düsseldorf« durch Dr.-Ing. J. Heddaeus, der Weicheisenspäne mit Hühnermist durchmischte und einige Stunden auf 930 Grad erhitzte. Das Ergebnis: »Eine solche ›Nitrierbehandlung‹ ist das moderne Verfahren, um dem Stahl die höchste, für die Erzielung der besten Schneidfähigkeit notwendige Härte zu verleihen.«
Den gleichen Versuch mit dem gleichen Ergebnis hat Dr.-Ing. Karl Daeves 1940 unternommen. Auf das Verfahren haben die Ingenieure zwei Patente erhalten.
Eigentlich aber steht solch Gebrauchsschutz Wieland dem Schmied zu, dem es mit seiner »Zauberkraft« bereits über tausend Jahre früher gelungen war, die fortschrittlichen Methoden der Eisenverarbeitung anzuwenden.

Die Schwanenburg zu Kleve (Foto: Berndt)

Der Schwanritter von Kleve

Lohengrin

Lohengrin: Romantische Oper
in drei Akten von Richard Wagner
Ort: Antwerpen
Zeit: Erste Hälfte des 10. Jahrhunderts
Uraufführung: Weimar 1850
Leitung: Franz Liszt

Ankündigung zur Uraufführung

Wagner: »Ein Schwan zieht einen Nachen dort heran! Ein Ritter drin hochaufgerichtet...«

Kleve ist die Schwanenstadt.
Schwäne rudern gemächlich über den »Kermisdahl«, den dunklen Wasserlauf, der die Verbindung zum Rhein herstellt. Im Innenhof der hochgelegenen Burg reckt ein Bronzeschwan seine Flügel, während Wasserstrahlen aufsteigen und sich in eine Steinschale ergießen. Der Burgturm ist gekrönt von einem metallenen Schwan, und Schwanenburg heißt die Befestigungsanlage auf dem Hügel.
Niemand weiß genau, wann die Burg entstanden ist. Sicher haben die Römer schon hier ein Bollwerk errichtet, denn diese vor undenklichen Jahren vom nordischen Gletschereis aufgetürmte, über 100 Meter hohe Endmoräne überragt die Landschaft und gibt den Blick weithin frei. Nach dem Steilhang, der zur Rheinaue abfällt, wurde die Siedlung »Clive« (Kliff) genannt. So heißt sie auch in der »Klosterrather Handschrift«, in der der Ort 1020 genannt wird.
Die erste Burg muß in der Zeit vor 1000 entstanden sein. Um 1200 wurde der große Palas erbaut, 1429 der kantige Spiegelturm errichtet.
1453 folgt der massige Bergfried, der »Schwanenturm«. Das weitere Schicksal ist wechselhaft. Die Burg zerfällt und wird wiederaufgebaut. 1944 wird sie zum größten Teil durch einen Luftangriff zerstört. In den darauffolgenden Jahren wird sie nochmals aufgebaut.
In der Burg ist die Schwanrittersage beheimatet. Nach der »Klever Chronik« des Gert van der Schuren wird sie folgendermaßen erzählt:
Auf der Burg lebte der Ritter Dietrich. Er starb ohne männlichen Erben. Seine Tochter Beatrix war auf sich allein gestellt. Viele Freier bedrängten sie, denn Beatrix hatte umfangreichen Besitz, nicht nur rings um Kleve, sondern

auch in den Niederlanden. So gehörte ihr als Lehen die Burg von Nymwegen.

Als sie eines Tages von den Mauern der Burg Ausschau hielt, sah sie etwas Merkwürdiges. Über den Fluß kam ein Schwan geschwommen. Er zog hinter sich einen Nachen, darin stand ein hochgewachsener Ritter, sein Schwert in der Hand und ein Jagdhorn an der Seite. Er lehnte auf seinem Schild, auf dem acht goldene Königszepter abgebildet waren, die sich unter einer goldenen Spange kreuzten. Auf der Schildmitte leuchtete ein Edelstein in grünem Licht.

Der Ritter hieß Elias und kam aus dem Kreis von König Arthur. Als er an Land stieg, ging Beatrix ihm entgegen und bat den Unbekannten auf ihr Schloß. Beatrix war der Ritter schon im Traum erschienen. Darüber hinaus war ihr geweissagt worden, daß der Fremdling sie aus ihrer Lage befreien werde.

Der Ritter berichtete, er sei nach Kleve gekommen, um das Land zu sichern und Beatrix zu heiraten. Er müsse aber eine Warnung aussprechen. Sie lautete in der alten Sprache:«

Soe wanner gy mynen geslecht off nae mynre herkompste vraight,
soe suldy terstont mynre quyt werden inden sult my dan nyet meer syen.

Solltet Ihr jemals nach meinem Geschlecht oder nach meiner Herkunft fragen,
so sollt Ihr mich zur Stunde verlieren und mich nie mehr wiedersehen.

Elias heiratete Beatrix, beide lebten auf der Klever Burg. Der Ritter befriedete das Land und war weithin so geachtet, daß der Kaiser ihn in den Grafenstand erhob und zum Grafen von Kleve machte.

Drei Söhne entstammten der Ehe. Sie drängten darauf zu wissen, woher ihr Vater gekommen sei. Darum ließ sich Beatrix eines Abends hinreißen, die verbotene Frage zu stellen: »Solltet Ihr nicht unseren Kindern sagen, woher Ihr gekommen seid?«

Elias erschrak! Denn mit der Frage trat ein Zauber in Kraft, dem er sich nicht widersetzen konnte: Er durfte nicht mehr im Lande bleiben.

Schon am nächsten Morgen kam der Schwan den Fluß heraufgeschwommen, hinter sich – wie vor Jahren – ein kleines Boot. Elias bestieg den Nachen und kehrte nie zurück.

Beatrix starb noch im selben Jahr. Ihre Söhne wurden Stammherren bekannter Geschlechter. In ihren Wappen trugen sie den Schwan, dessen Geheimnis zu lösen sie nie vermocht haben.

Elias wird Lohengrin

Die Sage vom Schwanritter ist nicht ursprünglich in Kleve beheimatet gewesen. Sie wurde zuerst im Haus Boulogne und dann im Haus Brabant erzählt. Ihre charakteristische Form erhielt sie zur Zeit der Kreuzzüge mit der Fassung des »Chevalier au cigne«.

Nach Kleve gelangte die Erzählung durch Konrad von Würzburg, der den Schwanritter zum Ahnherrn des Klevischen Hauses machte. Das geschah in der Zeit um 1260/ 1270. Auch Wolfram von Eschenbach griff die Sage auf, um sie in den Gralszyklus einzubeziehen. Der Schwanritter hieß jetzt Lohengrin. Durch eine auf dem Gral erschienene Schrift wurde Lohengrin zur Rettung der bedrohten Herzogin von Brabant entsandt. Das Frageverbot bekam einen echten Sinn: Es galt der Wahrung des Gralsgeheimnisses.

Auch Richard Wagner hat in seiner Oper den Schwanritter Lohengrin genannt. Er tritt in Antwerpen auf, nachdem Graf Telramund Klage gegen Elsa von Brabant wegen Brudermordes erhoben hatte. Als der Heeresrufer dreimal verkündete: »Wer hier im Gotteskampf zu streiten kam für Elsa von Brabant, der trete vor!«, naht Lohengrin in einem von einem Schwan gezogenen Nachen. Die Männer rufen:

> *Ein Schwan zieht einen Nachen dort heran!*
> *Ein Ritter drin hochaufgerichtet steht!*
> *...*
> *An einer goldenen Kette zieht der Schwan!*
> *...*
> *Ein Wunder ist geschehen,*
> *ein unerhörtes, nie gesehenes Wunder!*

Der Nachen legt am Ufer an. Der Ritter sagt:

> *Nun sei bedankt, mein lieber Schwan!*
> *Zieh durch die weite Flut zurück,*
> *dahin, woher mich trug dein Kahn.*

Der unbekannte Ritter erklärt vor König Heinrich, er sei gekommen, um Elsa von Brabant im Kampf zu vertreten. Zu Elsa gewandt, fragt er, ob sie seine Gattin werden

Der Schwanenturm der Burg zu Kleve. (Foto: Berndt)

wolle, wenn er siege. Als Elsa ihr Jawort gibt, nennt er eine Bedingung:

> *Nie sollst du mich befragen,*
> *noch Wissens Sorge tragen,*
> *woher ich kam der Fahrt,*
> *noch wie mein Nam' und Art!*

Indessen treten sächsische Ritter für den Unbekannten und brabantische Ritter für Telramund vor, messen den Kampfplatz aus und stecken ihn durch Speere ab. Der König zieht sein Schwert und schlägt dreimal auf einen an der Eiche hängenden Schild. Beim ersten Schlag nehmen der unbekannte Ritter und Telramund Aufstellung; beim zweiten ziehen sie die Schwerter; beim dritten beginnt der Kampf.
Er währt nicht lange. Telramund stürzt. Der fremde Ritter setzt sein Schwert auf den Unterlegenen und ruft:

> *Durch Gottes Sieg ist jetzt dein Leben mein,*
> *ich schenk es dir!*

Der fremde Ritter heiratet Elsa. Er nimmt an vielen Feldzügen teil, und stets kehrt er als Sieger zurück. Auch in jedem Turnier tut er sich hervor. Da wird Elsa von Ortrud, Telramunds Frau, gefragt: »Wundert es dich nicht, daß dein Mann unüberwindlich ist? Frag ihn, woher er kommt! Sicher verfügt er über einen Zauber, oder er hat sich mit dem Teufel verbündet. Darum verschweigt er dir seine Herkunft.«
Elsa stellt die verbotene Frage.
Da gibt ihr Gatte vor König und Volk sein Mysterium preis. Bei Wagner heißt es:

Lohengrin

*In fernem Land, unnahbar euren Schritten,
liegt eine Burg, die Montsalvat genannt;
ein lichter Tempel stehet dort inmitten,
so kostbar, als auf Erden nichts bekannt;
drin ein Gefäß von wundertätgem Segen
wird dort als höchstes Heiligtum bewacht:
es ward, daß sein der Menschen reinste pflegen,
herab von einer Engelschar gebracht.
Alljährlich naht vom Himmel eine Taube,
um neu zu stärken seine Wunderkraft:
es heißt der Gral, und selig reinster Glaube
erteilt durch ihn sich seiner Ritterschaft.
Wer nun dem Gral zu dienen ist erkoren,
den rüstet er mit überirdischer Macht;
an dem ist jedes Bösen Trug verloren,
wenn ihn er sieht, weicht dem des Todes Nacht.
Selbst wer von ihm in ferne Land' entsendet,
zum Streiter für der Tugend Recht ernannt,
dem wird nicht seine heilge Kraft entwendet,
bleibt als sein Ritter dort er unerkannt.*

Und das letzte Geheimnis lautet:

*So hehrer Art doch ist des Grales Segen,
enthüllt – muß er des Laien Augen fliehn;
des Ritters drum sollt Zweifel ihr nicht hegen,
erkennt ihr ihn, dann muß er von euch ziehn. –
Nun hört, wie ich verbotner Frage lohne!
Vom Gral ward ich zu euch daher gesandt:
mein Vater Parzival trägt seine Krone,
sein Ritter ich – bin Lohengrin genannt.*

Wie in der Klever Sage Elias, so verläßt auch Lohengrin Land, Frau und Kinder. Der Schwan bringt ihn zurück zur Gralsrunde.

Noch heute dreht sich der Schwan

Die Klever halten sich aber lieber an ihre Sage. Als Herzog Adolf I. den eingestürzten Bergfried der Burg wieder aufbaute, ließ er auf dem Turm den Schwan als Symbol des mythischen Ahnen setzen. Dort dreht er sich heute als Wetterfahne.

Der große Kamin im Palas der Burg Wildenberg (Foto: Berndt)

Die Suche nach dem Gral

Burg Wildenberg

Owe, Mutter, was ist Gott?

Wolfram von Eschenbach: »Parzival«

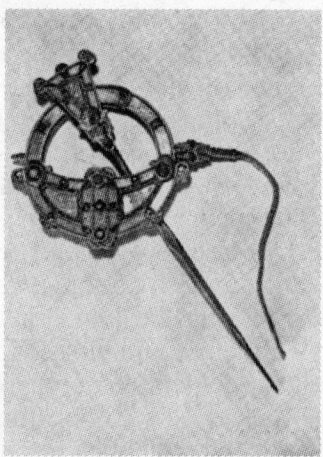

Die Fibel von Tara aus dem 8. Jahrhundert erinnert an die irische Königstadt.

Burg Wildenberg

Im Odenwald, südlich Miltenberg, westlich von Walldürn, liegt Burg Wildenberg. Sie wurde in der zweiten Hälfte des 12. Jahrhunderts erbaut und 1525 von aufständischen Bauern erstürmt. Die Burg ging in Flammen auf. Noch stehen aber bedeutende Reste hoch über dem Oldenwälder Mudbachtal.

Auf Wildenberg hat sich Wolfram von Eschenbach seit dem Jahr 1200 längere Zeit aufgehalten und hat hier an seiner Gralserzählung »Parzival« gearbeitet. Wahrscheinlich bezieht sich der Name »Munsalvaesche«, den Wolfram der Gralsburg gibt, auf Wildenberg. Denn französisch heißt die Burg »Mont sauvage«, woraus Munsalvaesche geworden sein könnte.

Auf dieser Burg erscheint die Gralsprozession. Wolfram erzählt: »Ein Knappe sprang zur Tür herein, der trug eine Lanze – das war dort Brauch geworden – und rief jedesmal ein Trauern hervor. An ihrer Scheide entquoll Blut und lief am Schaft hernieder bis auf die Hand, so daß es im Ärmel versickerte. Da ward geweint und geschrien im Saal. Das Volk aus dreißig Ländern könnte nicht lauter weinen als hier die Ritter. Er trug die Lanze in seinen Händen rings an den vier Wänden herum bis zur Tür und zurück.«

Auf die Lanze folgten goldene Leuchter, elfenbeinere Tische und silberne Messer, jeweils von Jungfrauen in den Palas der Burg gebracht. Schließlich erschien die Königin Repanse de Schoye mit dem Gral: »Auf grüner Achmardisseide trug sie des Paradieses Vollkommenheit. Wurzel war es zugleich und Reis. Das war ein Ding, das hieß der Gral, alles Erdensegens Überschwang.«

Als nun ein großes Festmahl anhob, diente der Gral als Füllhorn, als Tischleindeckdich. Er spendete alle Speisen und Getränke, die sich die Damen und Ritter nur wünschen mochten. Und in dieser Gralsburg spendete ein gro-

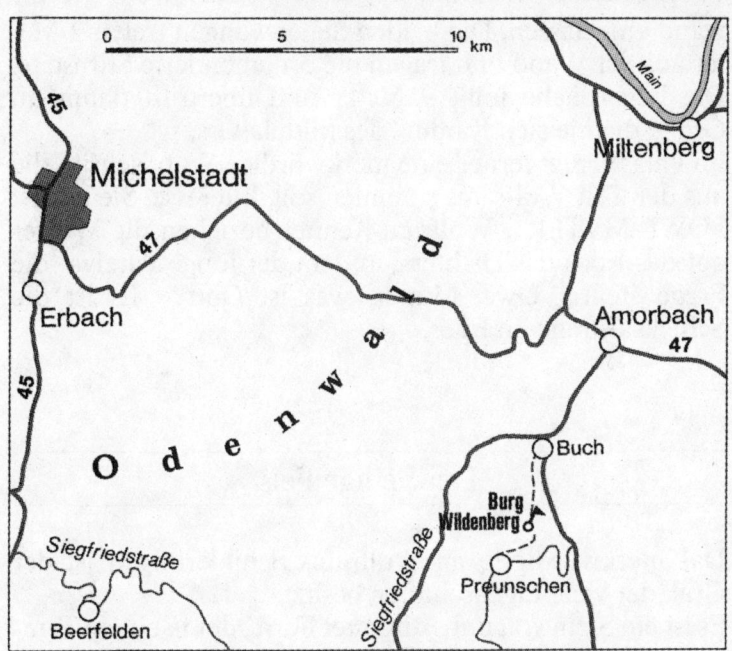

Auf Burg Wildenberg im Odenwald hat Wolfram von Eschenbach an seiner Gralserzählung »Parzival« gearbeitet.

ßer Kamin wohlige Wärme. Wolfram schreibt: »Marmor waren drei viereckige Feuerrahmen gemauert, darauf lag des Feuers Name: Holz, das hieß Lignum aloe. Weder einst noch jetzt sah man je so große Feuer hier auf Wildenberg.« Dieses Feuer, diesen Kamin, gibt es noch heute. Er ist im Palas, in dem die Burgherren ihre Gäste empfingen, sich abends zum Umtrunk einfanden oder auch dem Vortrag der Spielleute zuhörten. Der Kamin ist in die lange Außen-

wand eingelassen. Die beiden Seitenwangen treten 2 Meter aus der Wand und tragen die ornamentierte Stirnseite. Die Feuerfläche mißt 9 Meter und übertrifft damit an Größe die meisten Kamine des Mittelalters.
Im Palas erregt ferner eine merkwürdige Wandschrift, die aus der Zeit Wolframs stammen soll, Interesse. Sie lautet: »OWE MVTER«. Wolfram-Kenner beziehen die Wörter auf das Epos des Dichters, in dem der junge Parzival die Frage stellt: »Owe, Mutter, was ist Gott?« Es ist die Schicksalsfrage im Epos.

Der heilige Fels

Das merkwürdigste an Wolframs Schilderungen ist der Gral, der viele Eigenschaften besitzt.
Es ist ein Stein von unbestimmter Form, der in einem Tempel, in der Gralsburg, aufbewahrt wird und alles Irdische übertrifft. Sein Anblick verleiht ewige Jugend. Er ist so schwer, daß böse Menschen ihn nicht anheben können. Der Gral, für Heiden unsichtbar, kann nur indirekt gefunden werden. Der bewußten Suche entzieht er sich. Seine Kraft erhält er durch eine Oblate, die eine weiße Taube jeden Karfreitag vom Himmel bringt und auf dem Gral niederlegt. Der Gral wird von Tempelrittern, den »Templeisen«, bewacht. Oberster Wächter ist der Gralskönig.
Aufschlußreich wird die Suche nach Wolframs Gral, wenn sie zu den Kreuzzügen führt, zu den Kreuz- und Tempelrittern.
Der Orden der Tempelritter war 1119 gegründet worden, um den Pilgern auf ihrer Wallfahrt nach Jerusalem Schutz

zu gewähren. Die Templer hatten ihren Namen vom Tempel in Jerusalem. In den erhöhten Raum dieses Tempels, der als Sitz Gottes galt, ragte ein mächtiger Kalkstein: der heilige Fels.

Er war von den Juden verehrt worden und blieb zentrales Heiligtum, als die Römer hier einen Tempel bauten und wieder einige Jahrhunderte danach die Araber an derselben Stelle eine Moschee errichteten, die »Omar-Moschee«, den »Felsen-Dom«.

Als die Kreuzritter 1099 Jerusalem besetzten, fanden auch sie bald ein besonderes Verhältnis zu diesem Stein. Über dem heiligen Fels errichteten sie einen Altar; auf die Kuppel der Omar-Moschee setzten sie das Kreuz.

Die christlichen Pilger, die nach Palästina gelangten, konnten sich ebenfalls der Kraft des Steines nicht entziehen. Sie ließen sich gegen teures Geld Stücke aus dem Fels heraus-

»OWE MVTER« – die rätselhafte Inschrift im Palas der Burg Wildenberg (Foto: Berndt)

schlagen und nahmen sie mit in die Heimat. Die Reliquien vom Fels, die nach Europa gelangten, erregten Aufsehen, denn den Steinen vom »Tempel des Herrn« sprach die wundergläubige Bevölkerung Zauberkraft zu.
Auch Wolfram von Eschenbach hatte von diesen Steinen und ihrer Wunderkraft gehört und verband sie mit dem Gral. Zugleich wurden die Templeisen, die zu Wolframs Zeit in höchstem Ansehen standen, im Epos zu Gralshütern.

Kelch und Lanze stehen im Mittelpunkt

Für die Grallegende war auch das Blut Christi von großer Bedeutung. Dabei hat die Erwerbung einer Blutreliquie von Dietrich von Elsaß, der in Brügge residierte, eine besondere Rolle gespielt. Das »Blut von Brügge« wurde weltberühmt. Noch jetzt ist die »Bluttracht« ein Ereignis, das die Menschen aus vielen Ländern anzieht.
Auch Dietrichs Sohn, Graf Philipp von Elsaß und Flandern, schätzte das »Blut von Brügge«. In den achtziger Jahren des 12. Jahrhunderts hat er dem französischen Schriftsteller Chrétien de Troyes ein Buch übergeben, in dem wahrscheinlich die »Wunder des Blutes Christi« beschrieben waren. Das Buch hat Chrétien für sein Werk benutzt, in dem die Dichtungen von König Arthur mit dem Gral, mit dem Kelch und dem Blute Christi in Verbindung gebracht wurden, und diese Vereinigung ist wichtig.
»Über dieses Buch«, schreibt der Münchener Germanist Karl Otto Brogsitter, »lassen sich nur Mutmaßungen anstellen, dabei hängt aber gerade daran eine der wichtigsten

und dunkelsten Punkte der Literaturgeschichte des Mittelalters.«

Chrétien schuf nach der Vorlage, die ihm Graf Philipp übergeben hatte, »Perceval der Waliser«, ein Werk, das auch die »Geschichte des Gral« genannt wird. Dieses Buch hat alle folgenden Gralsdichtungen, nicht zuletzt den »Parzival« Wolframs von Eschenbach, stark beeinflußt.

Chrétiens Geheimnisse werden etwas aufgehellt, wenn sie – wie bei den Gralsvorstellungen Wolframs – auf dem Hintergrund der Kreuzzüge gesehen werden. Dieser zweihundertjährige Krieg zweier Weltreligionen weitete den Horizont der Europäer und brachte neue Güter und Gedanken, so fragwürdig die Unternehmungen auch sonst gewesen sein mögen. Und die heimgekehrten Kreuzfahrer berichteten von ihren Erlebnissen, auch vom Islam und der Welt der griechisch-orthodoxen Kirche.

Die Kreuzfahrer werden mit Erstaunen einer Messe in der Hagia Sophia in Konstantinopel oder einer anderen Kirche beigewohnt haben.

Solche Messe war ein dramatisches Schauspiel, das die Kreuzigung, das Sterben und die Grablegung Christi zeigte. Im Mittelpunkt stand der pomphafte Einzug in die Kirche.

Der Germanist Konrad Burdach hat in dieser liturgischen Handlung das Vorbild zur Gralsprozession gesehen und ist der Auffassung, daß Chrétien de Troyes die Schilderung eines Umzuges in der griechisch-orthodoxen Kirche als Muster für seine Erzählung genommen hat. Denn bei der Prozession werden große Kandelaber, ein Kelch (der Gral), ein Diskus (ein silberner Teller) und eine Lanze sowie andere rituelle Gegenstände im symbolischen Umzug durch die Kirche getragen.

Im Mittelpunkt stehen Kelch und Lanze. Ihre Bedeutung

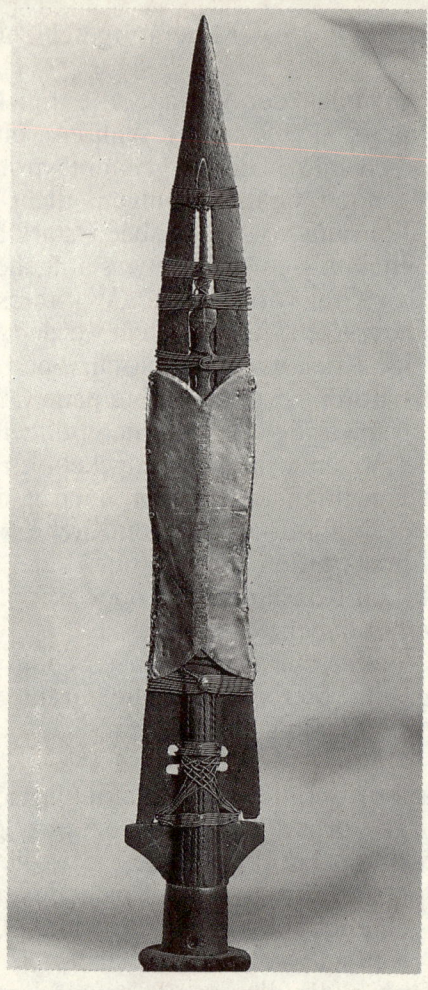

Die »Heilige Lanze«, eines der Reichskleinodien, befindet sich heute in der Wiener Hofburg. Die Lanze steht neben dem Kelch im Mittelpunkt der Gralserzählungen. (Foto: Kunsthistorisches Museum, Wien)

reicht in die Frühzeit der östlichen Kirche. Sie wurden schon in dem Rundbau aufbewahrt, den der römische Kaiser Konstantin (323–335) über dem Grab Christi in Jerusalem hat errichten lassen. Mit der Lanze soll nach der Bibel ein römischer Söldner, aus dem später der Hauptmann Longinus geworden ist, den Körper Christi am Kreuz geöffnet haben.
Im 10. Jahrhundert wird die Lanze von Rudolf von Burgund dem deutschen König Heinrich I. übergeben und gehört von nun an zu den Insignien des Heiligen Römischen Reiches Deutscher Nation. Sie wird heute in der »Weltlichen Schatzkammer« der Wiener Hofburg zusammen mit anderen Reichskleinodien aufbewahrt.

Die keltische Welt

Die Gralssage wurzelt im christlichen Gedankengut. Sie ist aber auch tief in der keltischen Welt verhaftet.
Perceval oder Parzival ist Kelte. Chrétien nennt ihn »li Galois«, den »Waliser«. Er kommt aus Nordwales. Hier wird er von seiner Mutter in der Nähe des Berges Snowdon erzogen. Auch in Wolframs Bericht bleibt dieser geographische Hintergrund gewahrt. Wolfram nennt Parzival den Wâleis, den Waliser.
In Wales kannte und kennt man die Symbole des Grals. Gegenstück zum christlichen Kelch ist der keltische Kessel. Er wird vielfach in alten walisischen Schriften behandelt, zum Beispiel in den »Mabinogion«, in denen mythische Erzählungen nach Handschriften aus dem 14. Jahrhundert zusammengefaßt sind, wobei die Ursprünge älter sind.

Der Kessel war Mittelpunkt der keltischen Fürstenhalle. Um ihn versammelten sich die Krieger zum gemeinsamen Mahl und zur Aussprache. Einen Kessel des Überflusses, ein Gefäß, das niemals leer wurde, besaß Dagda, der oberste Gott der irischen Götterfamilie. In der irischen Königsstadt Tara gab es ferner einen Kessel, der jedem eine besondere Mahlzeit bescherte. Die Gäste traten an das Gefäß heran, und was immer sie mit einer Gabel herausfischten, so entsprach es der Rangstufe des Gastes.

Es gab auch einen Kessel der Wahrheit und einen solchen der Ekstase. Über ein heilkräftiges Gefäß verfügte der irische Gott Brân. Bei Festen, die er veranstaltete, sorgte der Kessel dafür, daß alle Gäste vor Krankheit und Alter bewahrt blieben. Dieser Kessel ewiger Jugend war sogar in der Lage, Tote zum Leben zu erwecken. Solch ein Kessel hat in der keltischen Vorstellung eine außerordentliche Rolle gespielt. Das bezeugt der vorgeschichtliche Fund von Gundestrup, heute im Nationalmuseum von Kopenhagen zu sehen.

Die Bedeutung solcher Gefäße blieb lange erhalten. Die Kessel waren noch Gegenstand der Phantasie, als das Keltentum untergangen war. Sie wurden Brennpunkt der Gralsgeschichten.

Der Speer der Vernichtung

Auch die Lanze hat einen keltischen Hintergrund.
Sie ist der irischen Sage nicht unbekannt und gehört zu den vier Kostbarkeiten der Götterfamilie Tuatha De Danann. Die Lanze war der Speer der Vernichtung.

In einer Gralserzählung dringt der Ritter Balin ins Schloß des Königs Pellam und wird von diesem angegriffen. Balin, dessen Schwert zerbricht, flieht und gelangt in eine Kammer, in deren Mitte in einem Goldbehälter eine Lanze senkrecht steht, mit der Spitze nach unten und nirgends befestigt.

Nun geht die Erzählung im Stil vieler anderer Gralserzählungen weiter: Balin greift die Lanze, von der Blut rinnt, und stößt sie Pellam durch die Schenkel. Da sinkt das Schloß des Herrschers in Trümmer, das Land verfällt der Verwüstung. Dieses zerstörte, verzauberte Land kehrt in den Gralserzählungen immer wieder, wie auch die Verletzung des Königs, ob dieser Pellam oder an anderer Stelle »Fischerkönig« heißt. Das Schicksal des Herrschers wird zum Schicksal des Landes. Durch den Speerstoß wird der König sterilisiert, und die Unfruchtbarkeit überträgt sich auf das ganze Reich.

Früheste Spuren der Gralssagen führen in Irland nach Tara, einem ehemaligen politischen Zentrum im Osten der Insel, wo sich alte Straßen kreuzten. In Tara herrschten ein Kleinkönigtum, Tuath, und viele Großfamilien. Diese weit zurückliegenden Zeiten können in etwa unter Zuhilfenahme der »Dinnshenchas«, einer größeren Sagensammlung, entschleiert werden. Auch ältere Manuskripte, wie jenes von Leinster, das 1160 verfaßt wurde, aber in weit frühere Epochen zurückreicht, sind hilfreich. In diesem Buch, wie auch dem Manuskript von Lecan aus dem 15. Jahrhundert, ist die alte Königshalle von Tara bezeichnet, die Bankettalle, in der feierliche Zeremonien, aber auch große Essen und Trinkgelage veranstaltet wurden. An einem Ende saß der König, vor ihm rollten die festlichen Ereignisse ab. Die Platzverteilung war nach einem Protokoll geregelt. Das Buch von Leinster wie auch jenes von Lecan verzeichnen die Sitze, wie das Reglement es vorsah. Darüber hinaus wird angegeben, was jede Person – entsprechend ihrem Rang – bei einem Festessen zugeteilt erhielt: größere oder kleinere Fleischstücke.

Nun hat der amerikanische Forscher Nitze schon früh erkannt, daß diese Königshalle, die von vier Säulen getragen wurde, mit einem Kamin im Mittelpunkt und zahlreichen Plätzen für die Geladenen, die Gralshalle gewesen ist. Hier wird – zumindest von einem Teil der Forschung – der Ursprung der Gralssagen vermutet.

Wer heute Tara besucht, stößt unter anderem auf einen 90 Meter breiten und 150 Meter langen Graben. Die über einen Meter hohen, abgeflachten Hänge deuten darauf hin, daß diese Bodensenke eine von Menschen geschaffene Anlage ist, auf der ehemals größere Gebäude errichtet waren. Hier soll eine große Halle gestanden haben.

War es die berühmte Bankethalle? Dann sind hier Dichter und Sänger aufgetreten, von Harfnern begleitet. Es muß ein Schauspiel gewesen sein, wie es noch heute in abgewandelter Form in Irland in den »Singing Lounches« zu beobachten ist.

Der Ursprung liegt in Irland

Im alten keltischen Irland haben viele der Arthur- und Gralssagen ihren Ursprung. Sie wanderten nach Wales und vermischten sich mit ähnlichen Erzählungen. Es erwuchsen die Vorstellungen von der »Anderen Welt«, die ohne Grenze in die irdische übergeht. Geister kamen von drüben, und die Menschen ihrerseits wanderten in eine

Welt, in der es kein Alter, keinen Tod, keinen Winter, nur Frühling und ewige Jugend gab.
Es ließ sich die »Unterwelt bewegen«, um die zweite Hälfte eines Spruches des römischen Dichters Vergil aufzugreifen, eines Spruches, den der Psychoanalytiker Freud als Motto für seine Traumdeutungen wählte.
Es entstanden die Erzählungen von Feenschlössern und ihren seltsamen Verwandlungen. Die walisisch-irischen Märchen berichteten von den Gefäßen, die niemals leer wurden, von der Lanze, die den König verwundete und Verwüstung über Britannien brachte, von dem unheimlichen Besucher, der sich den Kopf abschlagen ließ, wenn der Ritter, der zu einem Pakt bereit war, gleiches mit sich geschehen lassen wollte. Die Sagen erzählten von »Lia Fail«, dem Stein der Bestimmung, der als »Gefährlicher Sitz« in der Gralssage wiederkehrt und der als Granitstein im heutigen Tara aufgestellt wurde. Im Lia Fail, einem der Schätze der anderen Welt, sei die Kraft der Vorsehung gespeichert gewesen, hieß es. Wenn der künftige Herrscher des Landes über ihn geschritten sei, habe der Stein laut »aufgeschrien«.
Von Wales über Cornwall kamen die Erzählungen im 11. Jahrhundert in die keltische Bretagne, zu den Bretonen, die »nach 500jährigem Exil immer noch nach Britanien als ihrer Heimat blickten und der Bühne ihrer einstigen Größe«. Sie nahmen die Romanzen mit Begeisterung auf. Sie wurden von den berufsmäßigen Geschichtenerzählern, den »Conteurs«, weiterverbreitet. Diese zweisprachigen Sänger trugen die Sagen überall hin, wo man keltisch oder französisch sprach.
Conteurs gab es an jedem größeren Hof. In ihren Erzählungen wurde der alte keltische Stoff mit dem Zeitgeist abgestimmt. Keltische Helden wurden zu mittelalterlichen

Wolfram von Eschenbach diktiert einem Mönch die Parzival-Dichtung. (Historia-Photo)

Rittern. Sie waren nach der damaligen Mode gekleidet, empfanden wie die Menschen im Hochmittelalter und lebten im Prunk höfischer Zeit.

Die Zuhörer waren fasziniert von den Geschichten, die in ihrem Milieu spielten, von Wundern und erregenden Abenteuern, von der Liebe und vielen unfaßbaren Begebenheiten.

Ein schottischer Autor jener Tage verwies auf die schauspielerischen Fähigkeiten der Vortragenden und wie es ihnen fast immer gelang, das Publikum mitzureißen: »Die Herzen der Zuhörer waren zu Mitleid und Tränen gerührt.«

Das blieb so vier Jahrhunderte. Denn so lange waren die Romanzen vom Gral und die Sagen von Arthur der beliebteste weltliche Lese- und Vortragsstoff Westeuropas.

Die Rätsel bleiben

Im Gral fließen Vorstellungen verschiedener Kulturen zusammen, die im Verlauf von Jahrhunderten erwachsen sind.

Die Wissenschaft hat auch Spuren aufgenommen, die zum »Atreustempel« in Mykene führen, zum »Zeustempel« in Dodona, nach Ägypten, zum Feuerheiligtum Altpersiens in Schiz oder sogar in den Pandschab in Indien. Das Kloster »Montserrat« in Spanien wurde als Ausgangspunkt genommen oder die »Höhle der Albigenser« in den Pyrenäen. Arabische Vorstellungen blieben nicht außer acht, wie der »Stein der Weisen« der Alchimisten.

Von allen aufgestellten Theorien erscheinen jene am überzeugendsten, die einerseits zu den Kelten in Cornwall, Wales und Irland führen und andererseits zu den frühchristlichen Legenden.

Doch trotz dieser Auslegungen und Deutungen ist der Hauptschlüssel verlorengegangen.

Fresko an der Burgkapelle von Hocheppan in Südtirol. Ob das Bild Dietrich von Bern darstellt, wird wohl nie mit letzter Sicherheit bewiesen werden können. Vieles spricht jedoch dafür. (Foto: Berndt)

Zwischen Heldensagen und Legenden

Dietrich von Bern

Dort kumt her ein gesinde, daz ist mir wol bekant:
ez sint vil snelle degene von Amelunge lant.
Die füeret der von Berne.

Hagen im »Nibelungenlied«

Dietrich von Bern reitet in die Hölle. Darstellung an der Kirche San Zeno in Verona (Foto: Berndt)

Einer der reizvollsten Landstriche Südtirols erstreckt sich rechts der Etsch in der Nähe von Bozen. Zwischen Weinbergen und Gärten sind die altertümlichen Orte Prissian, Nals, Andrian und St. Pauls als weinrote Farbflecken hingestreut. Darüber die braungrauen Burgen Schwanburg, Felsenstein, Korb, Fuchsberg und Hocheppan.
Hocheppan gilt als die bedeutendste dieser Befestigungen. Manche Wanderer, die die ehemalige Burg besuchen, haben ein besonderes Anliegen. Ihr Interesse gilt Malereien aus der zweiten Hälfte des 12. Jahrhunderts, vornehmlich Bildern an der nördlichen Außenwand. Diese Zeichnungen verwirren zunächst, da jüngere und ältere übereinanderliegen. Die jüngere Malerei zeigt einen Ritter zu Pferd, der einem Ungeheuer eine Lanze in den Rachen stößt. Es ist der heilige Georg. Das Bild entstand um 1500, als man sich darangemacht hatte, die darunterliegenden Malereien zu übertünchen. Diese jüngere Malerei ist 1926 von dem italienischen Restaurator Gerola wieder weitgehend entfernt worden, um die ältere Malerei sichtbar zu machen.
Heute erkennt man hauptsächlich einen Ritter mit rötlichem Haar und grauem Bart. Er trägt ein grünes Gewand mit langen Ärmeln und einen roten Halbmantel. Er reitet einen Schimmel und hält in der Rechten ein Hifthorn. Vor ihm laufen zwei Hunde und hetzen einen Hirsch, der sich nach seinem Verfolger umsieht. Schon vor den Restaurierungsarbeiten, im Jahr 1921, hatte Gerola darauf hingewiesen, daß dieses Fresco Dietrich von Bern auf einem Ritt in die Hölle darstellt, wie in der Thidreksaga geschildert. Gerola hatte sich dabei auf Reliefs am Portal der Kirche »San Zeno« in Verona bezogen. Diese geben eine ähnliche Szene wieder.
Jahrzehnte hindurch wurde Gerolas Ausdeutung als gültig hingenommen. Doch Mitte der sechziger Jahre kamen

Zweifel auf. 1979 hat der Göttinger Hans Szklenar die skeptische Auslegung in dem Buch »Deutsche Heldenepik in Tirol« zusammengefaßt. Ob die Zweifel berechtigt sind, ist nicht voll bewiesen. Manches spricht immer noch für Gerolas These – die relative Zeitnähe beider Darstellungen, die alles beherrschenden Sagen Dietrichs um 1200 oder der Hirsch der Hocheppaner Malerei, der als »Werkzeug der Hölle« rückwärts blickt, um sich zu überzeugen, ob das Opfer auch wirklich folgt.

Wo lag Bern?

Wo aber lag Bern, die Stadt, die mit dem Namen von Dietrich so eng verbunden ist?
Bern in der Schweiz scheidet aus. Da Bern aber häufig mit Verona gleichgesetzt wird und Bonn am Rhein früher Verona geheißen hat, stellt sich die Frage, ob das »deutsche Verona« vielleicht das Bern der Sage ist.
Solche Auffassung wird seit dem vorigen Jahrhundert manchmal vertreten. Dazu beigetragen hat der ehemalige Bonner Germanist Karl Simrock (1802–1878). In neuer Zeit (1982) hat Heinz Ritter-Schaumburg im Buch »Dietrich von Bern« die Gleichsetzung von Bonn mit dem Bern der Sage vollzogen. Er sagt ferner, Dietrich sei keineswegs der Gote Theoderich, sondern ein niederdeutscher König der Völkerwanderungszeit, der in Bonn residiert habe.
Dem vermögen viele nicht zu folgen. Sie sind der Auffassung, daß Dietrich von Bern identisch ist mit dem Ostgotenkönig Theoderich, der im italienischen Verona geherrscht hat, wenngleich seine Hauptresidenz Ravenna gewesen ist.

Um die Gleichsetzung des italienischen Verona mit dem Bern der Sage bestätigt zu erhalten, sind wir in eines der großen europäischen Rückzugsgebiete gefahren, in die Alpen. Das Gebirge gehörte ehemals teilweise zum ostgotischen Reich.

»Willkommen in Giazza«

Wir gelangen nach Giazza, einem Ort nördlich Verona, östlich des Gardasees. Die Siedlung war jahrhundertlang so abgeschlossen von der Welt, daß sie Zeugen einer alten Sprache bewahren konnte. Dabei geht es nicht nur um Giazza allein, auch noch um andere Gemeinden wie Roana, Rotzo und Luserna. In diesen vier Kommunen spricht man noch vereinzelt cimbro (cimbrisch).
Von dieser Sprache gibt es eine abenteuerliche Theorie. Cimbrisch, so hieß es, sei die Sprache der germanischen Kimbern gewesen, die 101 v. Chr. bei Vercellae von dem römischen Feldherrn Gaius Marius vernichtend geschlagen wurden. Überlebende hätten sich in die Voralpen geflüchtet. In der Bergabgeschiedenheit hätten sich die Reste germanischer Kultur bis auf den heutigen Tag erhalten.
Eine faszinierende Geschichte. Nur ist sie falsch.
Wohl wird in diesen Orten heute noch cimbrisch gesprochen, das mit den Kimbern aber nichts zu tun hat. Die Sprache wird auch »tautsch« genannt und ist aus dem Wort »deutsch« abzuleiten.
Die älteste Besiedlung ist um das Jahr 1050 beurkundet. Später erfolgten weitere Einwanderungen, und zwar aus dem bayerisch-schwäbisch-tiroler Grenzbereich, wahr-

Giazza (Ljetzan) in den Alpen nördlich Verona. Hier wird das älteste Deutsch gesprochen. Hier kennt man die Dietrich-Sagen und nennt Verona noch heute Bern.

scheinlich auf dem Umweg über Verona oder Vicenza. Die Einwanderer sprachen einen alten tirol-bayrischen Dialekt, und einige beherrschen ihn heute noch.
»Seit bouken kan Ljetzan!« so steht es am Ortseingang von Giazza. »Willkommen in Giazza!« Im Dorf sind noch andere alte Wörter an die Häuser geschrieben, so zum Beispiel »Aubere Ljetze – Ober-Giazza« oder »Birthaus – Wirtshaus« oder »Haus 'un Proate – Bäckerei«.
Wir unterhalten uns mit Dorfbewohnern über ihre Sprache und auch über alte Sagen, über Dietrich von Bern.
»Vom Berner haben wir in der Jugend gehört«, sagt jemand.
Daß die Dietrich-Sagen in Giazza bekannt sind, ist nur natürlich. Die frühen Einwohner müssen sie aus ihrer Heimat nördlich der Salurner Klause mitgebracht haben. Dort war der Berner beliebter Erzählstoff.
Fragt man die Leute in Giazza, wo denn dieses Bern zu suchen sei, antworten sie: »Im Süden, in Verona. Wir nennen es Bearn.«
Dazu teilt Hugo F. Resch vom »Cimbern-Kuratorium« in Landshut ergänzend mit: »Bearn ist heute noch die gängige Bezeichnung für Verona. Es gibt auch noch einen Auszählvers für Kinder, der lautet: ›I gea ka Bearn tze segan in Stèarn. – Ich gehe nach Verona, den Stern zu sehen‹, den Wallfahrtsort Maria Stella bei Verona«.

Der Atem der Hölle

In Verona werden viele Sagen von Dietrich erzählt. Hier erscheint er – wie vielleicht auch auf der Malerei von

Hocheppan – als Gestalt der Sage am Portal der Basilika »San Zeno«. Auf den verwitterten Steinplatten am Eingang reitet Dietrich zur Jagd. Er bläst das Horn und gibt dem Pferd die Sporen. Der Mantel weht. Dietrich hetzt einen Hirsch, den auch die Hunde jagen. Das zeigt das zweite Relief. Doch alles ist nur ein zwielichtiges Spiel, eine Täuschung von Luzifer, der Dietrich in sein Reich locken will. Der Hirsch springt in die offene Hölle, an deren Eingang Satan persönlich wartet. Pferd und Hirsch, so erfahren wir aus der lateinischen Inschrift, sind vom Antichrist gesandt, um den König in die Unterwelt zu locken. Diese Verteufelung geschah nicht ohne Grund. Dietrich, identisch mit dem Ostgotenkönig Theoderich, hatte es gewagt, Papst Johannes I. in Haft zu nehmen. Überdies war Theoderich Arianer. Der Arianismus aber, eine Glaubensrichtung, nach der Christus nicht gottgleich ist, stand in schärfstem Gegensatz zur katholischen Kirche. Die Anhänger wurden verfolgt. So wurde Theoderich – bei den Goten der größte Herrscher – nach seinem Tod von der katholischen Kirche als erbärmlicher Widersacher gebrandmarkt. Man ließ ihn als Ketzer zur Hölle fahren.

Die Bestätigung dafür, so erzählt man sich in Verona, könne sich jeder selbst einholen. Man brauche nur den Stein von San Zeno zu reiben, auf dem Dietrich abgebildet ist. Dann werde ein Schwefelgeruch unverkennbar, der »Atem der Hölle«.

Als wir San Zeno besuchen, kommt ein Vater mit seinem Sohn, sechs oder sieben Jahre alt. Der Vater gibt Erläuterungen. Dann greift er sich den Kleinen und hält ihn an die Reliefs. Und der Junge vollzieht das eigenartige Ritual, das hier seit Jahrhunderten abläuft. Er reibt intensiv den Reiter und den springenden Hirsch. Und der Vater fragt, nachdem der Sohn seine Hand schnuppernd geprüft hat:

»Riecht es nicht echt nach Hölle, Pietro?«
Der Junge nickt ganz aufgeregt.

»Nicht einmal Knochen hat er!«

Theoderich ist oft in Verona gewesen. Residiert hat er in Ravenna. Bevor er von der Stadt Besitz ergreifen konnte, hatte es erbitterte Kämpfe mit seinem Gegner Odoaker gegeben, dem germanischen Heerführer aus dem Volk der Skiren. Doch schließlich fanden sich beide bereit, Verhandlungen aufzunehmen. Es kam zu einem Vertrag, in dem bestimmt war, daß beide gemeinsam regieren sollten. Am 5. März 493 ritt Theoderich in Ravenna ein. Wenige Tage danach wollten sich der Gotenkönig und der Skirenherrscher im »Palast ad Laureatum« treffen. Als Odoaker zum vereinbarten Termin erschien, kamen zwei Bittsteller auf ihn zu und ergriffen seine Hände. Odoaker wehrte die beiden ab. Da stürmten aus den Nebenräumen Bewaffnete und umstellten Odoaker.
Jetzt springt Theoderich auf Odoaker zu, zieht sein Schwert und holt zu einem furchtbaren Hieb aus. Dabei ruft er: »Das ist, was du den Meinen angetan hast!« Der Schwertstreich ist so gewaltig, daß Odoaker vom Schlüsselbein bis zur Hüfte gespalten wird. Als er am Boden liegt, ruft Theoderich: »Nicht einmal Knochen hat er!«
Weder die Goten noch die Römer haben Theoderich, der jetzt Alleinherrscher Italiens geworden war, die Tat nachgetragen. Sie wurde eher als etwas Erlaubtes hingenommen. Darum hat die Beseitigung Odoakers Theoderichs Ruhm noch erhöht.
Als Herrscher von Ravenna hat der Gotenkönig seine

Das Grabmal des Gotenkönigs Theoderich in Ravenna (Foto: Berndt)

Hauptresidenz zu einem prunkvollen Mittelpunkt damaliger Zeit ausbauen lassen. So ist die Erinnerung an ihn wachgeblieben. Corrado Ricci vermerkt: »Theoderichs Name ist der Bevölkerung so vertraut, als ob er ein noch lebender Fürst sei oder erst vor so kurzer Zeit gestorben wäre, daß sich die Leute durchaus an ihn erinnern.«

Die Spuren sind zahlreich

Berühmt ist Theoderichs Tafelrunde gewesen, an der sich illustre Gäste trafen. Hier wurden Helden- und Preislieder vorgetragen. Sie spiegelten Theoderichs »Langen Marsch« von Pannonien nach Italien wider, Kämpfe am Isonzo, bei Verona und an der Adda; sie verherrlichten die Einnahme von Ravenna. Es wurden die Schlacht am Fluß Nedao besungen und Lieder von König Ermanarich oder von Wittich vorgetragen. Von diesen Liedern ist keines im Urtext erhalten geblieben. Nur das »Hildebrandlied« ist zum Teil überliefert worden.
Vom Gotenkönig hat es zahlreiche Abbildungen geben. Sein bekanntestes Denkmal stand vor dem Palast in Ravenna. Von diesem hat Karl der Große geäußert, er habe nie ein bemerkenswerteres Standbild gesehen. Karl fühlte sich dem Schöpfer des Gotenreiches verwandt. Darum ließ er im Jahre 801 das Denkmal über die Alpen nach Aachen schaffen, was mit außerordentlichen Schwierigkeiten verbunden gewesen war. Es ist allerdings schon im 9. Jahrhundert zerstört worden.
Es hat andere Denkmäler von Theoderich-Dietrich gegeben. Ein merkwürdiges Steindenkmal steht in Nordeu-

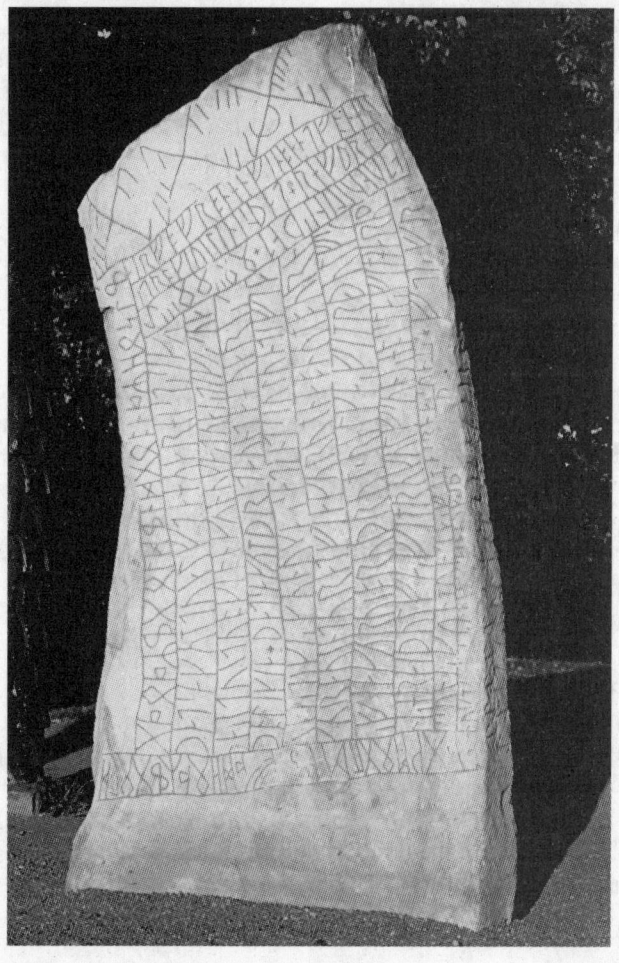

Der Rökstein von Ostergötland ist eine von Schwedens Denkwürdigkeiten. Der gewaltige Granitblock aus der Zeit von 850 n. Chr. ist mit rund siebenhundert Runen bedeckt. In dieser längsten noch erhaltenen Runenschrift ist Dietrich von Bern angesprochen. (Foto: Berndt)

ropa, in Ostergötland in Schweden: der Rökstein. Er trägt die längste erhaltene Runeninschrift. Der Stein stammt aus der Zeit um 850. Obwohl die Runen entziffert werden können, bleiben Rätsel. Die Diskussion hat sich hauptsächlich an folgenden Zeilen entzündet:

Es herrschte Tjodrik, der kühngemute,
Der Fürst der Seekrieger, über die Küsten des Hreidmeeres.
Jetzt sitzt er gerüstet auf seinem gotischen Roß,
Mit einem Schild gewappnet, der Held der Märinge.

Daß mit »Tjodrik« Dietrich-Theoderich gemeint ist, darüber ist sich die Forschung einig. Auch ist man weitgehend der Meinung, daß unter »Hreidmeer« die Adria zu verstehen ist (Hreidgoten = Ostgoten): Die Hauptfrage lautet: Beziehen sich die Zeilen auf das berühmte Denkmal, das zuerst in Ravenna und dann in Aachen gestanden hat, oder sind sie mythisch auszulegen?
Dietrich ist ja nach Meinung damaliger Zeit nicht gestorben, sondern nur in eine andere Welt entrückt. Er soll auch als »Wilder Jäger« erschienen sein. Das bezeugt unter anderem die Kölner Chronik des Mönches Gottfried, in der es heißt, im Jahre 1197 sei einigen Bauern an der Mosel eine riesige Gestalt auf schwarzem Roß erschienen, habe sich »Theodericus Bernensis« genannt und bevorstehendes Unheil vorausgesagt, was ja in keinem Fall falsch sein konnte.

Schon früh entstehen die Legenden

Wer nach Ravenna kommt, der besucht auch die ehemalige Palastkirche Theoderichs, »San Apollinare Nuovo«. Obwohl die Kirche im ersten Drittel des 6. Jahrhunderts erbaut worden ist und manches vom ursprünglichen Glanz verloren hat, übt sie immer noch einen beträchtlichen Reiz aus. An der Nordwand zieht eine Prozession von 26 Märtyrern vom Palast zu einer Gruppe von Engeln, in deren Mitte Christus thront. An der Südwand wird eine ähnliche Prozession von 22 Märtyrern und den drei Königen aus dem Morgenland gebildet, die den Hafen Classe verlassen hat und sich auf die Madonna zubewegt. Beide Wandmosaiken scheinen einheitlich geplant. Solche Sicht ändert sich beim näheren Zusehen.

Ursprünglich war alles eine Huldigung Theoderichs. Anstelle der heutigen Prozession zog damals der Hofstaat, angeführt vom König selbst, Christus entgegen, während sich unter den Arkaden des Palastes Würdenträger ihrem Herrscher zuwandten. Entsprechend muß die Südwand gestaltet gewesen sein.

Dann haben jedoch Bilderstürmer gründlich aufgeräumt. Alle Figuren aus der Zeit des Gotenherrschers wurden zerstört. An ihre Stelle traten geknotete Vorhänge. Doch verräterische Spuren blieben. Über den eingefügten Vorhängen sind schemenhaft die Umrisse der Köpfe von Theoderichs Gefolge zu erkennen. An den Palastsäulen blieben sogar ein Arm und dreimal eine Hand von Hofbeamten erhalten. Die Umgestaltung geht auf Justinian I. zurück, Kaiser von Byzanz, bzw. auf Erzbischof Agnellus. Beide haßten den Arianer Theoderich. So wurde dieser aus seiner eigenen Kirche verbannt.

Der Gotenkönig fand keine Ruhe. Auch sein Grabmal wurde aufgebrochen, die Gebeine verschwanden. Noch steht allerdings im oberen Raum von Theoderichs Mausoleum in Ravenna die Porphyrwanne, die den Leichnam aufgenommen hatte.

Das Mausoleum, jährlich von Hunderttausenden von Reisenden aufgesucht, fällt aus dem Rahmen ravennatischer Architektur der früheren Zeit. Das Grabmal ist aus großen Blöcken von istrischem Kalkstein errichtet. Der nach oben abschließende Monolith hat wegen seiner Größe immer wieder Bewunderung erregt. Der große Riß, der den Stein spaltet, ist vielleicht schon bei der Abdeckung des Grabes entstanden. Einer anderen Erklärung liegt der Bannfluch der Kirche zugrunde. Theoderich, so heißt es, dem der Tod durch Blitzschlag geweissagt worden war, habe sich bei einem Gewitter in das schon fast fertiggestellte Mausoleum geflüchtet. Da sei ein Blitz in die Kuppel niedergezuckt und habe den Stein unter mächtigem Donner gespalten. Auch Theoderich sei getroffen worden und zu Asche verbrannt.

Schon zu Lebzeiten Theoderichs hatte die Legendenbildung eingesetzt. Sie entfaltete sich erst recht nach seinem Tod. Doch die Sagen und Legenden zeigen gegensätzlichen Charakter. Die Heldensagen verherrlichen Theoderich in der Gestalt Dietrichs von Bern. Die Legenden der Kirche malen den Gotenherrscher in den schwärzesten Farben.

So berichtet der byzantinische Geschichtsschreiber Prokop (500–562) über Theoderich: »Bei der Mahlzeit setzte man dem König einen großen Fischkopf mit aufgesperrtem Rachen vor. Da befallen den König schwere Krämpfe. Er hat den Fisch mit Zähnen knirschen und die Augen rollen sehen. Theoderich verläßt die Tafel und geht in sein Schlafzimmer. Man deckt ihn mit Tüchern und Decken zu, ohne ihn wärmen zu können. Sein Arzt Epidus eilt herbei. Seinen Vertrauten gegenüber schildert der König den furchtbaren Anblick des Fisches und die ihn verfolgenden Gespenster Boethius und Symachus...« Beide hatte Theoderich hinrichten lassen, da er glaubte, sie hätten ihn verraten.

Das kirchliche Urteil hat auch in der nordischen »Thidreksaga« seinen Niederschlag gefunden, wobei die Verbindung zu den Reliefs von San Zeno unverkennbar ist. In der Sage heißt es: »Einstmal nahm Thidrek ein Bad an der Stelle, die jetzt Thidreks Bad heißt. Da rief einer seiner Knappen: ›Herr, hier läuft ein Hirsch. Noch nie sah ich ein so schönes und stattliches Tier‹. Sobald König Thidrek das hörte, sprang er auf, nahm seinen Mantel, schlug ihn um sich und rief, da er das Tier sah: ›Nehmt mein Roß und meine Hunde!‹ Nun holten die Knappen seinen Hengst. Den König deuchte aber das Warten zu lange. Da sah er ein mächtiges, großes Roß gesattelt stehen, das rabenschwarz war, und er schwang sich auf den Rücken des Tieres. In diesem Augenblick ließen die Knappen die Hunde los. König Thidrek aber merkte, daß dies kein Roß sein konnte, und wollte abspringen, vermochte aber kein Bein zu heben, so fest saß er. Da fragte ihn einer der Knappen: ›Herr, wann wirst du wiederkommen? Warum reitest du so schnell?‹ König Thidrek antwortete: ›Ich reite ins Verderben. Dies muß der Teufel sein, auf dem ich sitze. Wiederkehren werde ich, wenn Gott und Sankta Maria es wollen.‹«

Mosaik in Theoderichs Palastkirche in Ravenna. Bilderstürmer haben das Mosaik entscheidend verändert. An die Stelle von Theoderich und seinem Gefolge traten Zeremonialvorhänge. Aber es blieben Spuren: Über den Vorhängen Umrisse der Köpfe und an den Säulen ein Arm und drei Hände.

Der alte Glanz ist nur zu erahnen

In den Dietrich-Sagen sind ober- und niederdeutsche Erzählstoffe zusammengefaßt. In den frühesten Formen gehen sie auf die Helden- und Preislieder des 5. und 6. Jahrhunderts zurück. In ihrer ursprünglichen Gestalt sind sie verlorengegangen. Erst die Lieder des 13. Jahrhunderts sind erhalten geblieben. Aber sie befriedigen nicht. Es sind Nacherzählungen, »die zwar den alten Glanz ahnen lassen, aber nur geborgte Strahlen zurückwerfen«.

Wenngleich es den damaligen Dichtern nicht gelungen ist, den Epen gültigen Ausdruck zu verleihen, dem Wunsch ihrer Zeit sind sie nachgekommen. Dietrich fehlte in kaum einem der Berichte, die sie niederschrieben. In Dietrichs Person war die Idealvorstellung einiger Jahrhunderte eingefangen.
Die Figur des Berner wurde in jeder Erzählung so beherrschend dargestellt, daß auch andere Personen mit seinem Geschick verbunden wurden.
Das galt zum Beispiel für Siegfried.
Siegfrieds Verlobte, Kriemhild, hatte erlebt, daß Siegfried alle Helden bezwang. Nun wollte sie öffentlich festgestellt wissen, daß auch Dietrich ihrem Verlobten nicht gewachsen war. Darum forderte sie den Berner auf, nach Worms zu kommen. Dietrich leistete dem Wunsch Folge. Nun begannen im Wormser Rosengarten Zweikämpfe zwischen den Männern vom Rhein und jenen südlich der Alpen.
Die Kämpfe verliefen jedoch anders, als die Wormser gehofft hatten. Die rheinischen Ritter erlitten eine Niederlage nach der andern. Schließlich standen sich nur noch Dietrich und Siegfried gegenüber. Zunächst schien es Dietrich fast unmöglich, Siegfried zu bezwingen, da dessen Körper nach seinem Drachenkampf mit Hornhaut überzogen war. Doch dann geriet Dietrich in Zorn. Feuer schoß aus seinem Mund und ließ Siegfrieds Hornhaut schmelzen. Da geriet Siegfried in Not. Er flüchtete und sank zu Füßen von Kriemhild nieder, die ihren Schleier über ihn warf.
Die demütigende Niederlage wird erst verständlich, wenn sie auf dem Hintergrund rivalisierender politischer Kräfte jener Zeit gesehen wird. Siegfried ist der Held vom Rhein, Dietrich der Mann der bayrisch-österreichischen Sagen. Und die Männer im Südosten wünschten, daß ihr Held ge-

genüber allen anderen überlegen geschildert werden sollte. Bayern mußte über das Rheinland siegen.

Die Dietrichsage war bis Ende des 16. Jahrhunderts beliebter Erzählstoff. Berichte über Dietrich wurden manchmal in Reden eingeblendet, um die Zuhörer zu fesseln. So bezog sich Martin Luther in seinen Predigten verschiedentlich auf Dietrich von Bern, sonst »schlefft das volck und hustet«.

Die Dietrichsage hatte einen Siegeszug angetreten, ausgehend vom süddeutschen Raum. Von hier war sie nach West- und Niederdeutschland gelangt, nach Holland, Schweden, Dänemark, Norwegen, England, nach Norditalien und anderen Ländern. In der Thidreksaga wurde Dietrich von Bern schließlich zur Schlüsselfigur aller anderen Berichte.

Die »Hohle Gasse« von Küßnacht

Wilhelm Tell

Ob Wilhelm Tell wirklich gelebt hat,
weiß man nicht; aber daß er den Landvogt
Geßler umgebracht hat, steht fest.

Hans Weigel

Die älteste Darstellung der Tellschen Apfelschußszene stammt aus dem Jahre 1507

Wilhelm Tell

Die herrliche Umgebung des Vierwaldstätter Sees steckt voller Erinnerungen an Wilhelm Tell und die Befreiung des Landes von der österreichischen Herrschaft unter dem Landvogt Geßler. Nach ihm ist die Ruine benannt, die oberhalb Küßnacht liegt.

Verläßt man den Ort nach Osten und fährt die »Rigistraße« hinauf, die in die »Seebodenstraße« einmündet, ragen bald unter dichtem Laubwerk alte Mauern vom Vorwerk, dem Palas und dem Turm der angeblichen Geßler-Veste auf. Die Burg, die den Edlen von Küßnacht gehörte, wird 1623 erstmals urkundlich erwähnt. Sie hat einige Jahrhunderte bestanden und ist um 1500 verfallen.

HJier soll um 1300 der Sage nach Geßler residiert haben. Dieser eigenwillige Landvogt ließ, wie berichtet wurde,

Die Gegend des Vierwaldstätter Sees – Schauplatz der Wilhelm-Tell-Sage

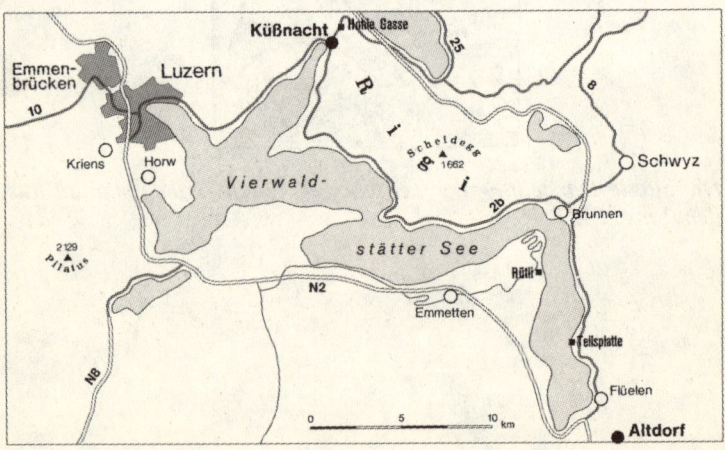

unter der Linde von Altdorf als Herrschaftssymbol einen Hut aufstellen, den jeder grüßen mußte.
Im »Weißen Buch von Sarnen« aus dem Jahre 1471 heißt es: »Das fügt sich uf einmal, daß der Landvogt, der Gessler, gan Ure fuhr, und nahm für und stackt ein Stecken unter die Linden ze Ure und leit ein Hût auf den Stecken und hat daby ein Knecht und tät ein Gebot: wer da fürgienge, der sölte dem Hût n(e)igen, als wäre der herr da; und wer das nit täti, den wolt er strafen und swer büssen.« Doch Wilhelm Tell, Jäger und Meisterschütze aus Bürglen, war solch Hochmut zuwider. Als er im Jahre 1307, wie behauptet wird, nach Altdorf kam, die Armbrust geschultert und seinen Sohn Walter an der Hand, kümmerte er sich nicht um den Hut.
Im Schauspiel von Friedrich Schiller läuft die Szene wie folgt ab ...

> *Walter: Ei, Vater, sieh den Hut dort auf der Stange.*
> *Tell: Was kümmert uns der Hut? Komm, laß uns gehen.*
> *Der Wachhabende Frießhart: In des Kaisers Namen!*
>   *Haltet an und steht!*
> *Tell: Was wollt Ihr? Warum haltet Ihr mich auf?*
> *Frießhart: Ihr hab's Mandat verletzt. Ihr müßt uns folgen*

Es tritt der Landvogt Geßler auf und fragt, was vor sich gehe. Der Wachhabende Frießhart berichtet. Darauf befiehlt Geßler, daß Tell als Sühne für die Mißachtung hoheitlicher Gewalt seinem Sohn Walter einen Apfel vom Kopf schießen muß.
Im Tellenlied (um 1470) heißt es:

> *Der Landvogt sprach zu Wilhelm Tell:*
> *»Nun lûg (sieh zu), dass dir din Kunst nit fehl,*

Und vernimm min Red gar eben.
Triffst du nit am ersten Schutz,
Fürwahr, es bringt dir kleinen Nutz
Und kostet dir din Leben.«

Tell schießt und trifft. Da fragt Geßler, was Tell mit dem zweiten Pfeil beabsichtigte, den er in den Göller gesteckt habe. Tell antwortet im Schillerschen Schauspiel:

Mit diesem zweiten Pfeil durchschoß ich – Euch,
Wenn ich mein liebes Kind getroffen hätte,
Und Eurer – währlich hätt' ich nicht gefehlt.

Zur Erinnerung daran wurde im Jahre 1895 auf dem Altdorfer Markt ein Denkmal von R. Kissling für Tell errichtet – mit der geschulterten Armbrust und seinem Sohn Walter. Im »Tell-Theater«, nur wenige Schritte vom Altdorfer Markt entfernt, hängen im Foyer Zeichnungen in starker Vergrößerung, die die dramatischen Szenen wiedergeben.

Tells Geschoß

Museen, Geschäfte, Restaurants, Cafés, Hotels, Tankstellen und Drogerien in der Schweiz tragen Tells Namen, und wo die Sage Örtlichkeiten nennt, werden diese zum Ereignis. Da ist die große Felsplatte an der Axenstraße, wo Tell vom Schiff, auf dem er nach dem Apfelschuß gefangen war, an Land sprang und entkam. Da ist die »Hohle Gasse« zwischen Küßnacht und Immensee. Dieser Weg verband früher den Vierwaldstätter mit dem Zuger See.

Das Tell-Denkmal am Vierwaldstätter See (Foto: Berndt)

Die Straße führte über eine Anhöhe, da die Niederung wegen Versumpfung nicht gehbar war. Als nach dem Jahre 1200 der Gotthardpaß eröffnet wurde, gewann diese Verbindung große Bedeutung. Karren, Reiter und Wanderer nahmen zunehmend den Weg, der sich durch die starke Benutzung und die Erosion tief in den Hügel einschnitt. Es entstand die »Hohle Gasse«.

Hier spielt die 3. Szene des 4. Aufzugs von Schillers Schauspiel in der Tell sagt:

> *Durch diese hohle Gasse muß er kommen,*
> *Es führt kein anderer Weg nach Küßnacht – Hier*
> *Vollend ich's – Die Gelegenheit ist günstig.*
> *Dort der Hollunderstrauch verbirgt mich ihm,*
> *Von dort herab kann ihn mein Pfeil erlangen,*
> *Des Weges Ende wehret den Verfolgern.*
> *Mach' deine Rechnung mit dem Himmel, Vogt,*
> *Fort mußt du, deine Uhr ist abgelaufen.*

Geßler tritt auf und sagt:

> *Ich will ihn brechen, diesen starren Sinn,*
> *Den kecken Geist der Freiheit will ich beugen.*
> *Ein neu Gesetz will ich in diesen Landen*
> *Verkünden – Ich will –*

Da trifft ihn der Pfeil. Geßler kann nur noch sterbend sagen:

> *Das ist Tells Geschoß.*

»Vive Guillaume Tell«

Mit dem Aufkommen des modernen Verkehrs entstand die Gefahr, daß der alte Weg verschwinden mußte. Doch da meldeten sich verschiedene Persönlichkeiten, die den Erhalt der Hohlen Gasse forderten und sich für den Bau einer Umgehungsstraße einsetzten. Die Schweizer Schuljugend wurde aufgerufen und sammelte einen Betrag von über 100 000 Franken.
Der Bau begann 1935. Auch die Hohle Gasse wurde verändert und dem ursprünglichen Zustand angeglichen. Man »legte oben den Weg etwas tiefer, schleppte Felsblöcke herbei, verengerte ihn auf knapp anderthalb Meter und flästerte den Boden mit großen Steinen.«
1937 waren die Arbeiten beendet, und am 17. Oktober gab es ein Einweihungsfest. Auf einem Granitfindling, der noch vorhanden ist, schrieb man: »Der vaterländische Opfersinn der schweizerischen Schuljugend hat 1935–1937 den Bau der Umfahrungsstraße ermöglicht und die Hohle Gasse für alle Zeiten sichergestellt.«
Bundesrat Philipp Etter sagte damals: »Es soll mir keiner kommen und sagen, die Geschichte vom Tell sei nur eine schöne Sage! Der Tell hat gelebt, und ohne Tellengeist wäre der Schweizerbund nie gegründet worden, und ohne Tellengeist gäbe es heute keine freie Schweiz!«
Die Rede gab wieder, was jahrhundertelang in der Schweiz gedacht worden war, später auch in anderen Ländern, in Deutschland, in der angelsächsischen Welt oder in Frankreich. Besonders in Frankreich hatte die Tell-Erzählung starke Beachtung gefunden. Zur Zeit der Französischen Revolution glaubte man, in der Geschichte vom Tell den Geist der Revolution wiederzufinden.

Tell erschießt Geßler. Zeichnung im Tell-Theater in Altdorf nach einer alten Vorlage (Foto: Berndt)

Ein Tell-Drama von Lemierres wurde 1790 mit Begeisterung aufgenommen, 1793 gar vom Nationalkonvent zum Pflichtstück erklärt. Die Jakobiner der »Place Louis XIV« nannten sich »Section de Guillaume Tell«. Bei der Einweihung einer Büste des Freiheitshelden hieß es, Tell habe sich unter gleichen Umständen eingesetzt wie die Kämpfer der Französischen Revolution – »gegen Bestien, ja Monstren« des Hauses Habsburg.

In Lyon erhielten dreißig angeklagte Schweizer die Freiheit wieder – mit der öffentlich verlesenen Begründung, »daß Tells Abkömmlinge der Erde ein leuchtendes Beispiel durch Abschüttelung des Tyrannenjoches gegeben hätten«. Und als die napoleonischen Truppen 1798 in die Schweiz eindrangen und dem Land die Freiheit nahmen, geschah es mit dem – in diesem Fall widersinnigen – Schlachtruf »Vive Guillaume Tell!«

Vor Tell gab es schon andere Meisterschützen

Aus der Zeit, in der Tell gelebt haben soll, gibt es keine Urkunden. Aufzeichnungen erfolgten viel später, fast zwei Jahrhunderte nach den angeblichen Ereignissen. Es sind das »Tellenlied« und das »Weiße Buch von Sarnen«, beide etwa um 1470 entstanden, das »Urner Tell-Spiel« aus dem 16. Jahrhundert und vor allem die »Schweizer Chronik« des Aegidius Tschudi von 1734. Dieser machte aus den Vorlagen eine spannende Geschichte. »Und so verflüchtigt sich«, schrieb 1924 in der »Geschichte der Schweizerischen Eidgenossenschaft« Johannes Dierauer, »das ganze von Tschudi entworfene Gemälde über die Befreiung der

Waldstätte vor der sichtenden Kritik zu einem historischen Roman, der wohl durch kunstvolle Anlage, durch poetischen Reiz und durch patriotische Wärme die Menge ergötzen, ja ergreifen mag, aber nimmermehr dem ernsthaft die Wahrheit Suchenden genügen kann.« Dierauer sagt außerdem, man habe sich auch nicht vor Fälschungen gescheut, um der Geschichte Wilhelm Tells den Anschein urkundlicher Beglaubigung zu geben.

Die Korrektur des Tell-Bildes hatte schon lange vorher begonnen. Der entscheidende Durchbruch erfolgte 1845 von Joseph Eutych Kopp. Der Altphilologe war zunächst begeisterter Anhänger der Tell-Geschichte gewesen. Dazu war er durch das Buch »Geschichten Schweizerischer Eidgenossenschaft« gekommen, das Johannes Müller 1786 herausgebracht hatte. Kopp wollte daraufhin für die Jahrhundertfeier des Luzerner Bundes eine Gedenkschrift verfassen. Doch je mehr er sich in die Urkunden einlas, desto skeptischer wurde er. Schließlich sah er ein, daß Müllers Buch unhaltbar war. Er schrieb: »... niemand kann betroffener sein, als ich es wurde, da die gleichzeitigen Quellen, welche allmählich ans Tageslicht traten, das Bild jener Zeit mit anderen Zügen erscheinen ließen.« Kopps Veröffentlichungen räumten mit allen Verklärungen der Vergangenheit auf. Er ließ nur historische Urkunden gelten und leitete damit eine völlige Neubewertung ein.

»Historisch gesehen«, beurteilt Sigmund Widmer 1971 die Wandlung der Tell-Geschichte in eine Tell-Legende, »müssen wir uns damit abfinden, daß sich die eidgenössischen Chronisten des 15. Jahrhunderts einer verbreiteten Sage bedienten, um ihren Stolz auf die freiheitliche Vergangenheit des Schweizervolkes in möglichst anschaulicher Art und Weise darzustellen.«

Das von den Historikern veränderte Tell-Bild war im Jahr

1984 Anlaß für die »welschen« Kantone, die Schulbücher umzuschreiben. In dem in französischer Sprache herausgegebenen Geschichtsbuch der Westschweiz steht nun, Wilhelm Tell habe vermutlich nie gelebt. Wörtlich heißt es: »Zugegebenermaßen läßt sich über den Armbrustschützen oder sein Opfer, den Tyrannen-Geßler, keine Spur finden in den Dokumenten und Chroniken der Ereignisse in den beiden Jahrhunderten, die auf die Zeit Wilhelm Tells und seine vermeintlichen Abenteuer folgten.«
Als Friedrich Schiller 1804 seinen Tell beendet hatte, gab es noch keine kritischen Darstellungen. Schiller stützte sich auf Müller und Tschudi. So ist sein Schauspiel historisch unzutreffend. Das besagt nichts über die dichterische Qualität des Stückes. Schillers Schauspiel und die Publikationen, die seinem Drama zugrunde liegen, beeinflussen aber noch heute in der deutschen Schweiz und anderswo die Frage, ob Tell historisch ist oder nicht. Man trennt sich widerstrebend von einer Persönlichkeit, die in solch unbedingter Form die Prinzipien der Freiheit verfochten hat. Man wünscht seinen Helden nicht nur symbolisch, er soll greifbar sein – wie das Denkmal in Altdorf. Man verzichtet ungern auf anrührende Episoden, die mit Tell verbunden sind, auf das dramatische Ereignis in der Hohlen Gasse oder auf den Apfelschuß.
Dabei geht die Erzählung vom Apfelschuß gar nicht auf eine schweizerische Sage zurück, sie greift nicht ein historisches Ereignis auf. Es handelt sich, wie so oft, um eine Wandersage. In die Schweiz gelangte sie im 14. Jahrhundert. Wo sie zuerst entstand, ist ungewiß. Die Sage wurde in Norwegen erzählt, in Estland, Finnland, Island, Dänemark, in England und am Rhein. Ausführlich schildert die norwegische »Thidreksaga« den Apfelschuß. Hier geht es um Egil, den Bruder Wielands. In der Saga heißt es, Egil sei

an den Hof von König Nidung gekommen. Er habe mit dem Bogen besser geschossen als jeder andere. »Nidung wollte erproben, ob Egil so gut schösse, wie man sagte, oder ob es übertrieben sei. Er ließ den drei Jahre alten Sohn Egils nehmen und ihm einen Apfel auf den Kopf legen und forderte Egil auf, so zu schießen, daß er nicht zu hoch, nicht zu weit nach links und nicht zu weit nach rechts ziele, sondern gerade den Apfel träfe ... Nur einen Pfeil durfte er verschießen, nicht mehr. Egil nahm drei Pfeile, strich an dem einen die Fiederung, legte ihn auf die Bogensehne und schoß den Apfel mitten durch ... König Nidung fragte hinterher, warum er drei Pfeile genommen habe, da er doch nur einen Schuß tun durfte. ›Herr‹, antwortete Egil, ›ich will dir nichts vorlügen. Hätte ich den Knaben mit dem einen Pfeil getroffen, hätte ich dir die beiden anderen zugedacht.‹ Der König nahm ihm das nicht übel, aber alle anderen fanden die Antwort recht dreist.«

Der Rütli

Von der Ostseite des Urner Sees erkennt man auf dem Genenufer eine Wiesenterrasse, das Rütli. Man erreicht es von Seelisberg in einem einstündigen Marsch durch die Waldungen. Es gibt auch eine Schiffsverbindung von Brunnen oder Flüelen zur Anlegestelle Rütli. Von hier führt ein Weg zur Wiesenterrasse, die sich rund 80 Meter über dem See ausbreitet. An manchen Tagen ziehen Prozessionen von Besuchern die Serpentinen hinauf.
Über drei Steinbänke reckt sich eine Baumgruppe von Kiefern, Tannen und Laubbäumen. Davor weht die Schweizer

Flagge. Dahinter steigen Felswände mehrere hundert Meter steil auf. Hier soll 1291 nach der Überlieferung der »Rütli-Schwur« erfolgt sein. Im Schiller-Drama spricht Pfarrer Rösselmann die Worte:

> *Wir wollen sein ein einzig Volk von Brüdern,*
> *In keiner Not uns trennen und Gefahr.*
> *Wir wollen frei sein, wie die Väter waren,*
> *Eher den Tod, als in der Knechtschaft leben.*
> *Wir wollen trauen auf den höchsten Gott*
> *Und uns nicht fürchten vor der Macht der Menschen.*

»Der Rütli-Schwur.« Dieses Fresko befindet sich in der Tell-Kapelle (Historia-Photo)

Ist dieser Rütli-Schwur auch nur eine Sage?
Dazu Sigmund Widmer in der »Illustrierten Geschichte der Schweiz« (1971): »Die Überlieferung von einem ersten Bund auf dem Rütli und dem Angriff auf habsburgische Festungen kann als gut begründet gelten. Ungewiß ist hingegen der Zeitpunkt ... Vieles spricht für das Jahr 1291.«
Max Frisch meint in seinem Buch »Wilhelm Tell für die Schule« (1971): »Ob die Verschwörer sich an diesem Tag (1. 8. 1291) tatsächlich auf dem Rütli trafen, wie allgemein angenommen, oder in Brunnen unter dem weißen Glaste der Augustusonne, wie Eduard Renner behauptet, ist ungewiß, ändert aber nichts am Geist der Verschwörung.«
Eindeutig geklärt ist der historische Hintergrund nicht. Grundsätzlich gibt der Rütli-Schwur aber die Situation damaliger Zeit wieder, die Erbitterung gegenüber den Landvögten und den Willen zum Brechen der österreichischen Herrschaft.
Jedenfalls gilt das Rütli als Gründungsstätte der Schweizer Eidgenossenschaft. Um diesen Schauplatz zu erhalten, wurde die Bergwiese 1860 aufgekauft und wird seitdem von einer gemeinnützigen Gesellschaft für die Schweizer Jugend verwaltet. Jedes Jahr findet hier das »Rütli-Schießen« statt.
Historische Bedeutung gewann der »Rütli-Rapport«. Damit wird eine Ansprache des Schweizer Generals Henri Guisan bezeichnet, der am 25. Juli 1940 die Weisung zum unbedingten Widerstand im Falle eines Angriffs erteilte, verbunden mit dem Befehl, im Kriegsfall die Abwehrkräfte in die Alpenfestung zurückzuziehen (Reduit-Plan).
So hat die Vergangenheit, ob sagenhaft oder geschichtlich, bis in dieses Jahrhundert tiefe Spuren gezeichnet.

Bismarck sah es anders

Die Schweiz hat sich einige Jahrhunderte intensiv mit Wilhelm Tell beschäftigt. Das übrige Europa ließ es ebenfalls an Interesse nicht fehlen, wobei die Reaktionen begeistert zustimmend oder kritisch waren.
Bismarck hat sich 1870 negativ über Tell ausgelassen, und zwar einmal, weil er auf seinen Sohn geschossen, dann weil er Geßler auf meuchlerische Art getötet habe.
Eigenartig und doch typisch war die wechselnde Bewertung im Dritten Reich. Zunächst wurde das Schauspiel Schillers hoch gelobt. Dann geriet das Stück in Widerspruch zum aktuellen Geschehen. Je länger der Weltkrieg dauerte, um so mehr kollidierte das Drama mit den Ereignissen. Sätze wie

> *Nein, eine Grenze hat Tyrannenmacht,*
> *Wenn der Gedrückte nirgend Recht kann finden,*
> *Zum letzten Mittel, wenn kein anderes mehr*
> *Verfangen will, ist ihm das Schwert gegeben.*

oder

> *Wann wird der Retter kommen diesem Lande?*

oder

> *Weh mir, daß meine letzten Blicke*
> *den Untergang des Vaterlands gesehen!*

konnten direkt auf den Widerstand im In- und Ausland bezogen werden. Darum ließ Hitler seinen Wissenschaftsminister während des Krieges anweisen, Tell in den Schulen nicht mehr als Lehrstoff zu behandeln.

Eine Sage wie jene von Tell vermag – wie die Beispiele Drittes Reich und Französische Revolution bezeugen – die Politik zu beeinflussen.

Sagen, die ja im Kern häufig auf ein wirkliches Ereignis zurückgehen, aber doch im wesentlichen in der Welt der Phantasie beheimatet sind, können – und das ist ein ganz erstaunliches Phänomen – sogar zu geistigem Sprengstoff werden.

Nachwort

Dr. Helmut Berndt

Die Welt steckt voller Sagen und Legenden. Sie überwuchern die Vergangenheit, so daß der Kulturhistoriker Egon Fridell nicht zu Unrecht sagen konnte: »Alle Geschichte ist Sage.«
Da bleibt wenig von der Erkenntnis, das Denken habe sich vom Mythos früher Zeiten zum Logos rationaler Erkenntnis entwickelt. Wenn das überhaupt zutreffen sollte, dann nur für gewisse Epochen und nur für eine hauchdünne Minderheit. Die Mehrheit bleibt – einem inneren Bedürfnis folgend – der phantastischen Aussage verbunden. Die Grenzen zwischen Wirklichkeit und Wunder sind fließend.

Empfänglich für die Flucht ins Land »Phantasien«, in eine andere Welt, sind alle Völker. »Es gibt menschliche Gesellschaften«, meint Pierre Grimal, Professor für Literatur und Kultur in Paris, »für die der Mythos die Realität selber ist ... Sehr viele Menschen lösen dank der Macht des Mythos die tausenderlei Probleme des Alltags und gelangen dabei zu einem seelischen Gleichgewicht und sogar zur Weisheit.«

In einigen Ländern liegen dafür besondere Voraussetzungen vor, zum Beispiel im Orient, wo nicht nur 1001 Nacht Märchen erzählt werden, sondern jede Nacht. Auch der angeblich so fortschrittliche Westen, die modernsten und »hochentwickeltsten« Völker, folgen unentwegt dem Beispiel.

Der Mythos beherrscht die Welt.

Besonders aufgeschlossen für Sagen, Legenden und phantastische Erzählungen sind die Briten. Für über zwei Drittel ist der »sechste Sinn« eine Realität. Das geht aus einer Meinungsumfrage hervor, die eine englische Wochenzeitschrift vor einiger Zeit veranstaltet hat. Danach glauben 73 Prozent der Befragten an Gedankenübertragung, 70 Prozent an Erscheinungen übersinnlicher Wahrnehmung und 63 Prozent an Vorahnungen. Jede fünfte der befragten Frauen wollte einem Gespenst begegnet sein. Männer sind da skeptischer. Nur jeder zehnte hat eine geisterhafte Begegnung gehabt.

Iren, Schotten, Skandinavier, Italiener stehen den Briten wenig nach. Und in den Vereinigten Staten ist nach der Amerikanerin Linda Degh das Sagenklima ganz besonders vorbereitet: »Es ist eine der stärksten Eigentümlichkeiten der gesamten amerikanischen Volkskultur der Gegenwart.« Linda Degh hat viele ihrer Landsleute über deren Einstellung zu Wundern befragt. Alle haben es weit

von sich gewiesen, an »solche Dummheiten« zu glauben. Nach längerem Gespräch gelang es jedoch immer, einer Sage auf die Spur zu kommen. Sie war aber stets mit einer Erklärung verbunden, wonach diese Begebenheit ausnahmsweise wirklich geschehen sei: »Mein Vater hat sie erzählt, und er hat nie gelogen!«
Das amerikanische Magazin »Time« spricht von einer Renaissance der Schwarzen Magie, von wachsendem Mystizismus und einer Zunahme der parapsychologischen Gesellschaften. Wörtlich schreibt »Time«: »Trotz all seinem Glauben an wissenschaftliche Vernunft ist der Mensch westlicher Zivilisation durch die fast unlösbaren sozialen und wirtschaftlichen Probleme so verwirrt, daß er zunehmend an irrationale Lösungen glaubt.«
Aber hat nicht ein Land den Zauber gebrochen? Hat nicht die Sowjetunion Schluß gemacht mit allem Aberglauben und Übersinnlichen, mit Chiromantie, Hellseherei und Magie, Abwehrzauber, Okkultismus und Totemismus? Rußland hat doch auch die Religion weitgehend aus dem öffentlichen Leben verbannt. Die Museen für Atheismus – wie etwa jenes im Lawra-Kloster in Kiew – ziehen unentwegt beträchtliche Menschenmassen an.
Unterschwellig ist aber bei dem sensitiven Volk der Russen und den übrigen Völkerschaften der UdSSR vieles unausrottbar haften geblieben. Trotz aller amtlicher Bemühungen und Verordnungen spielt das Irrationale eine bedeutende Rolle. Die »Große Sowjetische Enzyklopädie« von 1974 spricht davon, daß gewisse parapsychologische Vorgänge tatsächlich stattfinden, und selbst hohe Funktionäre können sich nicht freimachen vom Übersinnlichen. So wie Anfang des 20. Jahrhunderts der Zarenhof dem vagabundierenden Pilger und Schamanen Rasputin mit seinen hypnotischen Fähigkeiten erlegen war, so wie wunderbare

Begebenheiten in den russischen Romanen der Vergangenheit eine beherrschende Rolle spielen, so gibt es heute noch Magie, Zweites Gesicht und Weissagungen bei den Völkern der Sowjetunion.

Selbst Marschall Schukow, der den deutschen Vormarsch vor Moskau im Zweiten Weltkrieg zum Stehen gebracht hatte und später Verteidigungsminister war, dieser hochrangige kommunistische Funktionär und »rationale« Stratege, war der »vierten Dimension« zugetan. Vor jeder Schlacht griff er nach etwas Erde und befand nach dem Geruch, ob der bevorstehende Kampf gelingen werde oder nicht.

Und die schlanke, schwarzhaarige Kaukasierin Dschuna hat mit ihrem maskenhaften Gesicht, ihren langgliedrigen Fingern und ihren hypnotisierenden Augen ein »Wunder« nach dem anderen vollbracht. Dschuna hatte auch den schwerkranken Partei- und Staatschef Breschnew mit ihrer magischen Ausstrahlung und ihren »mesmerischen« Kräften vorübergehend gesunden lassen. An ihre »Bioenergie« glauben jedenfalls viele linientreue Funktionäre. Die »Komsomolskaja Prawda« schreibt sogar: »Wenn wir ein Foto von Dschuna betrachten, sehen wir, wie ihre Hände Licht ausstrahlen und es über ihrem Kopf ein Leuchten gibt.«

So ist im Reich des »Wissenschaftlichen Sozialismus« der Heiligenschein neu erstanden. Mediale Kräfte vergangener Epochen haben den Rationalismus neuer Zeit besiegt. Der Aberglaube ist eben – nach Goethe – die Poesie des Lebens.

Eine Fundgrube ausgreifender Phantasie ist Mitteleuropa, ist Deutschland. Auch hier wartet man darauf, daß irgend etwas Sagenhaftes geschieht. Wird es zum Ereignis, gehen

geheimste Wünsche in Erfüllung, kommt Bewegung in die Massen.
So geschah es 1983, als im pfälzischen Ranschbach eine Quelle zur Wunderquelle wurde. Die Menschen strömten herbei, jeden Tag mehr. Auch das Ausland wurde hellhörig. Man zählte schließlich bis zu 15 000 Pilger täglich. Erst als das bischöfliche Ordinariat zu größter Zurückhaltung aufrief, ließ der Pilgerstrom nach. Doch heute kommen noch an die 50 Menschen täglich und kaufen das heilende Wasser für eine Mark den Liter.
Der Wunderglaube ist unausrottbar, er braucht nur geweckt zu werden. Das Irrationale ist eine ungeheure Kraft geblieben. »Ohne diese Mythenbildung vermögen die Menschen nicht zu leben«, sagt der Schriftsteller Günter Kunert. Darum faszinieren auch immer noch Sagen und Märchen aus längst vergangenen Zeiten.
Grimms Märchen, in fast alle Sprachen übersetzt, haben die ganze Welt erobert. Sagen und Legenden wurden und werden immer neu erzählt. Sind sie im Stil unserer Zeit geschrieben, verfehlen sie nicht ihre Wirkung. Sie sind packend, wenn der örtliche Hintergrund noch gegeben ist, wenn der Handlungsraum tatsächlich existiert, man ihn aufsuchen kann, wenn die Spuren der Vergangenheit sich noch heute eindringlich abzeichnen.
Manchmal werden die legendären Figuren der Vergangenheit sogar lebendig. Das hat zwar mit Tourismus zu tun, aber nicht nur. Auch Lust am Schauspiel ist dabei und Hingabe für das magische Geschehen einer verrätselten Welt.

Sagen spielen zwischen Wirklichkeit und Phantasie. Dabei kann es geschehen, daß das, was lange als Realität gegolten hat, nach dem Studium der Urkunden nicht mehr als

Tatsache hingenommen werden kann. Geschichte wird zur Sage.
Auch Umgekehrtes ist möglich. Sagen werden Realität. Wunder werden erklärbar.
Das ergab sich bei der Suche nach der untergegangenen Stadt Vineta in der Ostsee. Viele wollten Vineta unter oder über den Wellen gesehen haben. Es waren Täuschungen. Doch als deutsche und später polnische Archäologen Ausgrabungen an der Pommerschen Bucht vornahmen, stießen sie bei der Stadt Wollin am Stettiner Haff auf das legendäre Vineta.
Auch die Sage von der Kaiserin Kunigunde, die barfuß über glühende Pflugscharen geschritten sein soll, um ihre Unschuld zu beweisen, hat möglicherweise einen realen Hintergrund. Solche Feuerprobe kann nach heutigen Erkenntnissen unter bestimmten Voraussetzungen völlig unbeschadet ablaufen. Jedenfalls findet im griechischen Dorf Langada an jedem 21. Mai ein Feuerlauf über glühende Kohlen statt, bei dem niemand verletzt wird.

Wenn eine Sage große Gestaltung gewann, wenn sie gehegte Hoffnungen und Wünsche bestätigte und zu eindringlichem Erzählstoff wurde, wenn sie die Einbildungskraft herausforderte und überzeugend ins Land der Phantasie führte, dann blieb sie selten auf ihren Entstehungsort begrenzt. Sie sprang über von Ort zu Ort.
Die großen Sagen haben die Grenzen gesprengt.
Darum gerät der Reisende, der »unterwegs zu deutschen Sagen« ist, unversehens in die Nachbarländer. Roland, der in vielen deutschen Städten Wahrzeichen ist, kommt aus dem Westen, aus Frankreich; sein tragisches Ende führt nach Spanien. Der Gral, dieses Phänomen der Kulturgeschichte, ist ursprünglich nicht in Deutschland beheimatet

gewesen. Man muß weit durch Europa reisen, um die Entstehungsstätten aufzuspüren. Ähnliches gilt für den Schwanritter Lohengrin.
Wieland der Schmied ist in vielen Ländern beheimatet. Die Niflungen-Nibelungen zeigen Spuren nicht nur in Deutschland. Und Dietrich von Bern, der Gotenkönig Theoderich, regierte im Süden, im »Weströmischen Reich«. Doch seine Sagen haben über Jahrhunderte den deutschen Kulturraum beherrscht.
Die Erzählungen von Wilhelm Tell sind zwar – weitgehend – in der Schweiz beheimatet. Doch der Kampf um die Freiheit eines kleinen Volkes hat nicht nur die Eidgenossen beschäftigt.
Tell wurde europäisches Symbol. Als dann Friedrich Schiller 1804 sein Drama herausbrachte, wurde es in Deutschland so begrüßt wie in der Schweiz, wie immer die historischen Hintergründe wirklich sind.

Erzählungen am Schnittpunkt zwischen Geschichte und Phantasie, zwischen Erlebtem und Erdachtem, stammen aus Tiefenschichten, die verstandesmäßig nicht leicht zu deuten sind. Nach Carl Friedrich von Weizsäcker sind es das Mythische, das Unbewußte, das Weibliche der Seele, sind es die Götter der Erde, des Traums und des Todes. In diesem »unermeßlichen Reich« wurzeln Glaube, Religion, Hoffnungen, Wünsche, Symbole, Verzweiflung und Ängste.
So bilden sich Sagen nicht zufällig, eher zwangsläufig. Sie entsprechen zutiefst menschlicher Natur, der das nackte Geschehen ungenügend erscheint. Darum entstehen auch heute noch Erzählungen, die sich in der Phantasie verlieren.
In der äußeren Gestalt entsprechen die Sagen des 20. Jahr-

hunderts dem Zeitgeist. Im Kern folgen sie dem Grundmuster von vor tausend Jahren. Weil es so ist, stehen wir den fabulierenden Geschichten früherer Zeiten näher, als manche glauben.
Er ging und es geht sagenhaft zu in der Welt.

Dr. Helmut Berndt

Literaturverzeichnis

Barz, Paul: Der wahre Schimmelreiter. Geschichte einer Landschaft und ihres Dichters Theodor Storm. Hamburg 1982
Bechstein, Ludwig: Der Sagenschatz d. Thüringer Landes u. seine Dichterschule. Bd. 1. Sagen v. Eisenach u. d. Wartburg, d. Hörselberg u. Reinhardsbrunn. Hildburghausen 1862
Bédier, Joseph: La Chanson de Roland. 1922
Bergenthal, Josef: Heidelberg-Story. Münster 1973
Biesing, Winfried: Drachenfelser Chronik. Köln 1980
Binger Annalen. Zeitschr. f. Geschichte u. Kultur am Mittelrhein. Heft 17, Bingen 1978
Böhmer, Heinrich: Willigis v. Mainz. Leipziger Studien aus d. Gebiet d. Geschichte, 3,1. Leipzig 1895
de Boor, Helmut: Geschichte d. dt. Literatur. 3,1. 1967
Borst, Arno: Der Ritt über den Bodensee. In: Bodensee-Literaturpreis d. Stadt Überlingen 1979 für Arno Borst. Siegmaringen 1980
Bote, Hermann: Till Eulenspiegel. insel taschenbuch 336, 2. Aufl., Frankfurt/M. 1981
Bottineau, Yves: Les Chemins de Saint Jacques de Compostelle. Mâcon 1950
Breloer, Josef: 1000 Jahre? Rosenstock am Dom zu Hildesheim. Hildesheim 1974
Brethauser, Karl: Johann Andreas Eisenbart. In: Das Antiquariat – Der Bibliophile. Beilage z. VII. Jg. Mai/Juni 1956, S. 139
Brogsitter, Karl Otto: Artusepik. Sammlung Metzler M 38. Suttgart 1965
Brüggemann, C., u. Richtering, H.: Abtei Wedinghausen, Propsteikirche St. Laurentius. Arnsberg 1971
Bumke, Joachim: Wolfram v. Eschenbach. Sammlung Metzler M 36. Stuttgart 1966.
Burdach, Konrad: Der Gral. 1938
Busse-Wilson, Elisabeth: Das Leben d. hl. Elisabeth v. Thüringen. München 1931

La Chanson de Roland. Übersetzt v. H. W. Klein. Klassische Texte d. rom. Mittelalters. München 1963
Dahlhoff, Theo: Streifzüge durch d. Siebengebirge. Köln 1968
Dierauer, Johannes: Geschichte d. Schweizerischen Eidgenossenschaft. Erster Band. Bis 1415. Gotha/Stuttgart 1924
Dimpfl, Erich: Der Drachenstich zu Furth im Wald. Furth i. W. 1970
Dobras, Werner: Wenn der ganze Bodensee zugefroren ist. Die Seegfrörnen v. 875 bis 1963. Konstanz
Dollinger, Philippe: Die Hanse. 2. Aufl., Stuttgart 1976
Dürrenmatt, Peter: Schweizer Geschichte. Zürich 1978
Dschuna, Moskaus Wunderheilerin, »Über dem Kopf ein Leuchten«. Der Spiegel, H. 17. Hamburg 1981
Ehrenzeller-Favre, Rotraud: Loreley. Entstehung und Wandlung einer Sage. Diss. Zürich 1948
Elisabeth, Zum 750. Todestag d. hl.: Sonderbeilage d. Oberhessischen Presse. Marburg/L. Sept. 1981
Engelhardt, Rudolf: Der Binger Mäuseturm. Bingen 1970
Eschenbach, Wolfram: Parzival. In Prosa übertragen v. Wilhelm Stapel. München 1976
Filipowiak, Wladislaw: Die Kulturproblematik in Wollin v. 9. bis z. 12. Jh. Rapports du IIIe Congrès International d'Archéologie Slave. Tome 1. Bratislava 1979
Franke, Curd Manfred: Der Schinderhannes i. d. dt. Volksüberlieferung. Diss. Frankfurt/M. 1958
Frisch, Max: Wilhelm Tell für die Schule. Frankfurt 1971
Frise, Heinrich: Die Dinosaurierfährten v. Barkhausen i. Wiehengebirge. Wittlager Heimathefte 1967
Gath, Goswin Peter: Sagen u. Legenden v. Siebengebirge. Köln 1957
Greib, Karl: Die Sagen u. Geschichten d. Rheinlandes. Hünstetten 1980
Genzmer, Felix: Die Edda. Übersetzung. Köln/Düsseldorf 1981
Geschichte Thidreks v. Bern, Die: Thule. Altnordische Dichtung u. Prosa., Bd. 22. Köln/Düsseldorf 1967
Grimm, Brüder: Deutsche Sagen. Stuttgart 1974
Hahn, E. E.: Götz v. Berlichingen mit d. Eisernen Hand. Gerabronn/Crailsheim 1962
Hansen, J.: Quellen u. Untersuchungen z. Geschichte d. Hexenwahns u. d. Hexenverfolgung. 1963

Heym, Heinrich: Die Burg Rodenstein. Sage u. Wirklichkeit. Frankfurt/M. ohne Jahr

Hildebrandlied, Das: Faksimile der Kasseler Handschrift. Einführung v. Hartmut Broszinski. Kassel 1984

Hoffmann, W.: Die Sage von d. Weinsberger Weibertreue. Diss. Königsberg 1928

Hoffmann, W.: Mittelhochdeutsche Heldendichtung. Grundlagen d. Germanistik. Berlin 1974

Hoppe, Karl: Die Sage v. Heinrich d. Löwen. Schriften d. Niedersächsischen Heimatbundes, N. F. 22. Bremen-Horn 1952

Hornberger Schießen nach alten u. neuen Lesarten. Hrsg. v. Bürgermeisteramt Hornberg/Schwarzwaldbahn. 1949/50

Jung, Wilhelm: Die Steine reden noch. Der Mainzer Dom i. Mittelalter. Eltville 1981

Kapfhammer, Günther: Der Münchner Schäfflertanz. München 1976

Klauser, Renate: Der Heinrichs- u. Kunigundenkult i. spätmittelalterl. Bistum Bamberg. Ber. d. Hist. Vereins Bamberg 95. Diss. 1957, S. 1–208

Klose, Werner: Sagen aus Nordfriesland, St. Peter-Ording 1981

Knittlinger Faustgedenkstätte u. d. Faust-Museum. 12 Hefte, 1956–61. Faust-Blätter. Neue Folge 1967ff.

Kopff, Joseph Eutych: Geschichte der eidgenössischen Bünde. 1845ff.

Krogmann, Willy: Lorelei. Geburt einer Sage. Rheinisch-Westf. Zeitschrift f. Volkskunde. Bd. III. Bonn/Münster 1956

Künzig, Johannes: Schwarzwaldsagen. Düsseldorf 1930

Kühebacher, Egon: Deutsche Heldenepik in Tirol. 1979

Kraft, Wilhelm: Götz v. Berlichingen. Elztal-Dallau 1937

Kubbernus, Walter: Münchhausen-Brevier. Ohne Ort und Jahr

Laage, Karl Ernst: Theodor Storm in Husum u Nordfriesland. Heide in Holstein ohne Jahr

Lambert Elie: Roncevaux et ses Monuments. Romania 60/61. 1934/35

Lehnert, Walter: Er war deren v. Nürnberg abgesagter Feind. Vom Leben u. Sterben d. Eppelein v. Gailingen. Sendung d. Bayerischen Rundfunks, 10. Mai 1981

Lindow, Wolfgang v. (Hrsg.): Ein kurzweilig Lesen von Dil Ulenspiegel. Ergänzte Ausgabe. Stuttgart 1978
Lück, Alfred: Wieland der Schmied. 1970
Mahal, Günter: Faust. Die Spuren eines geheimnisvollen Lebens. Bern/München 1980
Mendels, J., u. Spuler, L.: Landgraf Hermann v. Thüringen u. seine Dichterschule. Dt. Vierteljahrsschrift f. Lit. u. Geistesgesch. 33. Jg. Stuttgart 1959
Meisinger, Th.: Der Rodensteiner. 1954
Meistertrunk Rothenburg ob der Tauber, Der: Hrsg. vom Verein Historisches Festspiel »Der Meistertrunk«. Rothenburg 1981
Mössinger, F.: Die Sage vom Rodensteiner. 1982
Mohr, W.: Dietrich v. Bern. Zeitschr. f. dt. Altertum u. dt. Literatur, 80
Nacken, Edmund: Schinderhannes. Mainz 1968
Odenwald, Der: Zur Geschichte der Burg Wildenberg. Zeitschr. d. Breuberg-Bundes. Sonderheft 2
O'Riordain, Sean P.: Tara. The Monuments of the Hill. Dundalk 1974
Paßmann, Franz Anton: Die Hintergründe d. Namens Godesberg. Sonderdruck aus d. Godesberger Heimatblättern. H. 20. Bonn ohne Jahr
Paulsen, Peter: Drachenkämpfer, Löwenritter u. d. Heinrichsage. Köln/Graz 1966
Petsch, Robert: Faustsage u. Faustdichtung. Dortmund 1966
Petzold, Leander (Hrsg.): Vergleichende Sagenforschung. Darmstadt 1969
Petzold, Leander: Deutsche Volkssagen. München 1970
Petzold, Leander: Historische Sagen. Bd. I u. II. München 1976/77
Peuckert, Will-Erich: Deutsche Sagen, Berlin 1961/62
Peuckert, Will-Erich: · Sagen, Geburt u. Antwort d. mythischen Welt. Einführungsband z. Europ. Sagen. Berlin 1965
Peuckert, Will-Erich, u. Bertau, Karl Heinrich: Der Blocksberg. Zeitschr. f. dt. Philologie 75, 1956, S. 347ff.
Pfister, K.: Agnes Bernauer. In: Merian »Augsburg«. Hamburg 1948
Plötzeder, G.: Die Gestalt Dietrichs v. Bern in d. dt. Dichtung u. Sage d. frühen u. hohen Mittelalters. Diss. Innsbruck 1957
Pick, H.: Die Schwanenburg zu Kleve. Kleve 1977

Pollmann, L.: Chrétien de Troyes und der »Conte del Graal«. Tübingen 1965
Probleme der Sagenforschung. Freiburg 1973
Ranke, Friedrich: Die deutschen Volkssagen. 1910
Ranke, Friedrich: Kleinere Schriften. Bern/München 1973
Rasmo, Nicolo: Hocheppan. Bozen 1968
Roehrich, Lutz: Sage. Sammlung Metzler. Stuttgart 1966
Roehrich, Lutz: Sage und Märchen. Wien 1976
Rombach, Otto: Der Postmichel. In: Merian »Esslingen«. H. 1. XXVII.
Salzburger Höhlenbuch. Bd. 1. Wiss. Beihefte z. Zeitschrift »Die Höhle«. Salzburg 1975
Schäfer, Karl Heinrich: Das Rätsel d. Mainzer Rades. Görlitz 1941
Schell, Otto: Bergische Sagen. 1978
Schmidt Joef: Friedrich Schiller – Wilhelm Tell. Erläuterungen – Dokumente. Stuttgart 1969
Schumm, Karl: Auf den Spuren d. Götz v. Berlichingen. Stuttgart 1979
Schwartz, Hubertus: Kurze Geschichte d. ehemals freien Hansestadt Soest. Münster 1949
von See, Klaus: Germanische Heldensage. Frankfurt/M. 1971
Seeber, Kurt: Führer durch d. Burg Weibertreu. 3. Aufl. Weinsberg 1977
Seligmann, Kurt: Das Weltreich der Magie. Wiesbaden ohne Jahr
Spanuth, Heinrich: Der Rattenfänger von Hameln. Hameln 1951
Stammler, Wolfgang: Bergentrückt. In: Hwb. d. dt. Aberglaubens 1. 1927
Stammler, Wolfgang: Studien zu den Wechselbeziehungen zwischen Schriften u. Bildkunst im Mittelalter. Berlin 1969
Stein, Rudolf: Der Bremer Roland. In: Romanische, gotische u. Renaissance-Baukunst in Bremen. Bremen 1962.
Storm, Theodor: Sylter Novelle. Der Schimmelreiter, Text, Entstehungsgeschichte, Quellen, Schauplätze, Abbildungen. Hrsg. v. Karl Laage. Heide
Storm, Theodor: Der Schimmelreiter. Hrsg. von Hans Wagener. Stuttgart 1980
Tschudi, Aegidius: Schweizer Chronik. 1734

Uecker, Heiko: Germanische Heldensage. Sammlung Metzler. Stuttgart 1972
Uellenberg, Gisela: Augsburger Frauen – Agnes Bernauer. In: Augusta 955–1955
Viellard, Jeanne: Le Guide du Pélerin de St. Jacques de Compostelle, Mâcon 1950
Völkl, Alois: Ursprung d. Münchner Schäfflertanzes. In: Bayerische Schäffler- u. Küfer-Zeitung. München, Januar 1921
Willigis und sein Dom. Festschrift z. Jahrtausendfeier d. Mainzer Doms 975–1975. Hrsg. von Anton Ph. Brück (Quellen u. Abh. z. mittelrheinischen Kirchengeschichte 24). Mainz 1975
Weiss, Alida: Wer war Münchhausen wirklich? 5. Aufl. Bodenwerder 1977
Wiswe, Hans: Sozialgeschichtliches um Till Eulenspiegel. Sonderdruck aus d. Braunschweigischen Jahrbuch. Bd. 52, 1971
Wittmann, Alfred: Die Gestalt d. Hexe i. d. dt. Sage. Diss. Heidelberg 1933
Wollin – Vineta: Ausgrabungen einer versunkenen Stadt. Faltblatt des Museums am Dom in Lübeck.
Zimmerling, Dieter: Störtebeker & Co. Die Blütezeit der Seeräuber in Nord- und Ostsee. Hamburg 1980
Zisterzienser u. Heisterbach: Spuren u. Erinnerungen. Schriften d. Rheinischen Museumsamtes Nr. 15, Bonn 1980
Zimmermann, H. J.: Theoderich d. Große – Dietrich von Bern. Diss. Bonn 1972

Deutschlandkarte

Geschichte

Als Band mit der Bestellnummer 64 103 erschien:

Mit Geländewagen, Zelt und Schlafsack folgt der bekannte Autor Walter Hansen den sagenhaften, uralten Wegen der Dichter der Edda auf Island.
Ein außergewöhnliches, reich bebildertes Abenteuerbuch.

Geschichte

Als Band mit der Bestellnummer 64 102 erschien:

Die Heiligengestalten in einem völlig neuen Licht — als Leitbilder und Vorkämpfer einer Zivilisation, die unseren Kulturkreis bis heute prägt.

Biographie

Als Band mit der Bestellnummer 61 210 erschien:

Johanna von Orléans, die kriegerische Jungfrau, hat bis heute nichts von ihrer Faszination verloren. Doch wer war der Mensch hinter dem Mythos?